El Convenio CMR
El contrato de transporte internacional de mercancías por carretera

Francisco Sánchez-Gamborino
Alfonso Cabrera Cánovas

El Convenio CMR
El contrato de transporte internacional de mercancías por carretera

Francisco Sánchez-Gamborino
Alfonso Cabrera Cánovas

Con la colaboración de:

www.logisnet.com

Colección: BIBLIOTECA DE LOGÍSTICA
Director: David Soler

EL CONVENIO CMR
1.ª edición, 2012

© 2012, Francisco Sánchez-Gamborino, Alfonso Cabrera Cánovas

© de esta edición, incluido el diseño de la cubierta, ICG Marge, SL
© Fotografía de la portada, Abertis

Edita: Marge Books
València, 558 – 08026 Barcelona
Tel. 931 429 486 - marge@margebooks.com
www.margebooks.com

Gestión editorial: Hèctor Soler
Edición: Rosa Serra
Compaginación: Mercedes Lara
Impresión: Gráficas 82, SL (Algete, Madrid)

ISBN: 978-84-15340-33-1
Depósito Legal: B-6.691-2012

El papel empleado en este libro no ha sido blanqueado con cloro elemental (CI_2).

Índice

Los autores

Francisco Sánchez-Gamborino es abogado en ejercicio desde 1978 y especialista en Derecho de transportes y sus seguros.

Doctor en Derecho, su tesis recibió la cualificación sobresaliente cum laude, publicada por Marge Books.

Profesor de varios másteres universitarios de Derecho del Transporte.

Miembro de la Real Academia de Jurisprudencia y Legislación de España.

Vicepresidente de la Comisión de Asuntos Jurídicos de la Unión Internacional de los Transportes por Carretera (IRU), a propuesta de Astic.

Ponente en varios simposios jurídicos de la IRU y otros congresos internacionales.

Presidente del Grupo jurídico *ad hoc* internacional encargado de redactar el modelo IRU 2007 de carta de porte CMR.

Presidente del Grupo «Seguros de Transporte», en la Asociación Internacional de Derecho de Seguros (Sección Española-Seaida, Madrid).

Corresponsal del Instituto de Derecho Internacional de los Transportes (IDIT), Rouen (Francia) y del Instituto Internacional para la Unificación del Derecho Privado (Unidroit), Roma (Italia).

Miembro de la «Red» internacional de abogados especialistas en transporte recomendados por la IRU.

Autor, entre otros, de los siguientes libros:

- *El Seguro de Transporte,* Ed. Fundación Francisco Corell, tres ediciones.
- *El Contrato de transporte,* en col., Ed. Consejo General del Poder Judicial.
- *Transporte de Mercancías por Carretera,* en col., Ed. Aranzadi, dos ediciones.
- *Normativa actualizada sobre transporte por carretera,* Ed. Fundación F. Corell.
- *Manual de Derecho del Transporte,* en col., Ed. Marcial Pons.
- Capítulo «España» en el anuario *Lamy Transport* (París).
- *La llamada culpa grave en el transporte de mercancías por carretera,* Ed. Marge Books.

Es asimismo autor de cientos de artículos en revistas españolas y extranjeras, y miembro de varios de sus comités de redacción.

Citado como doctrina por varios tribunales de justicia en sus sentencias (desde el año 2000).

Citado en el Boletín Oficial del Senado, de 22 de septiembre de 2009 (pág. 50) como doctrina.

Intervención en el Congreso de los Diputados, el 26 de noviembre de 2008, sobre la después Ley 15/2009 (vigente) del contrato de transporte terrestre.

abogados@sanchez-gamborino.com
www.sanchez-gamborino.com

Alfonso Cabrera Cánovas es licenciado en Ciencias Económicas y Empresariales por la Universidad de Murcia, y profesor de Organización y Gestión Comercial en el ámbito de la formación profesional desde 1996.

Imparte formación de Transporte Internacional de Mercancías dentro del ciclo de grado superior de Comercio Internacional en el IES Príncipe de Asturias.

Es profesor de numerosos cursos, seminarios y másteres en cámaras de comercio (Murcia, Lorca), escuelas de negocios y centros de formación (IEBS–Innovation & Entrepeneurship Business School, ADL–Asociación para el Desarrollo de la Logística, FBS–Fundesem Business School, Iniciativas Empresariales, ICIL, ESIC, Froet y Grupo IOE, entre otros).

Es autor de los siguientes libros:

- *El contrato de transporte por carretera (Ley 15/2009)* (Marge Books).
- *Transporte internacional de mercancías* (Icex).
- *El transporte internacional por carretera* (Marge Books).
- *Normativa del transporte de mercancías por carretera* (Marge Books).

alfonsoprofesor@yahoo.es
www.formacionentransporte.es

Introducción

El comercio internacional y su espectacular desarrollo en el siglo xx es uno de los elementos estructurales de la globalización económica planetaria. Este crecimiento se ha apoyado, además de en el transporte de mercancías a gran escala, en la creación de marcos jurídicos transnacionales que ofrecen seguridad a sus operadores mediante el uso de reglas y normas de aplicación internacional.[1] Gracias a ellos se logra superar los problemas resultantes de las diferencias entre las normas nacionales de los distintos estados en materias como el contrato de compraventa o el de transporte, entre otros.

El transporte internacional es uno de los factores clave del comercio entre las naciones y requiere, para su correcto desarrollo, de una uniformidad jurídica en cuanto a su contratación. Como fruto de esta necesidad, se han ido creando y aplicando, desde el siglo xix, convenios de ámbito internacional específicos para cada medio de transporte que permiten a las partes contratantes disponer de una seguridad jurídica en cuanto a las obligaciones que contraen.

En el caso del transporte por carretera, de enorme crecimiento a partir de la Segunda Guerra Mundial, esta uniformidad se logró mediante el Convenio relativo al Contrato de Transporte Internacional de Mercancías por Carretera, de 19 mayo de 1956, que entró en vigor el 12 de julio de 1961 –Convenio CMR– y que fue el resultado de un grupo de trabajo del Comité de Transporte Interior dentro de la Comisión Económica para Europa de las Naciones Unidas (Cepe, con sede en Gine-

---

[1] Los principales convenios por modo de transporte son:

- Ferrocarril: Convenio CIM de 1890. Su última actualización fue la del Protocolo de Vilna de 1999.
- Marítimo: Reglas de La Haya-Visby de 1924-1968, Reglas de Hamburgo de 1978 y Reglas de Róterdam de 2008, no vigentes estas últimas en 2011.
- Aéreo: Convenio de Varsovia de 1929 y Convenio de Montreal de 1999.
- Multimodal: Convenio de Ginebra de 1980, no vigente en 2011, y Reglas Unctad/CCI de 1991 relativas a los documentos de transporte multimodal.

bra).[2] Este convenio se aplica, siguiendo su primer artículo,[3] de forma imperativa a todo contrato de transporte internacional por carretera con origen o destino en uno de sus países contratantes. Para el caso de España, se publicó en el *Boletín Oficial del Estado* (BOE) de 7 de mayo de 1974 y entró en vigor el 13 del mismo mes, con una posterior corrección de errores en el BOE de 15 de junio de 1995.

El Convenio CMR, como cualquier otra norma, puede no resultar perfecto por distintas razones, pese a lo cual constituye un marco jurídico sólido que regula los aspectos básicos del contrato de transporte internacional de mercancías por carretera. Sus cincuenta y un artículos se estructuran en ocho capítulos; desde el punto de vista práctico, son particularmente importantes el tercero y el cuarto, que tratan, respectivamente, la documentación para la conclusión y ejecución del contrato de transporte (carta de porte CMR)[4] y el régimen de responsabilidad del transportista. Estos dos aspectos –la formalización del contrato y la responsabilidad del transportista– constituyen los ejes sobre los que se asienta toda norma reguladora de un contrato de transporte.

En el Convenio CMR se instaura el principio de que el contrato de transporte es consensual (no requiere de forma escrita para su existencia), pese a que se tratan con detalle los aspectos que «debe» o «puede» incluir la carta de porte, cuyo formato no se establece por el convenio. No obstante, el convenio da por sobreentendido en numerosos lugares –e incluso expresamente exige– que se haya emitido carta de porte. Y, en cualquier caso, en la práctica no se realiza servicio alguno de transporte internacional de mercancías por carretera que no vaya documentado en una carta de porte (lo que coloquialmente y en la jerga del sector se conoce como «el CMR»).

La responsabilidad del transportista nace cuando este deja de cumplir lo que se configura como una obligación de resultado: entregar la mercancía en destino íntegra y en buenas condiciones, y dentro del plazo estipulado o razonable. Si no lo hace así, se presume que ha habido culpa del transportista (lo que se conoce como sistema de «culpa presumida»), si bien esta presunción admite prueba en contra (por parte de dicho transportista) y establece como contrapartida las causas de exoneración de dicha responsabilidad.

El Convenio CMR reviste singular importancia en el ámbito del derecho internacional privado de transportes por distintas razones: estabilidad, ámbito geográfico de aplicación (significativa cantidad de países signatarios), uso como referente para otras normas y masiva aplicación.

---

[2] Para conocer más detalles sobre el proceso de creación del Convenio CMR, véanse los apartados 1 a 4 del capítulo 2 de este libro, «Comentario al Convenio CMR, por el profesor Roland Loewe».

[3] Véanse los apartados 18 a 50 del «Comentario al Convenio CMR, por el profesor Roland Loewe».

[4] Sobre la carta de porte CMR se recomienda leer los apartados relativos a los artículos 4 a 9 del CMR incluidos en el «Comentario al Convenio CMR, por el profesor Roland Loewe», así como el capítulo 4 de este libro.

En primer lugar, su estabilidad y solidez se puede comprobar en que, en los más de cincuenta años desde su entrada en vigor, no ha sido modificado en su redacción inicial excepto mediante el protocolo de 5 de julio de 1978 que, con modificación de su artículo 23, incorporó el derecho especial de giro del Fondo Monetario Internacional (FMI) como «unidad de cuenta» o instrumento de cálculo del límite cuantitativo máximo de responsabilidad del transportista.[5] Posteriormente, al Convenio CMR se le incorporó, sin modificar artículos previos sino añadiendo otros, el protocolo adicional de 20 de febrero de 2008,[6] que da plena validez jurídica al uso de la carta de porte electrónica, cuyo texto con nuestro comentario incorporamos en este libro y que ha constituido una de las razones de su publicación tras su entrada en vigor para España el 9 de agosto de 2011.

En cuanto a su ámbito geográfico de aplicación, en la actualidad son cincuenta y cinco los países miembros del Convenio CMR[7] (la totalidad de los europeos –no solo los veintisiete de la Unión Europea, sino también muchos otros de este continente–, gran parte de asiáticos y del norte de África). Si además se tiene en cuenta que el convenio se aplica imperativamente a los contratos de transporte por carretera que tengan como lugar de origen o previsto de entrega un país signatario, se puede deducir que este marco jurídico se aplica a todos los contratos de transporte internacional por carretera con origen o destino en España.

El Convenio CMR constituye además una normativa utilizada como referente para la elaboración o actualización de posteriores leyes y convenios reguladores del contrato de transporte de mercancías. Esta interrelación y coordinación jurídica resulta por lo demás muy deseable en el marco intermodal de los transportes.

Incluso ha habido países que han adoptado el Convenio CMR como norma reguladora para sus contratos de ámbito nacional: son los casos de Austria y Bélgica,[8] que lo han adoptado «en bloque», y de otros como Alemania, Portugal u Holanda, donde se ha utilizado como referente para su normativa de ámbito nacional. En el caso de España, se optó por una ley específica, la Ley 15/2009 del Contrato de Transporte Terrestre de Mercancías, que también tuvo como referente el Convenio CMR, hasta el punto de que algunos artículos de la citada ley son casi una copia literal de este.

El Convenio CMR es la norma que se aplica a un mayor número de contratos de transporte internacional de mercancías. Esto se apoya en que el transporte por carretera es el que más ha crecido en el siglo xx en los intercambios internacionales europeos. Sus características de independencia, rapidez, flexibilidad y servicio «puerta a puerta» lo han

---

[5] Publicado para España en el BOE de 18 de diciembre de 1982.

[6] BOE de 14 junio de 2011.

[7] Puede consultarse el actual estatus del Convenio CMR respecto a su ratificación por sus distintos estados parte en el sitio web de la Cepe (www.unece.org), depositaria legal del convenio, en el enlace: http://live.unece.org/trans/conventn/legalinst_25_OLIRT_CMR.html.

[8] Austria, por ley de 28 de junio de 1990; Bélgica, por ley de 3 de mayo de 1999.

convertido en el más utilizado en la Unión Europea, donde destaca como predominante,[9] lo que se acentúa en el caso de España.

Por ello, aun siendo el Convenio CMR una creación del Instituto Internacional para la Unificación del Derecho Privado (Unidroit)[10] y estando su aprobación acordada por las Naciones Unidas –en concreto, por la Cepe–, desde un primer momento tuvo un papel protagonista en su redacción la Unión Internacional de los Transportes por Carretera (IRU, con sede en Ginebra), que también participó activamente en la configuración de sus dos protocolos (1978 y 2008) y es autora de los modelos de carta de porte de uso habitual (1976 y 2007) y de las condiciones generales[11] que pretenden llenar sus «lagunas» y actualizar su texto, detallando algunas de sus previsiones.

Las perspectivas sobre reparto modal en el ámbito de la Unión Europea apuntan a la continuidad del protagonismo de la carretera, pese a la política europea de penalización de este modo de transporte (con rígidas reglas sobre tiempos de conducción, tasa por uso de infraestructuras o «euroviñeta», restricciones a la circulación, etc.) como medio para forzar el uso alternativo de la intermodalidad, que todavía está lejos de materializarse en cifras significativas. Además, el Convenio CMR ya regula en sus artículos segundo y tercero las situaciones de transporte por superposición (la actuales «autopistas del mar» o «autopistas ferroviarias»), así como otras formas de intermediación y subcontratación y la responsabilidad e implicaciones que se derivan de ellas.

Ahora bien, pese a la importancia y el alcance del Convenio CMR, resulta común encontrar, por ejemplo en internet, versiones del convenio inexactas o incompletas, en parte debido a sus sucesivas publicaciones en el BOE y a sus correcciones. Por otro lado, la intención de los autores de dichas versiones de publicarlas con un lenguaje más sencillo pero, por contra, menos riguroso puede resultar contraproducente en el caso de una norma jurídica, cuya terminología responde al concepto preciso que el legislador pretende establecer.

Tras la publicación del Protocolo Adicional al Convenio relativo al Contrato de Transporte Internacional de Mercancías por Carretera (CMR), relativo a la Carta de Porte Electrónica, hecho en Ginebra el 20 de febrero de 2008 y ratificado por España el 11 de

---

[9] Según datos del Ministerio de Fomento referidos a 2008 sobre el total de toneladas/kilómetro transportadas, el 45,9 % de los intercambios intracomunitarios utilizó el transporte por carretera. Entre 1995 y 2008, el transporte por carretera se incrementó en la Unión Europea en un 45,7 % (el mayor de los crecimientos entre los distintos modos de transporte). En el caso español, el 57 % de sus intercambios comerciales con el exterior se materializó mediante transporte por carretera.

[10] Del grupo de redacción del Convenio CMR designado por Unidroit formó parte el profesor y doctor Roland Loewe (Austria), autor del comentario incluido en el presente libro gracias a la amable autorización de la Cepe, lo que constituye así una suerte –en todos los sentidos– de «interpretación auténtica», es decir, la realizada por el propio legislador, de su articulado.

[11] Pueden consultarse las Condiciones Generales de la IRU para el Contrato de Transporte Internacional de Mercancías por Carretera en la página 219, y su versión original en inglés en la página 233.

mayo de 2011,[12] que incluimos en el apartado 4.1, con un comentario a su aplicación en el apartado 4.3, este es el primer libro publicado en España que contiene su texto íntegro con comentarios que facilitan su comprensión y aplicación.

Por estas razones, y porque la correcta contratación del transporte internacional de mercancías y la solución de sus conflictos (o, aún mejor, el intento de evitar que estos surjan) deben partir de un conocimiento riguroso, profundo y práctico de la norma que lo regula, hemos considerado de interés la creación de una obra actualizada sobre el Convenio CMR, con el objetivo de que sea de utilidad para todas aquellas personas y organizaciones que lo utilizan a diario de una u otra forma: contratantes (remitente y transportista), asesores, abogados, aseguradores, profesores…

Confiamos en que el lector pueda obtener los conocimientos que deseaba adquirir y en haber conseguido con ello nuestro objetivo.

FRANCISCO SÁNCHEZ-GAMBORINO
ALFONSO CABRERA CÁNOVAS

---

[12] BOE de 14 de junio de 2011.

Capítulo 1
El Convenio CMR

En este capítulo se reproduce una versión actualizada según publicaciones en el BOE con inclusión del protocolo e-CMR.

Convenio 19 mayo 1956, al que se adhirió España por Instrumento de 12 septiembre 1973 (Ministerio de Asuntos Exteriores), regulador del contrato de transporte internacional de mercancías por carretera (CMR)

BOE de 7 mayo 1974 (núm. 109). Corregido conforme al BOE de 15 junio 1995, p. 17870 y 17871. Modificado por Protocolo de 5 julio 1978, al que se adhirió España por Instrumento 23 septiembre 1982. BOE de 18 diciembre 1982 (núm. 303)

Cumplidos los requisitos exigidos por la Legislación española, extiendo el presente Instrumento de Adhesión de España al Convenio relativo al Contrato de Transporte Internacional de Mercancías por Carretera (CMR), hecho en Ginebra el 19 de mayo de 1956, a efectos de que, mediante su depósito previo y de conformidad con lo dispuesto en el apartado tercero de su artículo 42, España pase a ser Parte en el Convenio, en relación con el que declara que no se considera obligada ni por el artículo 47 del mismo, ni por la comunicación del Reino Unido, recibida por el depositario el 31 de octubre de 1969, ya que no aplicará el Convenio a Gibraltar porque el artículo 10 del Tratado de Utrecht, firmado el 13 de julio de 1713, no concede a Gibraltar comunicación terrestre con España.

TEXTO DEL CONVENIO

Preámbulo

Las Partes contratantes:

Habiendo reconocido la conveniencia de normalizar las condiciones que rigen el contrato de transporte internacional de mercancías por carretera, especialmente en lo que se refiere a los documentos utilizados para este transporte, así como la responsabilidad del transportista,

Convienen lo que sigue:

Capítulo I. Ámbito de aplicación

Artículo 1.º

1. El presente Convenio se aplicará a todo contrato de transporte de mercancías por carretera realizado a título oneroso por medio de vehículos, siempre que el lugar de la toma de carga de la mercancía y el lugar previsto para la entrega, indicados en el contrato, estén situados en dos países diferentes, uno de los cuales al menos sea un país contratante, independientemente del domicilio y nacionalidad de las Partes del contrato.

2. A efectos de aplicación de este Convenio se entenderán por «vehículos» los automóviles, vehículos articulados, remolques y semirremolques, según están definidos en el artículo 4 del Convenio sobre circulación por carretera de 19 de septiembre de 1949.

3. Este Convenio igualmente se aplica en el caso en que los transportes sometidos a este Convenio sean realizados por estados, instituciones u organismos gubernamentales.

4. Este Convenio no se aplicará: *a)* a los transportes efectuados bajo la regulación de convenios postales internacionales; *b)* a los transportes funerarios; *c)* a los transportes de mudanzas.

5. Las Partes contratantes se comprometen a no modificar en absoluto este Convenio por medio de acuerdos particulares entre dos o varios de ellos, a no ser que tal modificación consista en la no aplicación del Convenio al tráfico fronterizo o en autorizar el uso de la carta de porte representativa de la mercancía a los transportes efectuados exclusivamente en su territorio.

Artículo 2.º

1. En el caso de que el vehículo que contiene la mercancía sea transportado por mar, ferrocarril, vía navegable interior o aire en una parte de su recorrido, sin ruptura de carga –salvo en el caso en que eventualmente se aplique el artículo 14–, este Convenio se aplicará al conjunto del transporte. Sin embargo, en la medida en que se pruebe que una pérdida, avería o demora en la entrega de la mercancía ha sobrevenido durante el transporte no realizado por carretera, no ha sido causada por algún acto u omisión del transportista por carretera, habiendo sido causada por un hecho que no ha podido producirse más que durante y por razón del transporte no realizado por carretera; en tal caso, la responsabilidad del transportista por carretera no será determinada por este Convenio, sino de la forma en que se haya determinado la responsabilidad del transportista que no efectúa el transporte por carretera en el contrato de transporte concluido entre el remitente y dicho transportista únicamente para el transporte de la mercancía, de acuerdo con las disposiciones legales vigentes aplicables al transporte de mercancías por un medio distinto de la carretera. Si en todo caso tales disposiciones no existen, la responsabilidad del transportista por carretera será determinada por el presente Convenio.

2. Si ambos transportistas son una misma persona, su responsabilidad se determinará igualmente por el párrafo anterior, como si ambas funciones hubiesen sido efectuadas por dos personas distintas.

Capítulo II. Personas por las cuales responde el transportista

Artículo 3.º

A efectos de aplicación de este Convenio, el transportista responderá de sus propios actos y omisiones y de los de sus empleados y de todas las otras personas a cuyo servicio él recurra para la ejecución del transporte, cuando tales empleados o personas realizasen dichos actos y omisiones en el ejercicio de sus funciones.

Capítulo III. Conclusión y ejecución del contrato de transporte

Artículo 4.º

La carta de porte es documento fehaciente de la existencia de un contrato de transporte. La ausencia, irregularidad o pérdida de dicho documento no afectará ni a la existencia ni a la validez del contrato de transporte, que seguirá estando sometido a las disposiciones de este Convenio.

Artículo 5.º

1. La «carta de porte» se expedirá en tres ejemplares originales, firmados por el remitente y el transportista. Dichas firmas podrán ir impresas o ser sustituidas por los sellos del remitente y del transportista en el caso de que ello esté permitido por la legislación del Estado en que se haya expedido la «carta de porte». El primer ejemplar será enviado al remitente, el segundo acompañará a la mercancía y el tercero será retenido por el transportista.

2. Cuando la mercancía a transportar deba ser cargada en vehículos diferentes, o cuando se trate de diferentes clases de mercancías o de lotes distintos, el remitente o el transportista tienen derecho a exigir la expedición de tantas cartas de porte como vehículos, clases o lotes de mercancías hayan de ser utilizados.

Artículo 6.º

1. La carta de porte debe contener los términos siguientes:

a) Lugar y fecha de su redacción.
b) Nombre y domicilio del remitente.
c) Nombre y domicilio del transportista.
d) Lugar y fecha en que se hace cargo de la mercancía y el lugar previsto para la entrega.
e) Nombre y domicilio del destinatario.
f) Denominación de la naturaleza de la mercancía y del modo de embalaje, así como denominación normal de la mercancía si ésta es peligrosa.
g) Número de paquetes, sus marcas particulares y sus números.
h) Cantidad de mercancía expresada en peso bruto o de otra manera.
i) Gastos de transporte (precio del mismo, gastos accesorios, derechos de aduana y otros gastos que sobrevengan desde la conclusión del contrato hasta el momento de entrega).
j) Instrucciones exigidas por las formalidades de aduana y otras.
k) Indicación de que el transporte está sometido, aunque se haya estipulado lo contrario, al régimen establecido por el presente Convenio.

2. En su caso, la carta de porte debe contener además las indicaciones siguientes:

a) Mención expresa de prohibición de trasbordo.
b) Gastos que el remitente toma a su cargo.
c) Suma del reembolso a percibir en el momento de la entrega de la mercancía.

d) Valor declarado de la mercancía y la suma que representa el interés especial en la entrega.

e) Instrucciones del remitente al transportista concernientes al seguro de las mercancías.

f) Plazo convenido en el que el transporte ha de ser efectuado.

g) Lista de documentos entregados al transportista.

3. Las Partes del contrato pueden añadir en la carta de porte cualquier otra indicación que juzguen conveniente.

Artículo 7.º

1. El remitente responde de todos los gastos y perjuicios que sufra el transportista por causa de inexactitud o insuficiencia:

a) En las indicaciones mencionadas en el artículo 6.º, párrafos 1 *b*), *d*), *e*), *f*) *g*), *h*) y *j*).

b) En las indicaciones mencionadas en el artículo 6.º, párrafo 2.

c) En cualesquiera otras indicaciones o instrucciones dadas por él en relación con la expedición de la carta de porte o para su inclusión en ésta.

2. Si a solicitud del remitente el transportista incluye dichas indicaciones del párrafo anterior en la carta de porte, se presumirá, salvo prueba en contrario, que ha actuado por cuenta del remitente.

3. Si la carta de porte no contiene la mención prevista en el artículo 6.º, párrafo 1.º, *k*), el transportista será responsable por causa de tal omisión de todos los gastos y daños sufridos por quien tenga derecho a la mercancía..

Artículo 8.º

1. En el momento de hacerse cargo de la mercancía, el transportista está obligado a revisar:

a) La exactitud de los datos de la carta de porte relativos al número de paquetes, así como de sus marcas y números.

b) El estado aparente de la mercancía y de su embalaje.

2. Si el transportista no tiene medios razonables para verificar la exactitud de los datos mencionados en el párrafo 1, *a*), de este mismo artículo, anotará en la carta de porte sus

reservas, las cuales deben ser motivadas. Asimismo debe expresar los motivos de las reservas que haga respecto al estado aparente de la mercancía y de su embalaje. Estas reservas no comprometen al remitente si éste no las ha aceptado expresamente en la carta de porte.

3. El remitente tiene derecho a exigir la verificación por el transportista del peso bruto o de la cantidad expresada de otra manera de la mercancía. Puede también exigir la verificación del contenido de los paquetes, pudiendo el transportista, a su vez, reclamar el pago de los gastos de verificación. El resultado de las verificaciones se consignará en la carta de porte.

Artículo 9.º

1. La carta de porte da fe, salvo prueba en contrario, de las condiciones del contrato y de la recepción de la mercancía por el transportista.

2. En ausencia de anotación en la carta de porte de las reservas motivadas del transportista, se presumirá que la mercancía y su embalaje estarán en buen estado aparente en el momento en que el transportista se hizo cargo de la mercancía, y que el número de los paquetes, así como sus marcas y números, estarán conformes a los mencionados en la carta de porte.

Artículo 10

El remitente es responsable ante el transportista de los daños a personas, al material o a otras mercancías, así como de los gastos causados por defectos en el embalaje de la mercancía, a menos que tales defectos fuesen manifiestos o ya conocidos por el transportista en el momento en que se hizo cargo de la mercancía y éste no haya hecho las oportunas reservas.

Artículo 11

1. Con miras al cumplimiento de las formalidades de aduana y de las necesarias antes del momento de la entrega de la mercancía, el remitente deberá adjuntar a la carta de porte, o poner a disposición del transportista, los documentos necesarios y suministrarle todas las informaciones necesarias.

2. El transportista no está obligado a examinar si estos documentos e informaciones son exactos o suficientes. El remitente es responsable ante el transportista de todos los daños que pudiera resultar de la ausencia, insuficiencia o irregularidad de estos documentos e informaciones, salvo en el caso de culpa por parte del transportista.

3. El transportista es responsable, como agente, de las consecuencias de la pérdida o de la mala utilización de los documentos mencionados en la carta de porte, ya adjuntos a ésta, ya depositados en su mano; en todo caso, la indemnización a su cargo no podrá exceder de la que sería debida en caso de pérdida de la mercancía.

Artículo 12

1. El remitente tiene derecho a disponer de la mercancía, en particular solicitando al transportista que detenga el transporte, a modificar el lugar previsto para la entrega, o a entregar la mercancía a un destinatario diferente del indicado en la carta de porte.

2. Este derecho se extingue cuando el segundo ejemplar de la carta de porte se remite al destinatario o cuando éste hace valer el derecho previsto en el artículo 13, párrafo 1; a partir de este momento el transportista debe someterse a las órdenes del destinatario.

3. El derecho de disposición pertenece en todo caso al destinatario desde el mismo momento de redacción de la carta de porte, si así se hizo constar en dicha carta de porte por el remitente.

4. Si ejerciendo su derecho de disposición el destinatario ordena entregar la mercancía a otra persona, ésta, a su vez, no puede designar un nuevo destinatario.

5. El ejercicio del derecho de disposición está subordinado a las condiciones siguientes:

   a) El remitente o el destinatario, en el caso en que éste quiera ejercer el derecho que se le concede en el párrafo 3 de este mismo artículo, debe presentar el primer ejemplar de la carta de porte, en la que deben estar inscritas las nuevas instrucciones dadas al transportista, y resarcir a éste de los gastos y daños que se ocasionen por la ejecución de tales instrucciones.

   b) La ejecución de estas nuevas instrucciones debe ser posible en el momento en que se comunican al que debe realizarlas, y no dificultará la explotación normal de la empresa del transportista ni perjudicará a remitentes o destinatarios de otras consignaciones.

   c) Las instrucciones no podrán tener como efecto la división de consignación.

6. Cuando en razón de las disposiciones establecidas en el párrafo 5 *b)* del presente artículo el transportista no pueda llevar a cabo las instrucciones recibidas deberá comunicarlo inmediatamente a la persona que se las dio.

7. El transportista que no ejecute las instrucciones que se le hayan dado en las condiciones establecidas en este artículo, o que las haya ejecutado sin haber exigido la presentación del primer ejemplar de la carta de porte, responderá ante quien tenga derecho de los perjuicios causados por este hecho.

Artículo 13

1. Después de la llegada de la mercancía al lugar establecido para la entrega, el destinatario tiene derecho a pedir que el segundo ejemplar de la carta de porte le sea remitido y que se le entregue la mercancía contra recibo. Si llegara a declararse perdida la mercancía o si ésta no es entregada al término del plazo de que se habla en el artículo 19, el destinatario está autorizado a hacer valer, en nombre propio frente al transportista, los derechos que resulten del contrato de transporte.

2. El destinatario que se prevale de los derechos que se le conceden en el párrafo anterior está obligado a hacer efectivos los derechos que resulten de la carta de porte. En caso de impugnación, el transportista no está obligado a efectuar la entrega de la mercancía, a no ser que se preste caución por el destinatario.

Artículo 14

1. Si por cualquier motivo la ejecución del contrato resulta irrealizable en las condiciones previstas en la carta de porte antes de la llegada de la mercancía al lugar de entrega, el transportista solicitará instrucciones a la persona que tenga el derecho de disponer de la mercancía conforme al artículo 12.

2. En todo caso, si las circunstancias permiten la ejecución del transporte en unas condiciones diferentes a las previstas en la carta de porte y el transportista no ha podido recibir en tiempo útil las instrucciones de la persona que tiene el derecho de disponer de la mercancía conforme al artículo 12, el transportista tomará las medidas que juzgue más convenientes en interés de la persona que tiene el poder de disposición sobre la mercancía.

Artículo 15

1. Cuando después de la llegada de la mercancía al lugar de destino se presenten impedimentos para la entrega, el transportista pedirá instrucciones al remitente. Si el destinatario rehusase la mercancía, el remitente tiene derecho a disponer de ésta sin necesidad de utilizar el primer ejemplar de la carta de porte.

2. Incluso en el caso de que el destinatario haya rehusado la mercancía, éste puede requerir, sin embargo, la entrega de la misma; siempre que el transportista no haya recibido instrucciones contrarias del remitente.

3. Si se presenta un impedimento en la entrega de la mercancía después de que el destinatario haya dado orden de entregar la mercancía a una tercera persona, usando del derecho que le concede el artículo 12, párrafo 3, el destinatario sustituye al remitente, y ese tercero al destinatario, a efectos de aplicación de los párrafos 1 y 2 de este mismo artículo.

Artículo 16

1. El transportista tiene derecho a exigir el pago de los gastos que le ocasione su petición de instrucciones o que impliquen la ejecución de las instrucciones recibidas, a menos que estos gastos sean causados por su culpa.

2. En los casos señalados en los artículos 14, párrafo 1, y 15, el transportista puede descargar inmediatamente la mercancía por cuenta del que tenga derecho sobre la misma; después de esta descarga, el transporte se considerará terminado. El transportista asumirá entonces la custodia de la mercancía. Puede, sin embargo, confiar la mercancía a un tercero, y no es entonces responsable más que de la elección[1] juiciosa del tercero. Las mercancías quedan afectadas a las obligaciones y gastos resultantes de la carta de porte.

3. El transportista puede proceder a la venta de la mercancía sin esperar instrucciones del que tiene derecho sobre la misma, si así lo justifican la naturaleza perecedera o el estado de la mercancía y si los gastos de custodia son excesivos en relación al valor de la mercancía. En los demás casos, puede proceder a la venta si en un plazo razonable no ha recibido del que tiene poder de disposición sobre la mercancía instrucciones contrarias cuya ejecución pudiera ser exigida equitativamente.

4. Si la mercancía ha sido vendida en las condiciones del presente artículo, el producto de la venta deberá ser puesto a disposición del que tiene derecho, deducción hecha de los gastos que gravan la mercancía. Si estos gastos son superiores al producto de la venta, el transportista tiene derecho a la diferencia.

5. El modo de proceder en este caso de venta estará determinado por la ley o la costumbre del lugar donde se encuentra la mercancía.

---

[1] En la versión del BOE aparece la expresión *ejecución* [sic] *juiciosa del tercero,* lo que constituye un evidente error material del traductor, no corregido en la versión de 15 de junio de 1995, y hace pensar en una escalofriante pena capital (!)… *(N. de los A.)*

Capítulo IV. Responsabilidad del transportista

Artículo 17

1. El transportista es responsable de la pérdida total o parcial o de las averías que se produzcan entre el momento de recepción de la mercancía y el de la entrega, así como del retraso en la entrega.

2. El transportista está exonerado de esta responsabilidad si la pérdida, avería o retraso ha sido ocasionado por culpa del que tiene derecho sobre la mercancía o por una instrucción de éste no derivada de una acción culposa del transportista, por vicio propio de la mercancía o por circunstancias que el transportista no pudo evitar y cuyas consecuencias no pudo impedir.

3. El transportista no puede aducir, para exonerarse de responsabilidad, ni defectos en los vehículos de que se sirve para realizar el transporte ni culpa de las personas a las que haya alquilado el vehículo o empleados de éstas.

4. Teniendo en cuenta el artículo 18, párrafos 2 al 5, el transportista está exonerado de responsabilidad cuando la pérdida o la avería resulte de los riesgos particulares inherentes a uno de los hechos siguientes o a varios, entre ellos:

a) Empleo de vehículos abiertos y no provistos de toldo, cuando tal empleo ha sido expresamente pactado en la carta.

b) Ausencia o deficiencia en el embalaje de las mercancías expuestas por su naturaleza a deterioros o averías, cuando estuvieran mal embaladas o sin embalar.

c) Manipulación, carga o descarga de la mercancía y operaciones complementarias realizadas por el remitente o el destinatario o personas que obren por cuenta de uno y otro.

d) Naturaleza de ciertas mercancías expuestas por causas inherentes a esta misma naturaleza, a pérdida total o parcial o averías debidas a rupturas, moho, deterioro interno o espontáneo, desecación, derrames, pérdida normal o acción de las plagas o roedores.

e) Insuficiencia o imperfección de las marcas o números de los paquetes.

f) Transporte de animales vivos.

5. Si en virtud del presente artículo el transportista no responde de ciertos hechos que hayan causado el daño, su responsabilidad no está comprometida mas que en la proporción en que los factores de que él responda en virtud del presente artículo han contribuido al daño.

Artículo 18

1. La prueba de que la pérdida, la avería o la mora ha tenido por causa uno de los hechos previstos en el artículo 17, párrafo 2, incumbe al transportista.

2. Cuando el transportista prueba que, habida la relación con las circunstancias de hecho, la pérdida o la avería han podido resultar de uno o varios riesgos particulares previstos en el artículo 17, párrafo 4, se presumirá que aquéllas fueron consecuencia de éstas. El que tiene derecho sobre la mercancía puede probar que el daño no ha tenido por causa total o parcial algunos de dichos riesgos.

3. La presunción del párrafo anterior no es aplicable al caso previsto en el artículo 17, párrafo 4 *a*), en el supuesto de que haya una falta anormal o pérdida de paquetes.

4. Si el transporte es efectuado por medio de un vehículo preparado para sustraer la mercancía a la influencia del calor, frío, variaciones de temperatura o de la humedad del aire, el transportista no puede invocar el beneficio del artículo 17, párrafo 4 *d*), a no ser que pueda probar que, teniendo en cuenta las circunstancias, ha tomado las medidas que le incumbían en relación con la elección, mantenimiento y empleo de las instalaciones del vehículo y que se ha sometido a las instrucciones especiales que se le hayan podido dar.

5. El transportista tampoco puede invocar el beneficio del artículo 17, párrafo 4 *f*), mas que en el caso de que pruebe que, habida cuenta de las circunstancias, ha tomado todas las medidas que le incumben normalmente y que él ha seguido las instrucciones especiales que le hayan podido ser dadas.

Artículo 19

Hay demora de entrega cuando la mercancía no ha sido entregada en el plazo convenido o, si no hay plazo convenido, cuando la duración efectiva del transporte sobrepase el tiempo que razonablemente se permitiera a un transportista diligente en el caso de carga parcial, si el tiempo de duración se reputara como el necesitado para una carga completa en condiciones normales.

Artículo 20

1. El que tiene el poder de disposición sobre la mercancía puede, sin necesidad de prueba, considerar la mercancía perdida cuando hayan transcurrido treinta días sin

efectuarse la entrega después del plazo convenido para la misma o, si no se ha convenido plazo, a los sesenta días después de que el transportista se hizo cargo de la mercancía.

2. El que tiene derecho sobre la mercancía puede, al tiempo de recibir la indemnización por la pérdida de la mercancía pedir por escrito que se le avise en caso de que la mercancía reaparezca en el período de un año desde que recibió la indemnización. Deberá dársele por escrito recibo de dicha petición.

3. En el plazo de treinta días desde la recepción de tal aviso, el que tiene poder de disposición sobre la mercancía puede exigir su entrega previo pago de los gastos inherentes a la carta de porte y restitución de la indemnización recibida, deducción hecha, en su caso, de los gastos comprendidos en la indemnización y bajo reserva, en todo caso, del derecho a indemnización por mora en la entrega, tal como se prevé en el artículo 23, y si ha lugar, en el 26.

4. En defecto bien de la petición prevista en el párrafo 2, bien de instrucciones dadas en el plazo de treinta días del párrafo 3 o incluso en el caso de que la mercancía reaparezca después del año siguiente al pago de la indemnización, el transportista dispondrá de ella, de conformidad con la ley del lugar donde se encuentre la mercancía.

Artículo 21

Si la mercancía es entregada al destinatario sin percibirse el cobro debido por el transportista, según las cláusulas del contrato de transporte, el transportista quedará obligado a indemnizar al remitente hasta la suma total, sin perjuicio de su derecho de repetir contra el destinatario.

Artículo 22

1. Si el remitente entrega al transportista mercancías peligrosas, habrá de especificar la naturaleza exacta del peligro que ellas representan y le indicará, en su caso, las precauciones a tomar. En el caso de que este aviso no haya sido consignado en la carta de porte, correrá a cargo del remitente o destinatario la carga de la prueba por cualquier otro medio de que el transportista tuvo conocimiento de la naturaleza exacta del peligro que presentaba el transporte de dichas mercancías.

2. Las mercancías peligrosas cuya peligrosidad no fuera conocida por el transportista en las condiciones previstas en el párrafo 1 del presente artículo podrán, en cualquier momento y lugar, ser descargadas, destruidas o convertidas en inofensivas por el transpor-

tista y ello sin indemnización alguna; el remitente será, además, responsable de todos los gastos y daños que resulten de su entrega para transporte o con ocasión de su transporte.

Artículo 23

1. Cuando en virtud de las disposiciones de este Convenio el transportista se haga cargo de una indemnización por pérdida parcial o total de la mercancía, la indemnización será calculada de acuerdo con el valor que tenía la mercancía en el tiempo y lugar en que el transportista se hizo cargo de ella.

2. El valor de la mercancía se determinará de acuerdo con su cotización en Bolsa o, en su defecto, de acuerdo con el precio corriente en el mercado, y en defecto de ambos, de acuerdo con el valor corriente de mercancías de su misma naturaleza y cualidad.

3. Sin embargo, la indemnización no podrá exceder de las 8,33 unidades de cuenta por kilogramo del peso bruto que falte.

4. Serán, además, reembolsados el precio del transporte, los derechos de la Aduana y demás gastos incurridos con ocasión del transporte de la mercancía, en su totalidad en caso de pérdida total y a prorrata en caso de pérdida parcial; no así los daños y perjuicios.

5. En caso de mora, si el que tiene derecho sobre la mercancía prueba que resultó un perjuicio por la misma, el transportista quedará obligado a indemnizarlo. La suma en ningún caso excederá del precio del transporte.

6. Indemnizaciones de sumas superiores no podrán ser reclamadas a menos que exista declaración de valor de la mercancía o declaración de interés especial en la entrega, de conformidad con los artículos 24 y 26.

7. La unidad de cuenta mencionada en el presente Convenio es el derecho especial de giro tal como lo define el Fondo Monetario Internacional (FMI). El importe a que se refiere el párrafo 3 del presente artículo se convertirá a la moneda nacional del Estado del que dependa el tribunal que conozca del litigio, tomando como base el valor de dicha moneda en la fecha de la sentencia o en la fecha fijada de común acuerdo por las Partes. El valor, en derecho especial de giro, de la moneda nacional de un Estado que sea miembro del FMI se calculará con arreglo al método de evaluación que el FMI aplique a sus propias operaciones y transacciones en la fecha correspondiente. El valor, en derecho especial de giro, de la moneda de un Estado que no sea miembro del FMI, se calculará en la forma que dicho Estado determine.

8. Sin embargo, un Estado que no sea miembro del FMI y cuya legislación no le permita aplicar lo dispuesto en el párrafo 7 del presente artículo podrá, en el momento de la ratificación del Protocolo del CMR o de la adhesión al mismo, o en cualquier momento ulterior, declarar que el límite de la responsabilidad prevista en el párrafo 3 del presente artículo y aplicable en su territorio queda fijado en 25 unidades monetarias. La unidad monetaria de que trata el presente párrafo corresponde a 10/31 de gramo oro cuya ley sea de 900 milésimas de fino. La conversión a moneda nacional del importe indicado en el presente párrafo, se efectuará de conformidad con la legislación del Estado de que se trate.

9. El cálculo mencionado en la última frase del párrafo 7 y la conversión mencionada en el párrafo 8 del presente artículo se harán de forma que, en la medida de lo posible, se exprese en moneda nacional del Estado el mismo valor real que el expresado en unidades de cuenta en el párrafo del presente artículo. En el momento de depositar un instrumento mencionado en el art. 3.º del Protocolo del CMR y cada vez que se produzca un cambio en su método de cálculo o en el valor de su moneda nacional en relación con la unidad de cuenta o con la unidad monetaria, los Estados comunicarán al Secretario General de la Organización de las Naciones Unidas su método de cálculo, con arreglo al párrafo 7, o los resultados de la conversión, con arreglo al párrafo 8 del presente artículo, según sea el caso.

Artículo 24

El remitente puede declarar en la carta de porte, contra el pago de una sobreprima a convenir entre las Partes, un valor de la mercancía superior al límite establecido en el párrafo 3 del artículo 23, y en este caso esta suma sustituirá aquel límite.

Artículo 25

1. En caso de avería, el transportista pagará en total la suma de la depreciación, calculada de acuerdo con el valor de la mercancía, tal como esté fijado conforme al artículo 23, párrafos 1, 2 y 4.

2. En todo caso, la indemnización no podrá sobrepasar:

a) Si el conjunto total de lo expedido se deprecia por causa de avería, la suma que correspondiera en caso de pérdida total.

b) Si se deprecia solo una parte de lo expedido por avería, la cantidad que correspondiera en caso de pérdida de la parte depreciada.

Artículo 26

1. El remitente puede fijar, incluyéndolo en la carta de porte, previo pago de una sobreprima a convenir, como suplemento del precio de transporte, la suma de un interés especial en la entrega de la mercancía, para sus efectos oportunos, en caso de pérdida, avería o demora en la entrega después del plazo convenido.

2. Si ha habido declaración de interés especial en la entrega de la mercancía, el remitente podrá reclamar una indemnización igual al daño suplementario, del cual aportará prueba, sin perjuicio de las indemnizaciones que le corresponden según los artículos 23, 24 y 25 y en concurrencia con la suma por interés especial declarado.

Artículo 27

1. El que tiene derecho de disposición sobre la mercancía podrá reclamar los intereses de la indemnización. Estos intereses se calcularán a razón del 5 por 100 anual a partir del día de la reclamación dirigida por escrito al transportista o del día en que se interpuso demanda judicial en defecto de la reclamación.

2. Cuando los elementos que sirven de base para el cálculo de la indemnización no estén expresados en la moneda del país donde se reclama el pago, la conversión se realizará de acuerdo con el valor de la moneda en el lugar y día de dicho pago.

Artículo 28

1. En el supuesto que, según la ley aplicable, la pérdida, avería o retrasos causados en el transporte regulado por este Convenio puedan dar lugar a una reclamación extracontractual, el transportista puede prevalerse de las disposiciones de este Convenio que determinen o limiten las indemnizaciones debidas o incluso excluyan su responsabilidad.

2. Cuando por pérdida, avería o retraso se demande en juicio por responsabilidad extracontractual a personas de las que responde el transportista bajo el artículo 3, estas personas pueden prevalerse de las disposiciones de este Convenio que determinen o limiten las indemnizaciones debidas o incluso excluyan la responsabilidad del transportista.

Artículo 29

1. El transportista no gozará del derecho de prevalerse de las disposiciones de este capítulo que excluyen o limitan su responsabilidad, o que invierten la carga de la prueba, si

el daño ha sido causado por dolo o por falta que le sea imputable y que sea equiparada al dolo por la legislación del lugar.

2. Esto mismo se aplicará al dolo o culpa de los empleados del transportista o de cualesquiera otras personas a las que el transportista haya recurrido para la realización del transporte, siempre que éstos actúen en el desempeño de sus funciones. En este caso, estas personas o empleados no tendrán derecho a prevalerse, en lo que respecta a su responsabilidad personal, de las disposiciones de este capítulo mencionadas en el párrafo anterior.

Capítulo V. Reclamaciones y acciones

Artículo 30

1. Si el destinatario recibe la mercancía sin verificar contradictoriamente su estado y manifestar su protesta, o si en el mismo momento de la entrega en caso de pérdidas o averías manifiestas, o dentro de los siete días desde la fecha de la entrega en caso de averías o pérdidas no manifiestas, descontando domingos y festivos, no expresa sus reservas al transportista indicando la naturaleza general de la pérdida o avería, se presumirá, salvo prueba en contrario, que ha recibido las mercancías en el estado descrito en la carta de porte. Estas reservas deberán ser hechas por escrito en el caso de tratarse de averías o pérdidas no manifiestas.

2. Cuando el estado de la mercancía ha sido verificado contradictoriamente por el destinatario y el transportista, la prueba contraria al resultado de esta verificación no podrá ser realizada más que si se trata de pérdidas o averías no claras y siempre que el destinatario haya dirigido reservas escritas al transportista en el plazo de siete días, descontados domingos y festivos, a partir de esta constatación.

3. Un retraso en la entrega no dará lugar a indemnización más que en el caso de que se haya dirigido reserva por escrito en el plazo de veintiún días a partir de la puesta de la mercancía a disposición del destinatario.

4. La fecha de entrega o, según el caso, la de la contestación a la de la puesta a disposición, no está incluida en los plazos previstos en este artículo.

5. El transportista y el destinatario se darán recíprocamente toda clase de facilidades razonables para las constataciones y verificaciones necesarias.

Artículo 31

1. Para todos los litigios a que pueda dar lugar el transporte regulado por este Convenio, el demandante podrá escoger, fuera de las jurisdicciones de los países contratantes, designadas de común acuerdo por las Partes del contrato, las jurisdicciones del país en el territorio del cual:

a) El demandado tiene su residencia habitual, su domicilio principal o sucursal de agencia por intermedio de la cual ha sido concluido el contrato de transporte; o

b) Está situado el lugar en que el transportista se hizo cargo de la mercancía o el lugar designado para la entrega de la misma, no pudiendo escogerse más que estas jurisdicciones.

2. Cuando en un litigio de los mencionados en el párrafo 1 de este artículo una acción esté incoada ante una jurisdicción competente en los términos de este párrafo, o cuando en dicho litigio se ha pronunciado fallo por tal jurisdicción, no se podrá intentar ninguna nueva acción por la misma causa y entre las mismas Partes, a menos que la decisión de la jurisdicción ante la que se utilizó la primera acción no sea susceptible de ser ejecutada en el país donde la nueva acción ha sido interpuesta.

3. Cuando en un litigio de los mencionados en el párrafo 1 de este artículo un juicio fallado por una jurisdicción de un país contratante ha llegado a ser ejecutorio en este país, llega a ser igualmente ejecutorio en cada uno de los otros países contratantes, sobre todo después del cumplimiento de las formalidades prescritas a este efecto en el país interesado. Estas formalidades no pueden implicar revisión de la causa.

4. Las disposiciones del párrafo 3 del presente artículo se aplican a los juicios con oposición de Partes, a los juicios por rebeldía y a las transacciones judiciales, pero no se aplicarán a los juicios que no sean ejecutorios, a no ser por provisión, ni a las condenas por daños y perjuicios que hubieran sido pronunciados en concepto de costas contra el demandante cuya demanda sea rechazada total o parcialmente.

5. No podrá ser exigida fianza a los nacionales de los países contratantes que tengan su domicilio o establecimiento en uno de estos países, a fin de asegurar el pago de las costas judiciales por las acciones a las que pueda dar lugar el transporte regulado por este Convenio.

Artículo 32

1. Las acciones a las que pueda dar lugar el transporte regulado por este Convenio prescriben al año. Sin embargo, en el caso de dolo o de falta equivalente a dolo, según la ley de la jurisdicción escogida, la prescripción es de tres años.

La prescripción corre:

a) En el caso de pérdida parcial, avería o mora a partir del día en que se entregó la mercancía;

b) En el caso de pérdida total, a partir de treinta días después de la expiración del plazo convenido, o, si no existe éste, a partir de sesenta días desde que el transportista se hizo cargo de la mercancía;

c) En todos los demás casos, a partir de la expiración de un plazo de tres meses a partir de la conclusión del contrato de transporte. El día indicado en este párrafo como punto de partida de la prescripción no está comprendido en el plazo.

2. La reclamación escrita interrumpe la prescripción hasta el día en que el transportista rechace la reclamación por escrito y devuelva los documentos que acompañan a la misma. En caso de aceptación parcial a la reclamación, la prescripción no vuelve a tomar su curso más que por la parte reclamada que continúa en litigio. La prueba de la recepción de la reclamación o de la respuesta y de la devolución de documentos corre a cargo de quien invoque este hecho. Las reclamaciones ulteriores que tengan el mismo objeto no interrumpen la prescripción.

3. Bajo reserva de las disposiciones del párrafo 2 de este artículo, la suspensión de la prescripción se regirá por la ley del territorio en el que se ejerce jurisdicción. Lo mismo se aplicará a la interrupción de la prescripción.

4. La acción prescrita no puede ser interpuesta de nuevo, ni siquiera bajo forma de demanda, conforme a derecho o de excepción.

Artículo 33

El contrato de transporte puede contener una cláusula atribuyendo competencia a un Tribunal arbitral, a condición de que esta cláusula prevea que dicho Tribunal arbitral aplicará el presente Convenio.

Capítulo VI. Disposiciones relativas al transporte efectuado por transportistas sucesivos

Artículo 34

Si un transporte sometido a un solo contrato es ejecutado por sucesivos transportistas por carretera, cada uno de éstos asumirá la responsabilidad por la ejecución del transporte total. El segundo transportista y cada uno de los siguientes se obligan por la mera aceptación de la mercancía y de la carta de porte.

Artículo 35

1. El transportista que acepte la mercancía de otro precedente le entregará a éste un recibo firmado y fechado. Su nombre y domicilio deberán constar en la carta de porte. En el caso que corresponda, las reservas análogas a las previstas en el artículo 8, párrafo 2 se harán constar en el segundo ejemplar de la carta de porte, así como en el recibo.

2. Las disposiciones del artículo 9 se aplicarán a las relaciones entre transportistas sucesivos.

Artículo 36

A menos de que se trate de una demanda reconvencional o de una excepción formulada en una instancia relativa a una demanda basada en el mismo contrato de transporte, la acción de responsabilidad por pérdida, avería o mora no podrá ser dirigida sino contra el primer transportista o contra el último, o contra aquel que ejecutó la parte del transporte en cuyo curso se produjo el hecho que dio lugar a la pérdida, mora o avería. La acción puede dirigirse contra varios transportistas a la vez.

Artículo 37

El transportista que haya pagado una indemnización en virtud de las disposiciones del presente Convenio tiene el derecho a repetir por el principal, intereses y gastos contra los transportistas que hayan participado en la ejecución del contrato de transporte, de acuerdo con las disposiciones siguientes:

a) El transportista por el hecho imputable al cual se ha causado el daño habrá de soportar él solo la indemnización, ya la haya pagado él, ya la haya pagado otro transportista.

b) Cuando el hecho causante del daño sea imputable a dos o varios transportistas, cada uno deberá pagar una suma proporcional a su parte de responsabilidad; si no cabe la posibilidad de valorar dicha proporción, cada uno pagará una suma proporcional al precio que cobraron por el transporte.

c) Si no se puede determinar quiénes son los responsables, la carga de indemnizar se repartirá entre todos los transportistas en la proporción fijada en el párrafo *b)* de este artículo.

Artículo 38

Si uno de los transportistas es insolvente, la parte que le corresponde y que no haya sido pagada se repartirá entre los demás transportistas en proporción a la remuneración de cada uno.

Artículo 39

1. El transportista contra el que se utilice el derecho de repetición previsto en los artículos 37 y 38 no podrá promover discusión sobre la validez del pago efectuado por el transportista que ejerce contra él el derecho de repetición, en el caso de que la indemnización haya sido fijada por decisión judicial y siempre que él haya sido debidamente informado del proceso y que haya podido intervenir en el mismo.

2. El transportista que quiera ejercer la repetición puede formularla ante el Tribunal competente del país en el que uno de los transportistas interesados tenga su residencia habitual, su domicilio principal, o la sucursal o agencia por medio de la cual se concluye el contrato. La repetición puede ser interpuesta en una sola instancia contra todos los transportistas interesados.

3. Las disposiciones del artículo 31, párrafos 3 y 4, se aplicarán a las sentencias recaídas sobre las repeticiones de que se trata en los artículos 37 y 38.

4. Las disposiciones del artículo 32 serán aplicables a las acciones de repetición entre los transportistas. La prescripción comienza a contarse a partir del día en que se haya dictado una sentencia definitiva que fije la indemnización a pagar en virtud de las disposiciones del presente Convenio, o bien, si no existe tal fallo, a partir del día en que se efectuó el pago.

Artículo 40

Los transportistas son libres de establecer entre ellos disposiciones que deroguen los artículos 37 y 38.

Capítulo VII. Nulidad de las cláusulas contrarias al Convenio

Artículo 41

1. Sin perjuicio de lo dispuesto en el artículo 40, toda cláusula que, directa o indirectamente, derogue el presente Convenio sera nula y no tendrá ningún efecto. La

nulidad de tales cláusulas no lleva aparejada la nulidad de las demás cláusulas del contrato.

2. En particular serán nulas de pleno derecho todas las estipulaciones por las que el transportista se coloque como beneficiario del seguro de la mercancía o análogas, así como las cláusulas que inviertan la carga de la prueba.

CAPÍTULO VIII. Disposiciones finales

Artículo 42

1. El presente Convenio queda abierto a la firma o a la adhesión de los países miembros de la Comisión Económica para Europa y de los países admitidos en la Comisión a título consultivo, de conformidad con el párrafo 8 del mandato de dicha comisión.

2. Los países que pudieren eventualmente participar en ciertos trabajos de la Comisión Económica para Europa, de conformidad con el párrafo 11 del mandato de dicha Comisión, podrán llegar a ser Partes contratantes del presente Convenio, adhiriéndose al mismo después de su entrada en vigor.

3. El Convenio quedará abierto a la firma hasta el 31 de agosto de 1956 inclusive. Después de esta fecha quedará abierto a la adhesión.

4. El presente Convenio será ratificado.

5. La ratificación o la adhesión se efectuarán mediante el depósito de un instrumento ante el Secretario General de las Naciones Unidas.

Artículo 43

1. El presente Convenio entrará en vigor el nonagésimo día, después de que cinco de los países citados en el párrafo 1 del artículo 42 hayan depositado su instrumento de ratificación o de adhesión.

2. Para cada uno de los países que ratificare o se adhiriere después que los cinco países hayan depositado su instrumento de ratificación o de adhesión, el presente Convenio entrará en vigor el nonagésimo día siguiente al depósito del instrumento de ratificación o de adhesión de dicho país.

Artículo 44

1. Cada Parte contratante podrá denunciar el presente Convenio, mediante notificación dirigida al Secretario General de las Naciones Unidas.

2. La denuncia tendrá efecto doce meses después de la fecha en que el Secretario General haya recibido la notificación.

Artículo 45

Si, después de la entrada en vigor del presente Convenio, el número de Partes contratantes se encontrare reducido a cinco, a causa de denuncias del mismo, el presente Convenio cesaría de estar en vigor a partir de la fecha en que surtiere efecto la última de estas denuncias.

Artículo 46

1. En el momento de depositar su instrumento de ratificación o de adhesión, o en cualquier momento ulterior, cualquier país podrá declarar, mediante notificación escrita al Secretario General de las Naciones Unidas que el presente Convenio será aplicable a todos o cualesquiera de los territorios de cuyas relaciones internacionales sea responsable. El Convenio será aplicable al territorio o a los territorios citados en la notificación a partir del nonagésimo día siguiente al recibo por el Secretario General de dicha notificación o, si en ese día no hubiese aún entrado en vigor el Convenio, a partir de la fecha de su entrada en vigor.

2. Cualquier país que, en virtud del párrafo anterior, hubiere hecho una declaración que hiciere aplicable el presente Convenio a un territorio de cuyas relaciones internacionales fuere responsable, podrá denunciar el Convenio por lo que respecta a dicho territorio, de conformidad con las disposiciones del artículo 44.

Artículo 47

Cualquier divergencia entre una o varias Partes contratantes respecto a la interpretación o a la aplicación del presente Convenio, que las Partes no hubieren podido resolver por vía de negociación o de otro modo, podrá ser sometida a la Corte Internacional de Justicia para ser zanjada por la misma a petición de una cualquiera de las Partes contratantes interesadas.

Artículo 48

1. En el momento de firmar o de ratificar el presente Convenio o de adherir al mismo, cada Parte contratante podrá declarar que no se considera ligada por el artículo 47 del mismo. Las demás Partes contratantes no estarán ligadas por el artículo 47 con respecto a ninguna Parte contratante que hubiere formulado tal reserva.

2. Cualquier Parte contratante que hubiere formulado una reserva en virtud del párrafo 1, podrá retirar en cualquier momento tal reserva mediante notificación dirigida al Secretario General de las Naciones Unidas.

3. No será admitida ninguna otra reserva al presente Convenio.

Artículo 49

1. Después de que el presente Convenio haya estado en vigor durante tres años, cualquiera de las Partes contratantes podrá pedir, mediante notificación al Secretario General de las Naciones Unidas, que se convoque una conferencia con el fin de revisar el presente Convenio. El Secretario General notificará esta petición a todas las Partes contratantes y convocará una conferencia de revisión si, en el plazo de cuatro meses a partir de la fecha de la notificación hecha por él la cuarta parte de las Partes contratantes por lo menos, le haya notificado su asentimiento a dicha petición.

2. Si se convocare una conferencia de conformidad con el párrafo anterior, el Secretario General avisará de ello a todas las Partes contratantes y las invitará a que, en un plazo de tres meses, presenten las propuestas que desearían que examinara la conferencia. El Secretario General comunicará a todas las Partes contratantes el programa provisional de la conferencia, así como el texto de dichas propuestas, por lo menos tres meses antes de la fecha en que se reunirá la conferencia.

3. El Secretario General invitará a cualquier conferencia convocada de conformidad con el presente artículo a todos los países a que se refiere el párrafo 1 del artículo 42, así como a todos los países que hayan llegado a ser Partes contratantes en virtud del párrafo 2 del artículo 42.

Artículo 50

Además de las notificaciones previstas en el artículo 49, el Secretario General de las Naciones Unidas notificará a los países a que se refiere el párrafo 1 del artículo 42, así como a los países que han llegado a ser Partes contratantes en virtud del párrafo 2 del artículo 42:

a) Las ratificaciones y las adhesiones en virtud del artículo 42.
b) Las fechas de entrada en vigor del presente Convenio, de conformidad con el artículo 43.
c) Las denuncias efectuadas en virtud del artículo 44.
d) La terminación del presente Convenio, de conformidad con el artículo 45.
e) Las notificaciones recibidas de conformidad con el artículo 46.
f) Las declaraciones y las notificaciones recibidas de conformidad con los párrafos 1 y 2 del artículo 48.

Artículo 51

Después del 31 de agosto de 1956, el original del presente Convenio será depositado en poder del Secretario General de las Naciones Unidas, el cual transmitirá copias certificadas conforme a cada uno de los países citados en los párrafos 1 y 2 del artículo 42.

En fe de lo cual el infrascrito, debidamente autorizado al efecto, firma el presente Convenio.

Hecho en Ginebra, en el día de hoy, diecinueve de mayo de mil novecientos cincuenta y seis, en un solo ejemplar, en los idiomas francés e inglés, cada uno de ellos igualmente fehaciente.

(Relación alfabética de países y sus respectivos representantes.)

Protocolo de firma

En el momento de proceder a la firma del Convenio relativo al contrato de transporte internacional de mercancías por carretera, los infrascritos, debidamente autorizados, convienen en las declaraciones y precisiones siguientes:

1. El presente Convenio no se aplicará a los transportes realizados entre el Reino Unido de Gran Bretaña e Irlanda del Norte y la República de Irlanda.

2. Adición al párrafo 4 del artículo primero.

Los infrascritos se obligan a negociar convenios sobre el contrato de mudanza y sobre el contrato de transporte combinado.

En fe de lo cual el infrascrito, debidamente autorizado al efecto, ha firmado el presente Protocolo.

Hecho en Ginebra en el día de hoy, diecinueve de mayo de mil novecientos cincuenta y seis, en los idiomas francés e inglés, cada uno de ellos, siendo igualmente fehaciente.

El Instrumento de Adhesión de España al presente Convenio fue depositado ante el Secretario General de las Naciones Unidas con fecha 12 de febrero de 1974.

El presente Convenio entrará en vigor el día 13 de mayo de 1974.

Instrumento de Adhesión de España al Protocolo Adicional al Convenio relativo al contrato de transporte internacional de mercancías por carretera (CMR), relativo a la carta de porte electrónica, hecho en Ginebra el 20 de febrero de 2008

BOE de 14 junio 2011 (núm. 141)

JUAN CARLOS I

REY DE ESPAÑA

Concedida por las Cortes Generales la autorización prevista en el artículo 94.1 de la Constitución y, por consiguiente, cumplidos los requisitos exigidos por la legislación española, extiendo el presente Instrumento de Adhesión de España al Protocolo Adicional al Convenio relativo al Contrato de Transporte Internacional de Mercancías por Carretera (CMR), relativo a la carta de porte electrónica, hecho en Ginebra el 20 de febrero de 2008, para que mediante su depósito y de conformidad con lo dispuesto en su artículo 7, España pase a ser Parte de dicho Protocolo.

En fe de lo cual firmo el presente Instrumento, debidamente sellado y refrendado por la infrascrita Ministra de Asuntos Exteriores y de Cooperación.

Dado en Madrid, a veintinueve de abril de dos mil once.

JUAN CARLOS R.

La Ministra de Asuntos Exteriores y de Cooperación,
TRINIDAD JIMÉNEZ GARCÍA-HERRERA

Protocolo adicional al Convenio relativo al Contrato de Transporte Internacional de Mercancías por Carretera (CMR), relativo a la Carta de Porte Electrónica

Las Partes en el presente Protocolo,

Siendo Partes en el Convenio relativo al contrato de transporte internacional de mercancías por carretera (CMR), hecho en Ginebra, de fecha 19 de mayo de 1956,

Deseando completar dicho Convenio a fin de facilitar la expedición opcional de la carta de porte mediante los procedimientos empleados para el registro y tratamiento electrónicos de datos,

Han convenido en lo siguiente:

Artículo 1.º
Definiciones

A los efectos del presente Protocolo,

- por «Convenio» se entenderá el Convenio relativo al contrato de transporte internacional de mercancías por carretera (CMR);
- por «comunicación electrónica» se entenderá la información registrada, enviada, recibida o conservada por medios electrónicos, ópticos, digitales u otros medios equivalentes que permitan acceder a la información comunicada para su posterior consulta;
- por «carta de porte electrónica» se entenderá una carta de porte emitida mediante comunicación electrónica por un transportista, un remitente o cualquier otra Parte interesada en la ejecución de un contrato de transporte al que le sea de aplicación el Convenio, incluyendo las indicaciones digitales relativas a la comunicación electrónica en forma de datos adjuntos o unidas de otra forma a dicha comunicación electrónica, en el momento de su expedición o posteriormente, de manera a ser Parte integrante de la misma;
- por «firma electrónica» se entenderán los datos en forma electrónica que hayan sido adjuntados o unidos digitalmente a otros datos electrónicos y que sirvan de método de certificación.

Artículo 2.º
Ámbito de aplicación y alcance de la carta de porte electrónica

1. Sin perjuicio de las disposiciones del presente Protocolo, la carta de porte a que se refiere el Convenio, así como cualquier solicitud, declaración, instrucción, orden, reserva u otra comunicación relativa a la ejecución de un contrato de transporte al que sea de aplicación el Convenio, podrá realizarse por comunicación electrónica.

2. Toda carta de porte emitida conforme al presente Protocolo será considerada como equivalente a la carta de porte a que se refiere el Convenio, y por ello, tendrá la misma fuerza probatoria y producirá los mismos efectos que esta última.

Artículo 3.º
Certificación de la carta de porte electrónica

1. Las Partes en el contrato de transporte certificarán la carta de porte electrónica mediante una firma electrónica fiable que garantice su vínculo con la carta de porte electrónica. La fiabilidad del procedimiento de firma electrónica se presumirá, salvo prueba en contrario, cuando la firma electrónica:

a) Esté vinculada únicamente al firmante;
b) permita identificar al firmante;
c) haya sido creada utilizando medios que el firmante pueda mantener bajo su exclusivo control; y
d) esté vinculada a los datos a los que se remite de manera que cualquier modificación posterior de los datos pueda ser detectada.

2. También podrá certificarse la carta de porte mediante cualquier otro procedimiento de certificación electrónica previsto en la legislación del país en el que se haya elaborado la carta de porte.

3. Las indicaciones consignadas en ella deberán ser accesibles a toda persona habilitada al efecto.

Artículo 4.º
Condiciones de elaboración de la carta de porte electrónica

1. La carta de porte electrónica contendrá las mismas menciones que la carta de porte a que se refiere el Convenio.

2. El procedimiento empleado para la elaboración de la carta de porte electrónica deberá garantizar la integridad de las indicaciones que contenga a partir del momento en que haya sido elaborada por primera vez en su forma definitiva. Se entenderá que las indicaciones mantienen su integridad cuando sigan estando completas y no hayan sido alteradas, sin perjuicio de las añadiduras y demás modificaciones que se produzcan en el transcurso normal de la comunicación, la conservación y la exposición.

3. Las indicaciones contenidas en la carta de porte electrónica podrán completarse o modificarse en los casos permitidos en el Convenio.

El procedimiento utilizado para completar o modificar la carta de porte electrónica deberá permitir la detección como tal de toda adición o modificación y garantizar el mantenimiento de las indicaciones originales de la carta de porte electrónica.

Artículo 5.º
Expedición de la carta de porte electrónica

1. Las Partes interesadas en la ejecución del contrato de transporte convendrán los procedimientos y modos de ejecución de los mismos para ajustarse a lo dispuesto en el presente Protocolo y en el Convenio, especialmente en lo relativo a:

a) El método para elaborar y remitir la carta de porte electrónica a la Parte facultada;
b) La garantía de que la carta de porte electrónica mantendrá su integridad;
c) La forma en que el titular de los derechos derivados de la carta de porte electrónica puede demostrar que es su titular;
d) La forma de confirmar la efectiva entrega al destinatario;
e) Los procedimientos que permiten completar o modificar la carta de porte electrónica; y
f) los procedimientos para una eventual sustitución de la carta de porte electrónica por una carta de porte elaborada por otros medios.

2. Los procedimientos a que se refiere el apartado 1 deberán mencionarse en la carta de porte electrónica y poder ser fácilmente verificados.

Artículo 6.º
Documentos que completan la carta de porte electrónica

1. El transportista entregará al remitente, a solicitud de este último, un recibo de las mercancías así como cualquier indicación necesaria para la identificación del

envío y el acceso a la carta de porte electrónica a que se refiere el presente Protocolo.

2. El remitente podrá comunicar en forma electrónica al transportista los documentos mencionados en el artículo 6, apartado 2, letra g, y en el artículo 11 del Convenio, si dichos documentos existiesen en esa forma y si las Partes hubieran convenido los procedimientos oportunos para establecer un vínculo entre dichos documentos y la carta de porte electrónica a que se refiere el presente Protocolo de manera que se garantice su integridad.

DISPOSICIONES FINALES

Artículo 7.º
Firma, ratificación, adhesión

1. El presente Protocolo queda abierto a la firma de los Estados firmantes del Convenio o que sean Partes en el mismo y que sean miembros de la Comisión Económica para Europa o hayan sido admitidos en esta Comisión a título consultivo, de conformidad con el apartado 8 del mandato de dicha Comisión.

2. El presente Protocolo quedará abierto a la firma en Ginebra, del 27 al 30 de mayo de 2008, ambos inclusive y, posteriormente, en la sede de las Naciones Unidas en Nueva York hasta el 30 de junio de 2009 incluido.

3. El presente Protocolo estará sujeto a ratificación por los Estados signatarios y abierto a la adhesión de los Estados no signatarios, mencionados en el apartado 1 del presente artículo, que sean Partes en el Convenio.

4. Los Estados que pudieran eventualmente participar en ciertos trabajos de la Comisión Económica para Europa, de conformidad con el apartado 11 del mandato de dicha Comisión y que se hayan adherido al Convenio, podrán ser Partes en el presente Protocolo, adhiriéndose al mismo después de su entrada en vigor.

5. La ratificación o la adhesión se efectuarán mediante el depósito del instrumento correspondiente ante el Secretario General de la Organización de las Naciones Unidas.

6. Todo instrumento de ratificación o de adhesión depositado después de la entrada en vigor de una enmienda al presente Protocolo adoptada de conformidad con lo dispuesto en el artículo 13 siguiente, se considerará aplicado al Protocolo ya modificado por esa enmienda.

Artículo 8.º
Entrada en vigor

1. El presente Protocolo entrará en vigor el nonagésimo día después de que cinco de los Estados mencionados el apartado 3 del artículo 7 del presente Protocolo hayan depositado su instrumento de ratificación o de adhesión.

2. Para cada uno de los Estados que lo ratifique o se adhiera después de que cinco Estados hayan depositado su instrumento de ratificación o de adhesión, el presente Protocolo entrará en vigor el nonagésimo día siguiente al depósito del instrumento de ratificación o de adhesión de dicho Estado.

Artículo 9.º
Denuncia

1. Toda Parte podrá denunciar el presente Protocolo, mediante notificación dirigida al Secretario General de las Naciones Unidas.

2. La denuncia surtirá efecto 12 meses después de la fecha en que el Secretario General haya recibido la notificación.

3. Todo Estado que deje de ser Parte en el Convenio dejará en la misma fecha de ser Parte en el presente Protocolo.

Artículo 10.º
Terminación

Si, después de la entrada en vigor del presente Protocolo, el número de Partes se encontrara reducido a menos de cinco, a causa de denuncias del mismo, el presente Protocolo dejará de estar en vigor a partir de la fecha en que surtiese efecto la última de estas denuncias. Dejará igualmente de estar en vigor a partir de la fecha en la que el propio Convenio deje de estar en vigor.

Artículo 11.º
Controversias

Cualquier controversia entre dos o más Partes respecto a la interpretación o a la aplicación del presente Protocolo, que las Partes no hubieren podido resolver por vía de negociación o de otro modo, podrá ser sometida al Tribunal Internacional de Justicia, para ser resuelta por el mismo a petición de una cualquiera de las Partes interesadas.

ARTÍCULO 12.º
Reservas

1. Cualquier Estado podrá declarar, en el momento de firmar o de ratificar el presente Protocolo o de adherirse al mismo, mediante notificación dirigida al Secretario General de la Organización de las Naciones Unidas, que no se considera vinculado por el artículo 11 del presente Protocolo. Las demás Partes no estarán vinculadas por el artículo 11 del presente Protocolo con respecto a ninguna de las Partes que hubieran formulado dicha reserva.

2. La declaración a que hace referencia el apartado 1 del presente artículo podrá retirarse en cualquier momento mediante notificación dirigida al Secretario General de las Naciones Unidas.

3. No se admitirá ninguna otra reserva al presente Protocolo.

ARTÍCULO 13.º
Enmiendas

1. Después de entrar en vigor, el presente Protocolo podrá ser enmendado siguiendo el procedimiento establecido en el presente artículo.

2. Toda propuesta de enmienda al presente Protocolo presentada por cualquier Parte en el presente Protocolo se someterá al Grupo de trabajo de transportes por carretera de la Comisión Económica para Europa de las Naciones Unidas (CEE-ONU) a efectos de examen y revisión.

3. Las Partes en el presente Protocolo harán todos los esfuerzos necesarios para llegar a un consenso. Si, a pesar de dichos esfuerzos, no se alcanzase ningún consenso sobre la enmienda propuesta, ésta necesitará, en última instancia, para su adopción, una mayoría de dos tercios de las Partes presentes y votantes. La Secretaría de la Comisión Económica para Europa de las Naciones Unidas someterá la propuesta de enmienda adoptada bien por consenso bien por mayoría de dos tercios de las Partes al Secretario General, quien la comunicará para su aceptación a todas las Partes en el presente Protocolo así como a los Estados signatarios.

4. En un plazo de nueve meses a partir de la fecha de la comunicación de la propuesta de enmienda por parte del Secretario General, cada Parte podrá hacer saber al Secretario General que formula una objeción a la enmienda propuesta.

5. La enmienda se considerará aceptada si, al término del plazo de nueve meses previsto en el apartado anterior, ninguna Parte ha notificado ninguna objeción. Si se formulase alguna objeción, la enmienda propuesta quedará sin efecto.

6. En caso de que un país se hubiera convertido en Parte contratante en el presente Protocolo entre el momento de la notificación de una propuesta de enmienda y la expiración del plazo de nueve meses contemplado en el apartado 4 del presente artículo, la Secretaría del Grupo de Trabajo de transportes por carretera de la Comisión Económica para Europa notificará a la mayor brevedad la enmienda propuesta al nuevo Estado Parte. Este último, antes de la expiración del mencionado plazo de nueve meses, podrá hacer saber al Secretario General que formula una objeción a la enmienda propuesta.

7. El Secretario General notificará a la mayor brevedad a todas las Partes en el presente Protocolo las objeciones formuladas conforme a los apartados 4 y 6 del presente artículo así como toda enmienda aceptada de conformidad con el apartado 5 anterior.

8. Toda enmienda que se considere aceptada entrará en vigor seis meses después de la fecha de su notificación a las Partes por el Secretario General.

Artículo 14.º
Convocatoria de una conferencia diplomática

1. Una vez que haya entrado en vigor el presente Protocolo, cualquiera de las Partes podrá pedir, mediante notificación dirigida al Secretario General de la Organización de las Naciones Unidas, que se convoque una conferencia con el fin de revisar el presente Protocolo. El Secretario General notificará esta petición a todas las Partes y convocará una conferencia de revisión si, en el plazo de 4 meses a partir de la notificación hecha por él, un cuarto como mínimo de las Partes en el presente Protocolo le hubiera notificado su aceptación de dicha petición.

2. Si se convocase una conferencia de conformidad con el apartado anterior, el Secretario General lo notificará a todas las Partes y las invitará a que, en un plazo de tres meses, presenten las propuestas que desearían que examinase la conferencia. El Secretario General comunicará a todas las Partes el orden del día provisional de la conferencia, así como el texto de dichas propuestas, con una antelación al menos de tres meses a la fecha de apertura de la conferencia.

3. El Secretario General invitará a cualquier conferencia convocada conforme al presente artículo a todos los Estados a que se refieren los apartados 1, 3 y 4 del artículo 7 del presente Protocolo.

Artículo 15.º
Notificaciones a los Estados

Además de las notificaciones previstas en los artículos 13 y 14, el Secretario General de la Organización de las Naciones Unidas notificará a los Estados a que se refiere el apartado 1 del artículo 7 anterior, así como a los Estados que se hayan convertido en Partes en el presente Protocolo en virtud de los apartados 3 y 4 del artículo 7:

a) Las ratificaciones y las adhesiones en virtud del artículo 7;

b) Las fechas de entrada en vigor del presente Protocolo, de conformidad con el artículo 8;

c) Las denuncias efectuadas en virtud del artículo 9;

d) La terminación del presente Convenio de conformidad con el artículo 10;

e) Las declaraciones y las notificaciones recibidas de conformidad con los apartados 1 y 2 del artículo 12.

Artículo 16.º
Depositario

El original del presente Protocolo se depositará ante el Secretario General de la Organización de las Naciones Unidas, el cual remitirá copias certificadas conformes a todos los Estados a que hacen referencia los apartados 1, 3 y 4 del artículo 7 del presente Protocolo.

Hecho en Ginebra, el veinte de febrero de dos mil ocho, en un solo ejemplar, en francés e inglés, siendo ambos igualmente auténticos.

Certifico que el texto precedente es una copia conforme del Protocolo adicional al Convenio relativo al contrato de transporte internacional de mercancías por carretera (CMR) relativo a la carta de porte electrónica, hecho en Ginebra el 20 de febrero de 2008, cuyo original se encuentra depositado ante el Secretario General de las Naciones Unidas.

Por el Secretario General, el Asesor Jurídico (Secretario General adjunto de Asuntos Jurídicos).

Nicolas Michel
Organización de las Naciones Unidas

Nueva York, 25 de marzo de 2008

ESTADOS PARTE

	Fecha firma	*Fecha depósito Instrumento*
Bélgica	27-5-2008	
Bulgaria		15-9-2010 AD
España		11-5-2011 AD
Finlandia	27-5-2008	
Letonia	27-5-2008	3-2-2010 R
Lituania	27-5-2008	07-3-2011 R
Noruega	27-5-2008	
Países Bajos	28-5-2008	7-1-2009 R
Para el Reino en Europa		
República Checa		14-4-2011 AD
Suecia	27-5-2008	
Suiza	27-5-2008	26-1-2009 R

R: ratificación; AD: adhesión.

El presente Protocolo entró en vigor de forma general el 5 de junio de 2011 y para España entró en vigor el 9 de agosto de 2011, de conformidad con lo establecido en su artículo 8.

Madrid, 1 de junio de 2011. La Secretaria General Técnica del Ministerio de Asuntos Exteriores y de Cooperación, Rosa Antonia Martínez Frutos.

Capítulo 2

Comentario al Convenio CMR, por el profesor Roland Loewe, publicado por las Naciones Unidas

Traducido por Francisco Sánchez-Gamborino

Comentario al Convenio relativo al Contrato de Transporte Internacional de Mercancías por Carretera (CMR), de 19 de mayo de 1956

(Documento ECE/TRANS/14. Naciones Unidas. Ginebra, 1975)[1]

Este texto ha sido redactado por el profesor doctor Roland Loewe (Austria), en su condición de miembro del consejo directivo del Instituto Internacional para la Unificación del Derecho Privado (Unidroit), de acuerdo con la decisión adoptada por el Comité de Transporte Interior en su decimosegunda sesión (ECE/TRANS/1, párrafo 95).

I. Generalidades

A. Contexto histórico del Convenio[2]

1. El derecho del transporte, y en particular las normas de derecho privado que lo regulan, es uno de los ámbitos en que la necesidad de seguridad y unificación jurídicas se

---

[1] Publicado gracias a la autorización expresa de la Comisión Económica para Europa de las Naciones Unidas, su editor inicial. *(N. del E.)*

[2] Se ha optado por escribir con *c* mayúscula la palabra *convenio* cuando se refiere al Convenio CMR, objeto del análisis del autor, con el fin de distinguirlo y evitar confusiones en las referencias que en el texto se hacen a otros convenios internacionales.

hace sentir con mayor intensidad. El primer convenio para la unificación del derecho relativo al transporte de mercancías fue el internacional de 14 de octubre de 1890 concerniente al ferrocarril (Convenio CIM). A este convenio siguieron el de Bruselas de 24 de agosto de 1924, para la unificación de ciertas reglas relativas a los conocimientos de embarque (Reglas de La Haya), y el de Varsovia de 12 de octubre de 1929, con igual título respecto al transporte aéreo.

2. A los pocos años de su establecimiento, la Comisión Económica para Europa de las Naciones Unidas (Cepe) empezó, mediante un grupo de trabajo enmarcado en el Comité de Transporte Interior, a estudiar los problemas de derecho privado derivados de los contratos de transporte internacional de mercancías por carretera. En este campo, la Cepe retomó los trabajos que ya se habían emprendido, siguiendo una sugerencia de Unidroit en 29 de marzo de 1948, mediante un comité, primero tripartito –Unidroit, la Cámara de Comercio Internacional (CCI) y la Unión Internacional de los Transportes por Carretera (IRU)– y después cuatripartito –como resultado de la incorporación de la Unión Internacional de Aseguradores Marítimos–, que actuó bajo la presidencia de un representante de Suecia, el Sr. Bagge, y con la colaboración de muchos expertos de diferentes países.

3. En su quinta sesión (del 4 al 7 de febrero de 1952), el Grupo de Trabajo sobre Asuntos Jurídicos de la Cepe designó un pequeño comité de expertos jurídicos (Sr. Hostie, Sr. de Sydow y Sr. Kopelmanas) que, el 21 de diciembre de 1953, entregó un informe al que acompañaba como anexo un primer proyecto (TRANS/WP9). Este proyecto inicial, junto a las numerosas observaciones a él formuladas por los gobiernos, constituyó la base para las negociaciones habidas durante las dos sesiones de un grupo de trabajo *ad hoc* de la Cepe, en las cuales quedó fijado el texto final del Convenio relativo al Contrato de Transporte Internacional de Mercancías por Carretera (CMR).

4. La primera de las dos sesiones de ese grupo de trabajo tuvo lugar del 12 al 28 de abril de 1955, bajo la presidencia del Sr. G. de Sydow, de Suecia (TRANS/152-TRANS/WP9/32). En esta sesión participaron representantes de once países, así como observadores de Unidroit, CCI e IRU. La segunda sesión se celebró del 12 al 19 de mayo de 1956, con el mismo presidente (TRANS/168-TRANS/WP9/35). Fue más concurrida, con representantes de quince países así como con observadores de las tres organizaciones mencionadas y, además, de la Oficina Central para el Transporte Internacional por Ferrocarril (UIC). El Convenio fue abierto a la firma ese mismo día, 19 de mayo, en una sesión especial del Comité de Transporte Interior bajo la presidencia del Sr. Mátyássy, de Hungría, y fue suscrito en ese mismo momento por representantes de Austria, República Federal de Alemania, Francia, Luxemburgo, Países Bajos, Polonia, Suecia, Suiza y Yugoslavia (E/ECE/TRANS/490). Entró en vigor el 2 de junio de 1961, tras el depósito de los primeros cinco instrumentos de ratificación (Austria, Francia, Italia, Países Bajos y Yugoslavia).

5. El día en que se redactan estas páginas (15 de noviembre de 1974), forman parte del Convenio los siguientes países: Austria, Bélgica, Checoslovaquia, Dinamarca, España, Finlandia, Francia, República Democrática de Alemania, República Federal de Alemania, Hungría, Italia, Luxemburgo, Países Bajos, Noruega, Polonia, Portugal, Reino Unido, Rumania, Suecia, Suiza y Yugoslavia.

6. En el protocolo de firma del Convenio CMR, los gobiernos signatarios se comprometieron a negociar dos convenios que regularan, respectivamente, los servicios de mudanzas y de transporte combinado. Al primero de ellos se hace referencia en el apartado[3] 36 del presente comentario. En cuanto al transporte combinado –o multimodal, es decir, aquellos servicios en que bajo un único contrato de transporte se utilizan dos o más modos de transporte–, su regulación se hizo cada vez más urgente por el rápido desarrollo de la técnica del contenedor. Varias organizaciones internacionales han realizado intentos de unificación normativa al respecto: primero, por Unidroit; después, por el Comité Marítimo Internacional (IMC); también en dos mesas redondas celebradas en la sede de Unidroit, y por un comité de expertos gubernamentales a instancias de la Organización Consultiva Marítima Intergubernamental (Imco) y la Cepe. Estos estudios llevaron a redactar un proyecto de convenio para regular el transporte combinado internacional de mercancías. Sin embargo, en noviembre de 1972, la Conferencia de las Naciones Unidas/Imco sobre tráfico internacional de contenedores rehusó considerar lo sustancial de este proyecto. En lugar de ello expresó su voluntad de que fuera preparado uno nuevo por un grupo intergubernamental, en el seno de la Conferencia de las Naciones Unidas para el Comercio y el Desarrollo (Unctad) y con mayor participación de los países en vías de desarrollo, bajo la convicción de que debían considerarse ante todo los aspectos económicos. El nuevo proyecto también sería sometido posteriormente a una conferencia mundial.

7. Respecto al transporte de mercancías por ferrocarril, mar y aire, los convenios a que se refiere el apartado 1 del presente comentario aún están en vigor. El Convenio CIM ha sido revisado en varias ocasiones, y la actual versión data de 7 de febrero de 1970. Las Reglas de La Haya fueron modificadas por un protocolo abierto a la firma el 3 de febrero de 1968 (Visby). Y la Comisión de las Naciones Unidas para el Derecho Mercantil Internacional (Uncitral) está elaborando un nuevo convenio que probablemente regulará toda clase de transportes marítimos, no solo aquellos para los que se emite un conocimiento de embarque. Por su parte, el Convenio de Varsovia fue modificado por

---

[3] A lo largo de este «Comentario al Convenio relativo al Contrato de Transporte Internacional de Mercancías por Carretera (CMR)», las referencias a los distintos apartados se refieren en todos los casos a los apartados numerados que componen el propio cuerpo del texto del doctor Roland Loewe. *(N. del E.)*

el Protocolo de La Haya de 28 de septiembre de 1955, y complementado por el Convenio de 18 de septiembre de 1961, relativo al transporte aéreo efectuado por persona distinta al transportista contractual (Convenio de Guadalajara). Aún no ha sido posible establecer un convenio regulador del contrato para el transporte de mercancías por vías de navegación interior. El proyecto redactado entre 1955 y 1959 aún no ha sido abierto a la firma, ya que solo dos países han manifestado su voluntad de suscribirlo. Se ha pedido a Unidroit que intente encontrar bases nuevas y más adecuadas para tal instrumento. Finalmente, mencionaremos el Convenio relativo al Contrato de Transporte de Viajeros y sus Equipajes por Carretera (Convenio CVR), cuyo proyecto fue redactado por la Cepe y abierto a la firma el 1 de marzo de 1973. Este convenio viene a ser en muchos aspectos una adaptación del Convenio CMR, tanto en su estructura como en la literalidad de sus previsiones.

8. Respecto a las propuestas habidas para una revisión del Convenio CMR, véase el apartado 299.

B. Materias reguladas por el Convenio CMR

9. El Convenio CMR de ninguna manera regula todas las cuestiones de derecho privado que surgen de los contratos de transporte de mercancías por carretera. Los principales puntos de que trata son el contrato de transporte y la responsabilidad del transportista por pérdida de la mercancía o daño a esta, así como por retraso en su entrega. Muchos preceptos aluden a obligaciones secundarias del transportista, del cargador o del destinatario. Entre las más importantes cuestiones de que el Convenio CMR no se ocupa pueden mencionarse el precio del transporte, el derecho a obtener del transportista los servicios comprometidos en el contrato o una indemnización por incumplimiento de este, y el derecho de retención que el transportista pueda ostentar sobre la mercancía transportada.

Desde luego era imposible tratar en el Convenio CMR los problemas generales de la legislación sobre contratos, especialmente aquellos relativos a su validez; por tanto, estas cuestiones siguen regidas por la ley nacional. Cuando el Convenio impone obligaciones a una de las partes contratantes pero no prevé consecuencia alguna si se incumplen, a estos casos también se aplicará la legislación nacional.

10. Algunos artículos del Convenio CMR expresamente prevén la aplicación de una ley nacional, pero no concretan cuál; por ejemplo, el art. 28, párrafo 1.º. Entonces, el tribunal que conozca el caso tendrá que determinarlo, a la luz de su propia normativa sobre conflicto de leyes, y aplicar la que resulte. En otros lugares (por ejemplo, el art. 20, párrafo 4.º; el art. 29, párrafos 1.º y 2.º, y el art. 33, párrafo 3.º) sí se especifica de qué país es la ley nacional aplicable. Entonces lo que se plantea es si la referencia se hace

a la ley nacional en su conjunto, con lo que se incluyen por tanto las propias normas sobre conflicto de leyes comprendidas en ella, o solo a las previsiones sustantivas de la legislación a que se reenvía. Más adelante intentaremos proponer una respuesta.

C. Método utilizado

11. Las consideraciones que conducen a preparar un convenio internacional deben ser tenidas en cuenta en el momento mismo de su elaboración. Entonces las negociaciones aún están recientes, sus estudiosos y quienes lo aplican en la práctica aún no han intentado interpretar su texto, y aún no se han dictado sentencias que puedan complementar sus previsiones pero también tergiversarlas. En cambio, comentar un convenio muchos años después de haber sido aprobado resulta algo más difícil.

12. El autor del presente comentario eligió su método de trabajo considerando que no se le había pedido escribir una crónica o crítica de las decisiones jurisdiccionales emitidas desde que el Convenio CMR entró en vigor, lo cual le hubiera obligado a seleccionar todas las sentencias importantes (varios centenares en su conocimiento, y al menos otras tantas fuera de este) y pronunciarse sobre si estaban bien fundamentadas o no.

13. De manera similar respecto a los artículos y monografías publicados, el autor consideró que no se le había solicitado analizar las opiniones expresadas en ellos ni decir por qué sus propios criterios coinciden con estas o no.

14. Este fue el único camino para evitar que este trabajo quedara desactualizado con cada nueva sentencia dictada o cada nueva publicación editada.

15. Aun así, los trabajos publicados y las decisiones jurisdiccionales dictadas desde que el Convenio CMR entró en vigor han sido tenidos en cuenta, incluso de manera necesaria, porque han transformado una construcción teórica para su debate por especialistas en una herramienta para ser usada en el día a día comercial y, por tanto, en derecho vivo. La literatura jurídica y las decisiones judiciales han abierto así nuevas perspectivas y sacado a la luz problemas que quizá se habían pasado por alto durante los trabajos preparatorios.

16. El presente texto intenta aportar, tanto para cuestiones viejas como nuevas, respuestas basadas en los trabajos preparatorios, en observaciones personales y documentos recogidos durante las negociaciones, así como en la lógica y el espíritu del Convenio CMR mismo. El lector hará bien en tener a la vista su contenido, que no se transcribe para no alargar en exceso este texto.

17. El autor de este trabajo desea expresar su sincero agradecimiento al Sr. André Hennebicq, vice Secretario General de Unidroit, y al Sr. Marcel de Gottrau, vice Secretario General de la IRU, por su amable aportación de material indispensable para su realización.

II. Comentario a los artículos

Artículo 1.º

18. Este artículo define el ámbito de aplicación del Convenio, tanto *ratione materiae* –por razón de la materia– como *ratione loci* –con motivo del lugar–. El art. 2.º se refiere solo a una situación especial.

19. El Convenio CMR no trata expresamente sobre la naturaleza y posible forma del contrato. El hecho de que el contrato pueda establecerse incluso antes de que la mercancía haya sido recibida por el transportista permite deducir que el contrato al que se refiere no es de carácter real sino consensual. Además, como el art. 4.º prevé que la ausencia de carta de porte –o sea, del documento que prueba el establecimiento del contrato y sus términos– no afecta a la existencia ni a la validez de dicho contrato, sería contrario al espíritu del Convenio requerir cualquier otra forma escrita para su nacimiento legal. Así pues, los redactores del Convenio adoptamos el criterio de que el contrato sería establecido sin requerimiento alguno de forma y, por tanto, podía ser hecho oralmente, por teléfono, télex, etc.

20. Mediante el contrato de transporte una persona se compromete a trasladar mercancías de un lugar a otro. El Convenio no expresa si quien contrata con el transportista debe ser el cargador, el destinatario u otra persona que actúe por cuenta de aquel o de este.

21. El Convenio no se aplica a los contratos en que alguien se compromete a «hacer transportar» una mercancía. Es irrelevante si ese alguien –como sucede en la mayoría de las legislaciones nacionales– se distingue del transportista mediante el uso de una denominación jurídica diferente, como transitario, agente de carga, etc., o si se le considera como tal transportista. A efectos del Convenio CMR no se le tiene en tal concepto. Por tanto, el Convenio no es directamente aplicable a las relaciones entre un transitario y su cliente, ni siquiera en los casos en que, conforme a la ley reguladora de esas relaciones, se impone a ese transitario la plena responsabilidad de la ejecución de ese transporte. En tales casos, cuando el contrato de transporte establecido entre el transitario y el transportista está regulado por el Convenio CMR, la responsabilidad del transitario ante su cliente se regirá por la ley nacional, que no obstante tendrá el mismo contenido

que el propio Convenio. Sin embargo, cuando el transitario no establece un contrato de transporte con un tercero sino que realiza el transporte él mismo, entonces no existe ese contrato de transporte, puesto que nadie puede contratar consigo mismo. Y, en tal caso, ese transitario asume ante su cliente los mismos derechos y obligaciones que el Convenio CMR atribuye al transportista. Por tanto, firmará la carta de porte solo como transportista y no como cargador.

22. Los tribunales han examinado con detalle la diferencia entre un contrato de transporte y un contrato de comisión de transporte, para decidir si el Convenio CMR es aplicable o no a ciertas situaciones. Por ello es esencial determinar la intención de las partes contratantes. Circunstancias tales como una remuneración global, o el hecho de que quien asumió la responsabilidad del transporte habitualmente actúe como transitario, y no como transportista, no pasan de ser meros indicios. También es obvio que un mero «hacer transportar» no se convierte en un contrato de transporte, aun cuando quien se comprometió a ejecutar el servicio después subcontrate para esa obligación a un tercero.

23. No hay relación jurídica directa entre el solicitante de un transporte y el transportista con quien el transitario ha establecido un contrato de transporte, salvo que el transitario haya suscrito ese contrato en nombre del cliente, pues entonces no habrá actuado como tal transitario sino como mero representante de dicho interesado.

24. Muchas veces en la práctica sucede que un transportista que se compromete a transportar mercancías acude a los servicios de otro transportista para que este realice la totalidad o una parte del servicio. Esta situación de ninguna manera afecta a la aplicación del Convenio CMR entre el cliente y el primer transportista. También el Convenio es aplicable a esas relaciones entre el primer transportista y el transportista subcontratado, incluso a tramos parciales que están sujetos al Convenio CMR dada su naturaleza como transporte internacional (véanse los apartados 38 a 48). Cuando los subcontratistas de una operación de transporte sujeta a un único contrato aceptan las mercancías y la carta de porte emitida al comienzo de la operación, devienen parte en ese contrato de transporte, y les son aplicables las reglas contenidas en los arts. 34 y siguientes del Convenio.

25. La palabra *mercancías (goods* en la versión inglesa del Convenio CMR; *marchandises* en su versión francesa) no debe interpretarse tan estrictamente como mercancías transportadas de un lugar a otro con el propósito de su compraventa. Si hubiera sido esa la intención de los redactores, no habría sido necesario mencionar las excepciones previstas en el párrafo 4.º del art. 1.º, pues las operaciones referidas en él no incluyen mercancías en el sentido antes indicado. El término significa simplemente «cosas tangibles en general». En cualquier caso, el equipaje de un viajero no puede considerarse una «mercancía».

26. Excepto en el caso mencionado en el art. 2.º, es esencial para la aplicación del Convenio CMR que, conforme a la intención de las partes, la totalidad del transporte se efectúe por carretera. Si se utiliza otro modo de transporte en una parte del viaje, el Convenio rige el transporte hasta el punto en que se produce el trasbordo desde el camión al otro medio de transporte, ya que en ese momento termina el transporte por carretera. Si más tarde la mercancía es de nuevo cargada sobre un vehículo de carretera, el Convenio será también aplicable a este segundo viaje por carretera si asimismo es internacional en el sentido del Convenio. Una situación de este tipo puede perjudicar a quien tenga derecho sobre la mercancía, que dejará de estar protegido por el Convenio CMR, ya sea respecto al período del transporte posterior a ese primer trasbordo o, al menos, respecto al comprendido entre el primer trasbordo y el momento en que la mercancía es cargada de nuevo en un camión. De todas maneras, el transportista que, usando otro modo de transporte, no se haya ajustado a los términos del contrato, puede ser perseguido por ello conforme a las disposiciones de la ley nacional aplicable.

27. El Convenio CMR se aplica solo al transporte bajo remuneración, aunque este requisito debe ser interpretado en sentido amplio. Por ejemplo, la retribución no tiene por qué ser un pago en metálico, sino que puede consistir en cualquier otro beneficio con que se satisfaga al transportista, siempre que el valor de ese beneficio se corresponda al del propio transporte. Al revés que el Convenio CVR, para transporte de personas, que fue redactado mucho después, el Convenio CMR no establece que el transporte deba ser ejecutado por un transportista profesional. Por tanto, el transporte remunerado efectuado por particulares también estaría sujeto al Convenio CMR, incluso si el volumen o el valor de la mercancía fuesen pequeños.

28. También lo estaría cuando el transporte consistiera solo en un servicio añadido. Por ejemplo, el transporte suministrado por un agente comercial, que se compromete, mediante precio, a obtener mercancías para su cliente a cargo de este y a enviárselas, también quedaría regulado por el Convenio CMR.

29. El Convenio CMR se aplica al transporte realizado mediante vehículos de motor, vehículos articulados, remolques y semirremolques, según respectivamente los define el Convenio relativo a la Circulación por Carretera, de 19 de septiembre de 1949, en su art. 4.º. Conforme a este segundo convenio citado, la expresión *vehículo de motor* se aplica a cualquier medio autopropulsado habitualmente utilizado para el transporte de personas o cosas sobre una carretera, distinto al que corre sobre raíles o conectado a una conducción eléctrica. No parece tener mucha importancia que países vinculados por el anexo 1.º de dicho convenio excluyan de esta definición las motocicletas aunque reúnan ciertas características de las determinadas por dicho anexo, mientras que otros países no vinculados por ese anexo no las excluyen. Esta circunstancia puede, sin embargo, conducir en casos extremos a interpretaciones diferentes del art. 1.º, párra-

fos 2.º y 3.º, del Convenio CMR. *Remolque* es el vehículo tirado mediante arrastre por otro vehículo de motor. Finalmente, la expresión *vehículo articulado* se aplica a todo vehículo de motor unido a un *semirremolque,* es decir, a un remolque sin eje delantero y acoplado a su cabeza tractora de manera que parte de ese remolque queda superpuesto a esta y, por tanto, apoya en ella una parte sustancial del peso del propio remolque y de la mercancía que encierra.

30. El art. 40 del Convenio relativo a la Circulación por Carretera, de 8 de noviembre de 1968, señala que este sustituirá, en las relaciones entre sus países miembros, al referido de 1949. Este nuevo instrumento de 1968 aún no ha entrado en vigor. Las definiciones de *vehículo de motor, remolque, semirremolque* y *vehículo articulado* van contenidas en el art. 1.º, letras *p*), *q*), *r*) y *u*) de esta nueva normativa; las definiciones contenidas en las letras *p*) y *q*) hacen referencia a la letra *o*), en que la expresión *vehículo automóvil,* que cubre ambos, queda definida por sí misma. Estas definiciones son las siguientes:

o) *Vehículo automóvil*
Vehículo autopropulsado, distinto a un ciclomotor en los territorios de los países miembros que tratan los ciclomotores como motocicletas, y distinto a un vehículo para ferrocarril.

p) *Vehículo de motor*
Vehículo autopropulsado habitualmente usado para trasladar personas o cosas por carretera, o para llevar, en la propia carretera, otros vehículos, estos a su vez destinados al transporte de personas o cosas. Este término incluye los trolebuses, es decir, vehículos conectados a una conducción eléctrica y que no discurren por raíles. Pero no otros vehículos, tales como tractores agrícolas, que solo ocasionalmente se usan para transportar personas o cosas por carretera o para llevar, en la propia carretera, otros vehículos.

q) *Remolque*
Vehículo diseñado para ser tirado por un vehículo autopropulsado, e incluye los semirremolques.

r) *Semirremolque*
Remolque diseñado para ser acoplado a un vehículo de motor de manera que parte del mismo se apoya sobre dicho vehículo y, por tanto, también una parte sustancial del peso del propio remolque y de su carga.

31. Se plantea la cuestión de si la referencia contenida en el art. 1.º, párrafo 2.º, del Convenio CMR tiene por efecto perpetuar las definiciones del Convenio de 1949, o si se debe entender que tales definiciones son sustituidas por las del Convenio de 1968 y,

en este segundo caso, a partir de qué fecha. Antes de eso, incluso habría que determinar si esa sustitución es técnicamente posible, porque los términos que aparecen en el art. 1.º, párrafo 2.º, del Convenio CMR y cuyo significado debe ser establecido como referencia de las definiciones de dicho convenio de derecho administrativo no pueden ser alterados. A lo primero habría que contestar en sentido afirmativo, puesto que los cuatro términos listados en el art. 1.º, párrafo 2.º, del Convenio CMR también están definidos en el nuevo convenio. La segunda pregunta concierne a la intención de sus redactores: ¿quisieron que el Convenio CMR contuviera sus propias definiciones seguidas de ciertos requisitos específicos, o pretendieron simplemente establecer un paralelismo entre los conceptos del derecho civil y los del derecho administrativo? Si su intención era redactar unas definiciones específicas para el Convenio CMR, en las negociaciones previas a su establecimiento debieron examinar cada una de las palabras que aparecen en el Convenio de 1949, y, en caso necesario, alterarlas o completarlas para alcanzar un resultado que cumpliese las exigencias específicas del Convenio CMR. Pero no lo hicieron. Por tanto, hay que entender que el principal objetivo era lograr la unidad con el convenio de derecho administrativo vigente, y que la sustitución de las previsiones de tal convenio por las contenidas en uno posterior de la misma índole formaba parte de la finalidad buscada.

32. El Convenio relativo a la Circulación por Carretera no entrará en vigor a la vez para todos los países que forman parte del Convenio CMR. ¿Puede decirse que para algunos de estos países la referencia al convenio de derecho administrativo puede conservar su significado original, mientras que otros países entienden que esa referencia lo sea a las previsiones del convenio de 1968? Esa situación sería contraria a los esfuerzos de unificación con respecto al ámbito material de aplicación del Convenio CMR. Por tanto, ¿en qué momento cambiaría esa referencia su significado? Obviamente, no se puede pedir a los países miembros del Convenio CMR que aún siguen el convenio de 1949 que interpreten el párrafo 2.º como referido a otro convenio que aún no han ratificado. Por otra parte, la referencia al convenio de 1968 no crearía dificultades a los países que no están vinculados por el de 1949, tampoco si ni siquiera han accedido al de 1968. Además, los redactores del art. 1.º, párrafo 2.º, del Convenio CMR no prestaron atención a si los países que fueran futuros miembros del Convenio CMR eran todos miembros del convenio de 1949. Cuando eso no sucede, las definiciones de este se integran en su derecho por la propia referencia contenida en el Convenio CMR. Lo mismo ocurre respecto al convenio de 1968, y la referencia al convenio de 1949 debe ser considerada en adelante como hecha al de 1968 desde el momento en que este ha entrado en vigor y ningún país miembro del Convenio CMR sigue siéndolo del de 1949.

33. Para los países miembros, y *a fortiori* (o sea, con mayor motivo) para las empresas sujetas al Convenio CMR, puede no ser fácil determinar esa fecha. Incumbirá por tanto

al Secretario General de las Naciones Unidas, como depositario de todos los mencionados convenios, informar a los países miembros del Convenio CMR cuándo se ha producido el momento que indicamos en el apartado anterior. Los gobiernos de los países miembros del Convenio CMR deberían poner este cambio en conocimiento de los sectores interesados, así como la fecha en que produce efecto. Puesto que en ambos casos la información sería simplemente comunicada, sin ser necesario aprobar legislación nacional alguna, tampoco quedarían afectadas las sentencias de los tribunales de justicia, que pueden seguir diferente criterio.

34. Conforme al art. 1.3 del Convenio CMR, también es aplicable cuando el transportista es una entidad pública. Durante las negociaciones, se consideró la posibilidad de hacer una excepción en el caso de transporte realizado por autoridades militares. Esta idea, sin embargo, fue abandonada porque las medidas encaminadas a la defensa nacional no parecen entrar en el concepto de transporte remunerado.

35. El párrafo 4.º, en su letra *a*), no excluye del ámbito de aplicación del Convenio todo el transporte de paquetes o cartas enviados por correo, sino solo el que está sujeto a convenios postales internacionales. Por su parte, la excepción a que se refiere la letra *b*) de dicho párrafo incluye las operaciones de transporte directamente relacionadas con los funerales; por ejemplo, el transporte de flores y coronas de flores que acompañan al féretro que contiene los restos mortales. Pero la excepción no alcanza al transporte aislado de esos objetos que solamente pueden ser utilizados con esta finalidad, tales como ataúdes y coronas.

36. El texto sometido al grupo de trabajo *ad hoc* de la Cepe no preveía como exclusión los servicios de mudanzas. Al contrario, contenía una serie de previsiones especiales aplicables a esta clase de operaciones de transporte. Sin embargo, apareció que el tratamiento de estas cuestiones habría requerido mucho tiempo y hubiera retrasado indebidamente la redacción del texto definitivo del Convenio CMR. Ni siquiera era posible encontrar una definición satisfactoria del concepto de «mudanza de mobiliario». No obstante, en el protocolo de firma de 19 de mayo de 1956, anexo a este Convenio, los países signatarios se comprometen a negociar no solo un convenio relativo a transporte combinado, sino también uno relativo a los servicios de mudanzas. Al respecto, se realizaron trabajos los días 22 al 26 de febrero de 1960 en otro grupo de trabajo *ad hoc* de la Cepe, que llegó a la conclusión de que era preferible abandonar la idea de un convenio que regulase los contratos para servicios de mudanzas por carretera, y simplemente redactar un proyecto de condiciones generales que pudieran estipularse por las partes interesadas. Así, en su segunda sesión, celebrada los días 4 al 7 de enero de 1961, dicho grupo de trabajo redactó un texto titulado «Condiciones Generales para las Mudanzas Internacionales», publicado en abril de 1962 tras su aprobación por el Comité de Transporte Interior.

37. Las previsiones del Convenio CMR pueden, mediante acuerdo por las partes contratantes, aplicarse a situaciones a las que no lo serían automáticamente conforme al art. 1.º del propio Convenio. El caso que probablemente reviste mayor interés práctico es el de las relaciones entre los transitarios y sus clientes (véase el apartado 21). El art. 41 del Convenio CMR no prohíbe la aplicación de este a tales relaciones. Pero dicha aplicación solo puede darse dentro de los límites del derecho dispositivo de los contratantes y, por tanto, no puede ser contraria a las reglas imperativas de la legislación nacional que serían aplicables en ausencia de este pacto entre los contratantes.

38. Respecto al ámbito territorial de aplicación del Convenio, deben hacerse varias consideraciones.

Entre otras cuestiones, la unificación del derecho privado pretende evitar, cuando se vean implicados más de un ordenamiento jurídico nacional, llevar a cabo un examen basado en las reglas nacionales sobre conflicto de leyes para determinar si al fondo de la cuestión debatida se debe aplicar la legislación nacional o una extranjera, y, en este segundo caso, cuál de ellas. Los inconvenientes de ese procedimiento son obvios:

1. Necesita un triple examen jurídico (requisitos objetivos, reglas nacionales de derecho internacional privado y derecho sustantivo aplicable).
2. Su resultado es a veces la aplicación de una legislación nacional que no resulta familiar al tribunal, a los litigantes o a sus representantes.
3. No se garantiza la homogeneidad en los resultados de los procesos, que es uno de los objetivos del derecho internacional privado, ya que puede haber considerables diferencias entre las diversas regulaciones nacionales de derecho internacional privado.

Si, en cambio, un caso dado cae en el ámbito territorial de aplicación de reglas internacionalmente unificadas, la tarea se simplifica enormemente, pues solo sería necesario:

a) determinar si la regla unificada se aplica a ese caso, y
b) aplicarla efectivamente.

Las desventajas antes mencionadas, particularmente las referidas en los puntos 2 y 3, dejan de existir.

39. Cuanto más amplios sean los límites del ámbito de aplicación de un convenio que pretende la unificación del derecho, más fácil será tratar una situación jurídica con implicaciones internacionales y, por tanto, mayor será la seguridad jurídica. Contra este argumento, sin embargo, cabe considerar que resulta indeseable cubrir demasiadas situaciones a las que, en ausencia de regla unificada, la legislación de fondo de un país no contratante hubiera sido aplicable conforme a los principios del derecho internacional privado, por-

que tal ampliación puede ser considerada como vulneración de la soberanía de ese país no miembro del convenio. También, si el ámbito de aplicación territorial es demasiado amplio, se puede poner en riesgo la seguridad jurídica, especialmente en casos en que alguien que contaba con la aplicación de la regla unificada encuentra, para su disgusto, que los tribunales de un país no miembro que conozca su caso no están familiarizados con un convenio unificado y en vez de este aplican su propia ley sustantiva nacional u otra legislación no unificada determinada por sus reglas nacionales de conflicto de leyes. Una solución de compromiso –y ninguna hay enteramente satisfactoria– podría ser más cercana en algunos aspectos a uno de los extremos y en otros más cercana a otro, según los propósitos jurídicos, políticos y económicos a que el convenio en cuestión esté dirigido.

40. El ámbito territorial de aplicación del Convenio CMR es bastante amplio, pues basta con que el lugar de toma de la carga de la mercancía o el lugar previsto para su entrega estén situados en dos países diferentes, uno de los cuales al menos sea miembro de dicho Convenio. Por tanto, el transporte solo nacional queda excluido de este Convenio. Al elegir esta fórmula se valoraron las ventajas, indicadas en el anterior apartado 39, de una normativa unificada con amplios límites territoriales, y también se esperaba que un gran número de países europeos lo ratificara en un futuro más o menos cercano (por razones técnicas, el transporte por carretera a otros continentes no reviste gran importancia). Una vez cumplida esta esperanza, los inconvenientes mencionados en el apartado 39 también se han reducido al mínimo. Las normas relativas a su ámbito territorial de aplicación, junto con la que se ha venido llamando cláusula *paramount* de su art. 6.1, letra *k*) (véanse los apartados 81, 93 y 94), iban realmente dirigidas a animar a los países a firmar y ratificar el Convenio lo antes posible. El curso efectivo de los acontecimientos (véase la lista de países miembros en el apartado 5) ha demostrado que los redactores del Convenio obraron con acierto.

41. Todo país que firma y ratifica el Convenio CMR, o accede a él, se convierte en miembro de este.

42. Las previsiones sobre ámbito territorial de aplicación de cualquier convenio son reglas de conflicto de leyes de derecho internacional privado. Cuando un país incorpora ese convenio a su ordenamiento jurídico, las previsiones de ese convenio sobre tal materia se convierten en reglas de conflicto de leyes de ese país. Por tanto, sería erróneo empezar por determinar cuál es la ley aplicable a un contrato de transporte sobre la base de las reglas de conflicto de leyes del país correspondiente al tribunal que conozca el caso, sin tener en cuenta lo que al respecto dice un convenio como el CMR, y posteriormente considerar si la legislación así determinada prevé la aplicación de dicho convenio.

43. Los requisitos objetivos previstos en el Convenio CMR son el lugar de origen y el lugar de destino. Al indicar expresamente que el lugar de residencia y la nacionalidad

de las partes del contrato de transporte son irrelevantes, la última frase del art. 1.º, párrafo 1.º, simplemente declara cuáles son los requisitos más habitualmente utilizados en derecho internacional privado. Otros posibles elementos que descartar son el domicilio o lugar donde las partes contratantes ejercen su actividad profesional y el lugar donde se estableció el contrato.

44. El Convenio CMR es aplicable cuando el lugar de origen y el lugar de destino estén situados en dos países diferentes, uno de los cuales al menos sea miembro de dicho Convenio. La longitud del viaje entre el lugar de origen y la frontera, o la longitud entre esta y el lugar de destino tampoco tienen importancia. El párrafo 5.º permite a los países miembros establecer entre ellos acuerdos especiales relativos al tráfico transfronterizo, pero hasta la fecha parece que tales acuerdos aún no han sido alcanzados. Por otra parte, en el protocolo de firma, al cual ya hemos hecho referencia, se estipuló que el Convenio no se aplicaría al transporte entre Reino Unido e Irlanda.

45. La palabra *países,* a los efectos del párrafo 1.º, significa «sujetos del derecho internacional público», porque se exige que uno de ellos sea parte del Convenio CMR, y eso solo lo pueden hacer quienes cumplen esa condición subjetiva. Los servicios de transporte dentro de un mismo país nunca están sujetos a este Convenio, ni siquiera cuando el lugar de origen y el de destino en ese país están situados en territorios con diferente régimen jurídico.

46. Son indiferentes el lugar de hecho donde la mercancía se toma en carga y aquel en el que se entrega. La importancia radica en cuáles son tales lugares de origen y de destino según las partes del contrato los indicaron. En el caso del lugar de partida, esta distinción casi nunca existirá, pues muy raramente ocurrirá un cambio al respecto tras el establecimiento del contrato. En cambio, variaciones en el punto de destino, o descarga prematura de la mercancía antes de que haya pasado la primera frontera, no afectan en absoluto a la aplicabilidad del Convenio CMR. En el mismo sentido, una operación de transporte que debería tener lugar desde el territorio de un país no miembro hasta el de un país miembro, pero que, por cualquier motivo, termina antes de que se atraviese la frontera, quedará no obstante sometida al Convenio, pese al hecho de que la mercancía jamás alcance el territorio de un país miembro.

47. Si el lugar de origen y el lugar de destino indicados en la carta de porte no corresponden a la verdadera voluntad de las partes contratantes, el art. 4.º deja claro que prevalece lo efectivamente acordado, también con respecto a la cuestión de la aplicabilidad del Convenio CMR.

48. El Convenio CMR es aplicable no a una operación de transporte sino a un contrato de transporte determinado (con la excepción de los arts. 31 y 32). Cuan-

do el transporte es ejecutado sobre la base de varios contratos, cada uno de ellos relativo a una parte del viaje, el Convenio es aplicable solo a aquellos tramos que en sí mismos cumplen los requisitos del Convenio en cuanto al ámbito territorial de aplicación. La cuestión de si los contratos afectados con frecuencia son uno o varios es difícil de contestar. Incluso el hecho de que varias cartas de porte hayan sido emitidas no significa necesariamente que se haya establecido más de un contrato, pese a ser un elemento que se debe considerar. Al respecto, igual que en cuanto al ámbito material de aplicación, el criterio decisivo es siempre la voluntad de los contratantes.

49. El proyecto sometido al Grupo de Trabajo *ad hoc* de la Cepe contenía detalladas normas para una carta de porte representativa de la mercancía, es decir, como título más o menos semejante a un conocimiento de embarque marítimo o al documento *ladeschein* en derecho alemán o austriaco. Pero el propio grupo de trabajo entendió que tales previsiones podían obviarse, puesto que el transporte por carretera era tan rápido que parecía superfluo concebir la carta de porte como título-valor. Pese a ello, el art. 1.º, párrafo 5.º, permite a los países autorizar ese uso de la carta de porte en su respectivo territorio o, si fuese necesario, incluir en el documento, conforme lo describe el Convenio CMR, los elementos necesarios para ser usado como tal título representativo de la mercancía. Igualmente, en este caso, no se conoce que esto haya sido hecho.

50. En todos los demás aspectos, a los países miembros se les prohíbe modificar el contenido del Convenio CMR mediante acuerdos bilaterales o multilaterales entre ellos. El informe sobre la segunda sesión del grupo de trabajo de la Cepe, de 6 de junio de 1956 (TRANS/168-TRANS/WP9/35) da la impresión (párrafo 18) de que tales países contratantes pudieran, sobre la base del párrafo 5.º de este art. 1.º, llegar con países terceros a acuerdos que deroguen previsiones del Convenio en caso de transporte que, aun discurriendo por territorio de un país miembro, comience o termine en el de un país no miembro; pero esto parece más bien un malentendido. El Convenio no puede ser «cortado en rodajas bilaterales». Cualquier país miembro puede reclamar la plena aplicación del Convenio en cualquier otro país miembro. El tenor literal del art. 1.º, párrafo 5.º, puede ser explicado por la circunstancia de que entre sus redactores nunca se dudó de que el establecimiento de acuerdos que derogasen el Convenio fuera en sí mismo contrario al propio Convenio. La única duda surgió con respecto a casos en que los países miembros pudiesen acordar derogaciones entre ellos mismos, pues eso es lo que queda prohibido por dicho párrafo 5.º. Sería desde luego ilógico que dos países miembros no pudieran acordar entre ellos reglas distintas al Convenio y en cambio sí pudieran hacerlo si a tal acuerdo se les uniese un tercer país no miembro del Convenio y que incluso podría estar situado en otro continente.

Artículo 2.º

51. En opinión de los redactores del Convenio CMR, la situación descrita en este art. 2.º no constituye una operación de transporte combinado, sino de transporte ejecutado simultáneamente a dos niveles diferentes en régimen de superposición entre dos modos de transporte. El objeto del transporte por carretera es la mercancía transportada, mientras que el objeto del transporte por el otro modo es el propio vehículo de transporte por carretera, incluida la mercancía que contiene. Esto explica por qué el trasbordo está prohibido. Sin embargo, la distinción respecto al objeto del transporte es simplemente una ficción jurídica en casos en que, en aplicación del art. 14, cuando resulte imposible realizar el transporte según lo contratado, sea necesario acudir a un trasbordo que jurídicamente no será tenido en cuenta.

52. El art. 2.º del Convenio CMR no se aplica cuando un contenedor es expedido inicialmente por carretera, cambiado a otro modo de transporte –sin el vehículo de motor que lo transporta– y posiblemente llevado otra vez por carretera al final del viaje, ya que el contenedor no es un medio de transporte y menos aún un vehículo.

53. La primera frase del párrafo 1.º de este art. 2.º se refiere al transporte por mar, por ferrocarril, por vías de navegación interior o por aire. Al tiempo en que el Convenio CMR terminó de redactarse, estos eran los únicos modos de transporte conocidos y la intención de sus redactores era incluir toda posible forma de transporte por superposición. Sería, pues, acorde el espíritu de la norma a las situaciones en que el vehículo de carretera es transportado por otro modo que no esté referido en el art. 2.º, simplemente porque era desconocido en aquel momento; por ejemplo, el *hovercraft* o aerodeslizador.

54. La regla del art. 2.º se aplica igualmente cuando el transporte por otro modo es efectuado en la primera parte del viaje o en la última, siempre que el vehículo de carretera esté ya cargado antes de acceder a bordo del otro modo de transporte y que no haya sido descargado antes de ese momento. Una primera o una última parte del viaje, ejecutada de esa manera utilizando otro modo de transporte, puede incluso, bajo ciertas condiciones, transformar un contrato de transporte nacional en un contrato sujeto al Convenio CMR.

55. Para ser aplicable el art. 2.º, no es necesario que el transporte por el otro modo sea accesorio desde el punto de vista de longitud de los respectivos tramos del viaje. Los transportistas de diversos modos nunca son considerados «transportistas sucesivos» en el sentido de los arts. 34 y siguientes del Convenio.

56. El propósito de este art. 2.º es garantizar que quien tenga derecho sobre la mercancía transportada siga contando con alguien a quien en su caso hacer responsable de ella, concretamente, el transportista con quien estableció el contrato de transporte por

carretera. Sin embargo, la persona a quien él reclama –transportista de carretera– debe tener a su vez la posibilidad de reclamar la indemnización pagada, ejerciendo acción de recobro contra el efectivo causante, cuando el daño no fue causado por él mismo. Su derecho a esa segunda reclamación consistirá en la cantidad indemnizada por él. No obstante, esta última condición se aplica solo cuando la responsabilidad del transportista que opera en el otro modo de transporte está regida por reglas imperativas. Este es un primer paso en la concepción de un sistema en red o *network,* como el previsto en varios proyectos de convenios sobre transporte combinado (véase el apartado 6). No se quiso ir más allá de esto para evitar que el transportista de carretera llegase a acuerdos sobre limitación de responsabilidad con el titular del otro modo de transporte que perjudicasen a quien tenga derecho sobre la mercancía.

57. El art. 2.º del Convenio CMR implica también que es intención de las dos partes contratantes del transporte no proceder al trasbordo de la mercancía. El transportista de carretera no puede por sí mismo evadir su responsabilidad acudiendo a un trasbordo inicialmente no pactado. Y, por otro lado, si por circunstancias imprevistas se ve obligado a trasbordar la mercancía, la aplicación del art. 2.º quedará garantizada por efecto del art. 14, que hace referencia a estas.

58. Algunas legislaciones desconocen el principio de que una misma persona puede ser hecha responsable en virtud de dos formas distintas en que actúa. El párrafo 2.º de este art. 2.º, que expresamente prevé esta posibilidad, fue añadido para permitir un mejor entendimiento de la situación en países con dichas legislaciones.

59. Tras la aprobación del Convenio CMR, algunas autoridades se preguntaron si su art. 2.º era compatible con el Convenio de Guadalajara, de 18 de septiembre de 1961, complementario del Convenio de Varsovia para transporte aéreo, en particular con su art. ii.º. En primer lugar, la cuestión debió ser planteada al revés, puesto que el Convenio de Guadalajara es muy posterior al Convenio CMR. Aun así, parece estar basada en un malentendido. Un transportista por carretera que es al mismo tiempo transportista –contractual o efectivo– por aire no queda exonerado de responsabilidad en tanto que transportista por carretera. Mientras que en su segunda intervención está sometido a la normativa aérea, lo está solo indirectamente y sobre la base del Convenio CMR, es decir, del art. 1.º, párrafo 1.º, de este. Obviamente, este único transportista no va a ejercer reclamación en vía de recobro contra sí mismo. Tampoco el Convenio CMR impide a quien tenga derecho sobre la mercancía exigirle responsabilidad directamente como transportista por aire; de hecho, este es uno de los propósitos subyacentes en el párrafo 2.º del art. 2.º. De todas maneras, las reclamaciones justificadas contra el transportista, bajo una u otra intervención, en general serán idénticas, y su resultado será el mismo independientemente de si esa reclamación está basada en el Convenio CMR o en el derecho aeronáutico.

60. La aplicación de la ley reguladora del otro modo de transporte, conforme a este artículo, exige la concurrencia simultánea de tres condiciones:

– que el perjuicio no haya sido causado por un acto u omisión del transportista de carretera;
– que resulte de un evento que pudo ocurrir solo durante el traslado del vehículo de carretera a bordo del otro modo de transporte, y
– que el evento de hecho sucedió por razón del transporte mediante ese otro modo.

Artículo 3.º

61. Previsiones similares a este art. 3.º se encuentran en prácticamente todos los convenios relativos a responsabilidad de los contratantes, pues, en empresas a partir de cierto tamaño, el perjuicio rara vez puede ser causado por sus directivos personalmente. Así, conforme a este precepto del Convenio CMR, el transportista no puede pretender que su responsabilidad quede excluida –por ejemplo, en virtud de su art. 17, párrafo 2.º– alegando que el acto u omisión causantes fueron imputables a «otras personas».

62. Las versiones inglesa y francesa del art. 3.º no son idénticas. No obstante, puede afirmarse que los grupos de personas a que se refiere dicho precepto son las siguientes:

a) empleados del transportista;
b) personas que, no siendo asalariadas del transportista, ejercen actividad habitual dentro de su empresa, y
c) personas que, sin reunir las anteriores circunstancias, están comprometidas por el transportista para la realización de una operación de transporte concreta. En esta categoría quedarían incluidos en su caso los transportistas subcontratados y los empleados de estos, pero no las empresas a las cuales en su caso el transportista arrendó el vehículo ni los empleados de estas, salvo que interviniesen en el transporte en otro concepto, por ejemplo como conductores. Esto claramente resulta del art. 17, párrafo 3.º, del Convenio; una regla especial que previera que el transportista no queda exonerado de su responsabilidad por actos incorrectos de la persona a quien ha alquilado el vehículo o sus empleados sería superflua si tales personas fueran incluidas en la lista del art. 3.º.

63. El transportista es responsable incluso por aquellas personas cuya intervención en el contrato inicialmente no estaba prevista, pero a cuyos servicios tuvo que acudirse –por ejemplo, como consecuencia de un accidente– para poder continuar un viaje.

64. Las personas relacionadas en el art. 3.º deben haber actuado (u omitido actuar) dentro del ámbito de su empleo; los actos (u omisiones) ajenos a dicho ámbito solo podrían dar lugar a una reclamación de responsabilidad extracontractual. Esta consideración conduce a ciertas distinciones entre los diversos grupos de personas referidos en el apartado 62. Si una persona que pueda adscribirse a los grupos *a*) o *b*) está conduciendo un camión que no está transportando la mercancía del reclamante, sino otra distinta, causa daño a la mercancía del reclamante, se considera que su acto ha sido realizado por la propia empresa transportista. Pero no sería igual si se trata del conductor de un vehículo arrendado por el transportista para el traslado de mercancía distinta a la del reclamante, y ese conductor fuese un empleado de la empresa de arrendamiento de vehículos.

Artículo 4.º

65. La carta de porte es solo un documento probatorio; pero hay ciertas excepciones a este principio. Por ejemplo, el ejercicio del derecho de disposición sobre la mercancía conforme al art. 12, párrafo 5.º, letra *a*), depende de que se entregue este documento; igualmente sucede con las declaraciones de valor –art. 24– y de interés especial en la entrega –art. 26–, solo válidas si están inscritas en el documento. Asimismo, las previsiones de los arts. 34 y 40 relativas a la intervención de transportistas sucesivos pueden aplicarse solo si el segundo transportista y cada uno de los subsiguientes aceptan el documento.

66. Cabe preguntarse si, aparte de los datos mencionados en el art. 6.º, párrafo 1.º, del Convenio CMR, además de las declaraciones de valor –art. 24– y de interés especial en la entrega –art. 26–, la inscripción de otras referencias tiene carácter vinculante. A esta cuestión nos referiremos más adelante al hablar de los datos indicados en el párrafo 2.º de ese mismo art. 6.º (véanse los apartados 82 a 87).

67. Un supuesto irregular es el del transportista subcontratado que se menciona como transportista en la carta de porte. Esta discordancia, intencionada o no, con la realidad no convierte al transportista contractual en un agente del transportista efectivo, ni excluye el contrato del ámbito de aplicación del Convenio CMR.

Artículo 5.º

68. El Convenio CMR establece que la emisión de carta de porte es obligatoria, pero no indica expresamente cuál de las dos partes del contrato debe hacerlo. Puede deducirse, por tanto, que cualquiera de ambas partes, cada cual en su terreno económico, está obligada a adoptar todas las medidas necesarias encaminadas a emitir el documento.

Esta no es una omisión en el Convenio que pueda subsanarse por la aplicación de una ley nacional que obligue a una de las dos partes a emitir esa carta de porte. En cualquier caso, el Convenio parece asumir que en la práctica la carta de porte será emitida por el transportista. Especialmente, ello resulta de la redacción de la tercera frase de su párrafo 1.º, que establece que el primer ejemplar debe ser entregado al cargador mientras que el tercer ejemplar será retenido por el transportista.

69. Si, tras establecer el contrato de transporte, una de las partes contratantes rehúsa colaborar en la emisión de la carta de porte, tal comportamiento probablemente constituirá base suficiente para que la otra parte cancele el contrato. La cuestión de si entonces dicha otra parte puede además reclamar indemnización por daños y perjuicios y en qué medida debe ser contestada conforme a la legislación nacional aplicable. En teoría, una parte que insiste en que la carta de porte debe ser emitida conforme a los requerimientos del Convenio CMR debería también iniciar acciones legales para compeler a la otra parte a cooperar, si tal acción legal es permitida por la legislación aplicable; pero en la práctica dicha acción podría carecer de sentido, pues causaría un excesivo retraso en el transporte de la mercancía.

70. Puesto que, como acaba de decirse, la obligación de emitir la carta de porte pesa sobre las dos partes contratantes, la omisión en hacerlo basada en un acuerdo entre ellas no podrá dar lugar a reclamarse mutuamente el pago de indemnización alguna, aunque podría en ciertos casos resultar en la imposición de sanciones administrativas. También puede suceder que una carta de porte haya sido emitida pero contenga información incompleta o incorrecta; en tales casos, la responsabilidad que se derive está contemplada en el art. 7.º del Convenio.

71. La emisión de más de tres ejemplares originales no está permitida, pero el Convenio CMR no prevé consecuencia alguna si esto se realiza. Puesto que se requiere que las dos partes contratantes firmen el documento, ninguna parte puede reclamar responsabilidad a la otra sobre la base de la legislación nacional, salvo cuando la emisión de más de tres ejemplares se debe a fraude por esta segunda parte. Copias certificadas, no certificadas o fotocopias pueden ser necesarias para cumplir trámites aduaneros u otras formalidades administrativas, y se pueden hacer sin límite en cuanto a su número.

72. Es irrelevante si la carta de porte es emitida antes o después de la toma de la carga de la mercancía por el transportista.

73. La palabra *cargador,* que aparece varias veces en este art. 5.º, no debe ser interpretada en el sentido de que si una carta de porte es firmada por un cliente distinto a ese cargador el contrato de transporte ya no queda sometido al Convenio CMR: lo previsto en él, particularmente en lo relativo a responsabilidad, sigue siendo aplicable. También

debe destacarse que la firma del documento por una entidad en sustitución del cargador constituirá simplemente una irregularidad en el sentido del art. 4.º del Convenio y, por tanto, no afectará ni a la existencia ni a la validez del contrato de transporte, que seguirá estando regulado por el Convenio.

74. No se requiere numerar los ejemplares de la carta de porte. El texto del Convenio CMR simplemente considera que el ejemplar entregado al cargador es el primero, que el que acompaña a la mercancía durante el viaje es el segundo, y que el que retiene el transportista es el tercero.

75. Conforme al párrafo 2.º de este art. 5.º, un único contrato de transporte, por razones prácticas, permite emitir más de una carta de porte –cada una de ellas en tres ejemplares originales–. Cada parte contratante tiene derecho a requerir a la otra a que coopere en la emisión del deseado número de cartas de porte. Ya nos hemos referido al caso de que la parte requerida rehúse prestar dicha colaboración (véase el apartado 69).

Artículo 6.º

76. Las previsiones de los párrafos 1.º y 2.º son obligatorias para las partes contratantes, es decir, deben imperativamente incluir esas referencias en la carta de porte. Pero si una de las partes no cumple ese deber, conforme al art. 4.º, ello no afecta ni a la existencia ni a la validez del contrato de transporte, ni a la aplicación del Convenio CMR, si bien puede dar lugar a responsabilidades previstas en su art. 7.º.

77. La denominación de las mercancías peligrosas, prevista en la letra *f*) del párrafo 1.º de este art. 6.º, puede ser cualquiera que sea habitualmente conocida y comprendida en el país de origen. Es dudoso si con los términos usados en los anexos del Acuerdo Europeo relativo al Transporte Internacional de Mercancías Peligrosas por Carretera (ADR), de 30 de septiembre de 1957, bastaría en todos los casos, ya que –especialmente en transportes de retorno– es imposible pensar que los empleados del transportista lleven consigo ediciones actualizadas de dicho acuerdo para poder consultarlas y conocer la naturaleza de tales mercancías.

78. La que se ha venido llamando cláusula *paramount*, en que consiste la letra *k*) del párrafo 1.º de este artículo, pretende en primer lugar hacer saber al destinatario que el transporte está sometido al Convenio CMR, y, sobre todo, al dar a dicha previsión carácter de condición estipulada por los contratantes, garantizar que este Convenio, o más bien sus previsiones de derecho privado, sea aplicado por los tribunales de justicia de países no miembros de este.

79. El art. 31, párrafo 1.º, del Convenio CMR menciona ciertos tribunales ante los cuales las partes contratantes pueden reclamar sus derechos nacidos de los contratos de transporte regulados por este Convenio. La sumisión a una jurisdicción concreta mediante pacto por dichos contratantes puede ser válidamente hecha solo si estos están de acuerdo sobre la competencia de órganos jurisdiccionales solo de países miembros del Convenio.

No obstante, la reclamación puede ser presentada:

a) en el país donde el demandado tiene su residencia habitual, su principal lugar de actividad o la sucursal en la cual el contrato fue establecido, o

b) en el país donde tuvo lugar la toma de la carga de la mercancía por el transportista, o en aquel donde esté situado el punto de destino acordado.

En este caso no se hace distinción entre los tribunales de los países miembros y los de países no miembros del Convenio. Por tanto, presentar una demanda ante un órgano jurisdiccional de país no miembro puede ser admisible conforme al art. 31, párrafo 1.º, si alguno de los lugares referidos está situado en el territorio de ese país no miembro. También los tribunales de esos países no miembros pueden declarar que son competentes allí donde su legislación nacional les permita hacerlo, puesto que no están vinculados por ese art. 1.º, párrafo 1.º, ni por ninguna otra previsión del Convenio CMR.

80. Por consiguiente, resulta esencial considerar la posibilidad de que un proceso jurisdiccional, que conforme a la legislación de los países miembros queda sujeto al Convenio CMR, pueda ser presentado ante países no miembros.

¿Cuáles serían entonces los efectos de las reglas del Convenio CMR relativas al ámbito territorial de aplicación, en el caso de reclamaciones presentadas ante los tribunales de países no miembros? Esos tribunales en primer lugar aplicarán el Convenio si las normas de derecho internacional de su propio país se refieren al derecho sustantivo de un país miembro. Pueden no obstante excluir de esta aplicación ciertas previsiones que consideren contrarias al orden público en el país al que pertenecen. También pueden aplicar las previsiones del Convenio CMR no como reglas de derecho, sino como contenido del contrato de transporte, si las partes contratantes han establecido sus relaciones contractuales conforme al Convenio. La aplicación del Convenio de esta manera quedará restringida por dichas consideraciones de orden público y por las reglas jurídicas imperativas del país implicado, y porque no permita su derogación por voluntad de las partes.

81. Para garantizar la aplicación de las previsiones del Convenio CMR en un país no miembro de este (al menos como condiciones contractuales acordadas por las partes contratantes y dentro de los límites referidos en el anterior apartado 80), el art. 6.º, párrafo 1.º, letra *k*), del Convenio establece que la carta de porte debe contener una ad-

vertencia de que el transporte está sujeto, pese a cualquier cláusula contraria, al régimen establecido por el propio Convenio. Aún no ha sido posible determinar si los tribunales de países no miembros efectivamente consideran esta advertencia como una estipulación contractual libremente pactada. Más aún, resulta dudoso si darían preferencia a dicho aviso cuando, en adición a este, hay una cláusula contraria igualmente acordada por los contratantes. Con todo, en ciertos casos la cláusula *paramount* puede hacer que los tribunales de esos países no miembros apliquen el Convenio en circunstancias en que de otra manera no lo habrían aplicado.

El art. 7.º, párrafo 3.º, del Convenio CMR prevé unas consecuencias para cuando se ha omitido la mención que impone el apartado 1.º, letra *k*), de este art. 6.º –sobre ello trataremos posteriormente en los apartados 93 y 94–.

82. Respecto a cada una de las cuestiones referidas en el art. 6.º, párrafo 2.º, del Convenio CMR, se plantea la cuestión de cómo interpretar una situación en que, pese a que concurra alguna de las circunstancias de ese párrafo 2.º, no se haga mención de ellas en la carta de porte. A este respecto, parece que hay dos puntos de vista enfrentados. El primero, basado en la regla del art. 4.º, considera irrelevante para que persista su validez la ausencia de tales referencias en el documento; el segundo, basado en el art. 7.º, párrafo 1.º, letra *b*), considera que el cargador o cualquier otra persona que tenga derecho sobre la mercancía no puede pedir indemnización al transportista si este ha dejado de cumplir una instrucción que no aparece mencionada en la carta de porte. Ejemplos de tales menciones serían el de entrega de la mercancía contra reembolso –letra *c*)– o el de plazo dentro del cual el transporte debe ser realizado –letra *f*)–.

Claramente, el problema no puede ser resuelto de la misma manera respecto a todas las referencias que enumera el párrafo 2.º del art. 6.º.

83. En primer lugar, esta cuestión no se plantea en el caso de la letra *d*), ya que los arts. 24 y 26 expresamente establecen que el valor de la mercancía que exceda el límite máximo de responsabilidad o el interés especial en la entrega pueden ser reclamados solo si los correspondientes importes fueron mencionados en la carta de porte. Estipulaciones de esta naturaleza no mencionadas en el documento serían, por tanto, tenidas por nulas.

84. Respecto a las demás menciones, hay que distinguir entre las que se refieren a obligaciones contractuales del transportista y las que pretenden una finalidad distinta. Dentro de la primera clase aparecen la prohibición de trasbordo –letra *a*)–, el cobro de reembolso a la entrega –letra *c*)–, las instrucciones respecto al seguro de la mercancía –letra *e*)– y el plazo de entrega –letra *f*)–.

Las menciones en la carta de porte, según las prevé el párrafo 2.º del art. 6.º, deben basarse en condiciones estipuladas por las partes contratantes, como más tarde en la fecha en que se firma este documento. Aun así, no se puede excluir la posibilidad de alcanzar otros pactos en un momento posterior. Por tanto, la falta de referencia en la carta de porte a una estipulación acordada posteriormente no supone prueba de que dicho acuerdo posterior no ha sido establecido, sino que el reclamante que quiera invocarlo sencillamente tendrá que probarlo de alguna otra manera –lo mismo que si estuviera afirmando un pacto alcanzado antes de la firma del propio documento pero que, por algún motivo (por ejemplo, negligencia), no quedó mencionado en él–. Aunque ¿podría obtener algún beneficio de dicha prueba?

85. A tenor del art. 7.º, párrafo 1.º, letra *b*), del Convenio CMR, el cargador es responsable de cualquier pérdida o daño que el transportista sufra por motivo de la inexactitud o inadecuación de los datos a que se refiere el art. 6.º, párrafo 2.º, de este. No parece necesario considerar si las palabras *inexactitud* e *inadecuación* comprenden también la situación de ausencia de tales menciones, pues *a fortiori* la consecuencia no puede ser otra.

Cabe preguntarse si la expresión *pérdida o daño* en este contexto puede incluir los perjuicios sufridos por el transportista, por cuanto él a su vez los tenga que indemnizar al reclamante (que en muchos casos será el cargador) por haber dejado de cumplir una obligación secundaria. Esa interpretación, que significaría que el cargador tendría que indemnizarse a sí mismo, sería aceptable solo si no hubiera acto u omisión incorrectos del transportista. El concepto de responsabilidad por actos y omisiones incorrectos no es de manera alguna incompatible con el principio de responsabilidad objetiva establecido en el art. 17, pues esta responsabilidad objetiva se aplica solo en casos de pérdida de la mercancía o daño a esta, o –aunque aquí la cuestión se complica bastante, puesto que el art. 6.º, párrafo 2.º, letra *f*), trata del mismo tema– retraso en la entrega; el art. 19 aclara cuándo se considera que se ha producido tal retraso. Las estipulaciones entre las partes contratantes a que se refieren las letras *a*), *c*), *e*) y *f*), del párrafo 2.º, pueden por tanto dar lugar a responsabilidad del transportista incluso si estas no han sido mencionadas en la carta de porte, pero solo a condición de que el transportista haya cometido un acto incorrecto. La cuestión de cuándo un acto del transportista puede ser considerado incorrecto tendrá que ser decidida conforme a la legislación nacional. Y si esta no contiene otras reglas sobre la carga de la prueba, el principio general aplicable es que esta corresponde a quien afirme que la parte contraria ha cometido un acto incorrecto por cuyo motivo ha incumplido su obligación.

86. Este argumento parece apoyado por el hecho de que, según el art. 21 del propio Convenio CMR, el transportista es responsable si deja de cobrar en destino el valor del reembolso que hubiere sido estipulado en el contrato de transporte. Este artículo no dice que la instrucción dada al transportista al respecto debe ser inscrita en la carta de porte. Sin embargo, si alguien acogiese estrictamente la idea de una responsabilidad objetiva incluso si la obligación de entrega contra reembolso no está mencionada en la carta de porte, el art. 13 crearía una situación intolerable para el transportista, pues, conforme a este, el destinatario puede pedir que se le entregue la mercancía pero está obligado a pagar solo la cantidad que como debida menciona el propio documento. Y si

este no contuviese referencia alguna al pago, el transportista estaría por tanto obligado a entregar la mercancía sin poder forzar al destinatario a realizar pago alguno.

87. La ausencia en la carta de porte de las menciones referidas en las letras *b*) y *g*) del art. 6.º, párrafo 2.º, no puede generar responsabilidad en el transportista que haya dejado de cumplir una obligación secundaria. Cuando el transportista cobra del destinatario los portes debidos, conforme a lo contractualmente acordado, esto dará lugar solo a ajustes en los pagos. Por otra parte, según el art. 11, párrafo 3.º, el transportista será responsable igual que un agente, es decir, en principio, en caso de culpa propia, por la pérdida o el uso indebido de los documentos adjuntos en la carta de porte e indicados en ella, o de cualquier otra manera entregados al transportista. Aquellos que se acompañan a la carta de porte, aunque no se especifiquen en ella, deben considerarse como puestos en manos del transportista; de otra manera sería imposible que este los perdiera o hiciera uso indebido de ellos. En definitiva, la lista a que se refiere la letra *g*) no pasa de servir como un medio de prueba.

88. A la luz del art. 7.º, párrafo 1.º, letra *c*), del Convenio CMR, las observaciones precedentes sobre el art. 6.º, párrafo 2.º, pueden ser aplicadas también al párrafo 3.º del mismo artículo, siempre que los particulares a que se refiere impliquen una obligación del transportista. El art. 12, párrafo 3.º, incluso confiere fuerza efectiva sobre una situación opcional: el derecho de disposición del destinatario. Hay otras menciones que de nuevo son usadas a efectos de prueba, tales como las relativas a la naturaleza peligrosa de la mercancía y precauciones que adoptar –art. 22, párrafo 1.º–, las de sumisión jurisdiccional –art. 31, párrafo 1.º– o el acuerdo sobre arbitraje –art. 33–. En los dos últimos casos referidos, su indicación en la carta de porte resulta de especial importancia, pues tales estipulaciones vinculan también al destinatario, cuyos derechos derivan del contrato de transporte; este debe ser al menos informado sobre el procedimiento conforme al cual puede hacer valer sus derechos.

Artículo 7.º

89. Cuando las menciones contenidas en una carta de porte, salvo el nombre y la dirección del transportista y la cláusula *paramount* (véanse los apartados 78 a 81), son inexactos o inadecuados, el cargador es en principio responsable de todos los gastos, pérdidas o daños que de ello resulten. En el apartado 87 se considera la situación en que las pérdidas soportadas por el transportista sean iguales a su responsabilidad ante el reclamante, que casi siempre es el cargador. Respecto al párrafo 1.º, letra *a*), una situación de esta clase difícilmente se producirá, porque los datos en cuestión se refieren a elementos que el transportista está obligado a comprobar o que no pueden dar lugar a una presunción contra él (véanse los arts. 8.º y 9.º). El art. 6.º, párrafo 1.º, letra *j*), quizá

pueda considerarse una excepción, si el transportista ha incumplido culpablemente instrucciones que no fueron inscritas en la carta de porte.

90. El ejemplo típico de pérdida o daño sufrido por el transportista como resultado de una mención inexacta en la carta de porte es el que ocurre cuando el peso de la mercancía indicado es menor que el efectivo. Esto puede dar lugar a la sobrecarga del vehículo y a los consiguientes daños a este.

91. El párrafo 2.º de este art. 7.º presupone que el cargador ha requerido al transportista para realizar las correspondientes inscripciones en la carta de porte. Por otra parte, esta previsión no establece que tal requerimiento pueda presumirse. Por tanto, sería necesario aportar prueba de un requerimiento, expreso o al menos tácito, pero bajo la forma de un acto concluyente, que no pueda ser interpretado más que como una exigencia de que tales menciones queden inscritas en el documento.

92. La responsabilidad del cargador nunca está limitada en la cuantía que deba indemnizar.

93. La interpretación y el propósito de la cláusula *paramount* ya han sido ampliamente explicados en los apartados 78 a 81. La obligación de incluir esta cláusula corresponde siempre y bajo cualquier circunstancia al transportista, y de ello responde ante quien tenga derecho sobre la mercancía. ¿Qué gastos, daños y perjuicios puede causar omitir la expresión de esta cláusula? En primer lugar, puede haber dudas en la mente de las partes contratantes –e incluso, durante el proceso jurisdiccional, por parte del tribunal de un país miembro del Convenio CMR– respecto a si concurren las condiciones necesarias para su aplicación, por ejemplo, por razón de la materia o por razón del lugar. Las pesquisas necesarias con esta finalidad pueden dar lugar a gastos, tanto fuera del proceso como durante él. Cuando se determine que el contrato de transporte queda en efecto sometido al Convenio CMR, y que no habría existido duda alguna al respecto si esta cláusula hubiera sido indicada en la carta de porte, el transportista quedará como responsable de los gastos incurridos.

94. El caso más importante a que se refiere esta previsión es cuando un tribunal de un país no miembro del Convenio CMR no lo ha aplicado, pero sí lo habría hecho si la cláusula *paramount* hubiera sido inscrita en la carta de porte. También es necesario que haya sufrido daños y perjuicios como consecuencia de la no aplicación del Convenio CMR. El sistema es lógico en sí mismo, pero suscita un problema práctico y otro más teórico.

El problema práctico es el de la prueba: quien tenga derecho sobre la mercancía y en ese país no miembro haya recibido menos indemnización de la debida, o ninguna en absoluto, ¿cómo puede probar que el tribunal de ese país habría aplicado el Convenio

CMR si en la carta de porte hubiera figurado la cláusula *paramount*, y que la aplicación de este Convenio habría supuesto una sentencia más favorable para él? Esa es la primera cuestión que parece casi imposible de probar. A fecha de hoy, no constan sentencias de tribunales de países no miembros que hayan dado –o que no hayan dado– efecto a una tal cláusula *paramount* contenida en una carta de porte. Incluso si esas sentencias fuesen conocidas, tampoco serían una garantía de que en todos los demás procesos judiciales se llegara a igual resultado, sobre todo por los tribunales de países no miembros distintos a aquellos en que fueron emitidas tales sentencias.

La dificultad teórica surge de la necesidad de que un país miembro deniegue efectos jurídicos a una sentencia dictada en un país no miembro y considerar dicha sentencia como un simple hecho. Los tratados bilaterales o multilaterales sobre reconocimiento y ejecución de sentencias judiciales extranjeras pueden obligar al país miembro a cumplir las dictadas por países no miembros –en su caso, tras las formalidades necesarias–, con los mismos efectos que si se tratase de sentencias dictadas en el propio país donde deban cumplirse. En tal dilema, un país miembro puede no dar tampoco preferencia al Convenio CMR como *lex posterior* ni como *lex specialis* porque, a ojos del país no miembro, el Convenio CMR no es una ley. El art. 7.º, párrafo 3.º, puede dar lugar a un conflicto entre las obligaciones resultantes de varios tratados. Como hemos dicho, ningún caso de esta índole ha sido publicado.

Artículo 8.º

95. Algunos miembros del Grupo de Trabajo *ad hoc* de la Cepe que redactó el Convenio CMR opinaban que, en el párrafo 1.º de este art. 8.º, debía obligarse al transportista a comprobar también el peso bruto de la mercancía que recibe o su cantidad expresada de otra manera. Pero la mayoría sostuvo el criterio de que eso supondría unos gastos y una pérdida de tiempo que el transportista no debería soportar sin una compensación. Por tanto, en el párrafo 3.º se permite al cargador que pida al transportista que verifique esa cantidad –e incluso el contenido de los bultos– solo si el coste de esa constatación le es pagado. Cuando no se hace comprobación alguna, la anotación de tales cantidades en la carta de porte no da lugar a presunción conforme al art. 9.º. Si, por contra, la comprobación sí es efectuada, el sistema elegido en el párrafo 3.º también descarta cualquier presunción. Esta previsión legal está basada en la idea de que la verificación será cuidadosamente realizada, y su resultado, inscrito en el documento. Pues bien, tal constancia escrita es más que una presunción: constituye prueba, si bien puede verse anulada por otra prueba *a contrario,* por ejemplo, estableciendo que la balanza u otro instrumento usado para medir la cantidad eran defectuosos.

96. El art. 8.º, párrafo 1.º, no contiene una recomendación, sino una obligación para el transportista. Sin embargo, las únicas consecuencias de su incumplimiento son que ese

transportista quedará vinculado por la presunción a que se refiere el art. 9.º, párrafo 2.º, y que puede perder su derecho a ser indemnizado por el cargador conforme al art. 10. En algunas sentencias, el art. 8.º, párrafo 1.º, ha sido interpretado como queriendo decir que el transportista que no ha cumplido su obligación de comprobar la mercancía es responsable de los daños que esta sufra, y que se habrían evitado si hubiera sido sometida a esa verificación; pero esta interpretación va manifiestamente más lejos que la propia previsión del Convenio.

97. A efectos del párrafo 1.º, letra *b*) de este art. 8.º, la expresión *condición aparente de la mercancía y su embalaje* comprende todos los aspectos que pueden ser comprobados a simple vista o, en caso necesario, al tacto. Pero no se contempla el uso de aparatos de ninguna clase. Si, por ejemplo, la mercancía que se debe transportar en vehículos frigoríficos se ha de entregar al transportista solo por debajo de una determinada temperatura, no se puede requerir al transportista –dentro de la comprobación a que le obliga esa letra *b*)– que determine si esa temperatura ha sido o no excedida; ello, salvo que la diferencia de temperatura sea tan significativa que pueda apreciarse externamente tan solo con tocar la mercancía y su embalaje.

98. La redacción de los párrafos 1.º y 2.º de este art. 8.º no es totalmente satisfactoria.
El sistema es como sigue. Cuando el transportista, en la comprobación a que el párrafo 1.º le obliga, encuentra que el número de bultos y sus inscripciones no son conformes con lo que indica la carta de porte, o que la condición aparente de la mercancía y de su embalaje presenta defectos, debe anotar las correspondientes reservas en dicho documento. En las reservas concernientes al número de bultos y sus inscripciones no se exige mayor explicación, pero sí en las relativas a la condición aparente de la mercancía y de su embalaje. La motivación puede ser escueta: basta con anotar en qué consisten los defectos observados y la manera en que realizó la comprobación que dio tal resultado. Pero cuando el transportista no tiene medios razonables para comprobar el número de bultos y sus inscripciones, entonces sí tiene que decir por qué. Se consideran medios razonables aquellos que cualquier transportista diligente debe tener a su alcance para utilizar. Así, no se puede exigir a un transportista que cuente varios miles de pequeños paquetes de aspecto idéntico y que examine en cada uno de ellos sus inscripciones, sobre todo si la carga se realiza por varias personas a la vez para ahorrar tiempo en la operación.

99. Cuando haya obligación de especificar el motivo de una reserva, aquella que carezca de la expresión de dicho motivo no tendrá efecto, salvo que el cargador haya reconocido su veracidad.

100. En la última frase del párrafo 2.º de este art. 8.º se hace una distinción entre reservas que han sido expresamente aceptadas y las que no lo han sido. Por supuesto,

todas las reservas se deben anotar en la carta de porte antes de que el primer ejemplar de esta sea entregado al cargador. Es decir, toda reserva inscrita posteriormente, en los otros dos ejemplares del documento, carecerá de efecto. Las consecuencias jurídicas de las reservas varían según se refieran a inexactitudes –párrafo 1.º, letra *a*)–, a defectos –párrafo 1.º, letra *b*)– o a imposibilidad de realizar la propia comprobación conforme al párrafo 1.º, letra *a*).

101. Si las reservas sobre inexactitudes o defectos, o condición aparente de la mercancía, no son aceptadas por el cargador, la consecuencia –según el art. 9.º, párrafo 2.º– es que no habrá presunción respecto a tales circunstancias. Si, en cambio, la reserva se refiere a falta de medios razonables para realizar la comprobación, primero tendría que ser valorada por el tribunal que conozca el caso. Si el tribunal reconoce que, en efecto, la verificación era imposible o no pudo ser razonablemente requerida al transportista, la situación sería la misma que la recién descrita sobre la no aceptación: no habría presunción, y la cuestión sobre la existencia efectiva o no de tales circunstancias quedaría abierta.

102. Por el contrario, si tales reservas sobre inexactitudes o defectos en la mercancía son aceptadas por el cargador, entonces son fehacientes. La prueba *a contrario* es, desde luego, admisible, pero extremadamente difícil en la práctica. Si las reservas sobre falta de medios para la comprobación son aceptadas, solo prueban la efectiva carencia de tales medios. La cuestión de si hubo inexactitud en la mención relativa al número de bultos y sus inscripciones quedaría abierta, y no sujeta a presunción alguna.

103. Hay una opinión, a veces expresada a este respecto, que no compartimos. Es la de quienes entienden que las reservas no aceptadas carecen de todo efecto jurídico y que, si el cargador desea no quedar vinculado por esa aceptación, la única opción para el transportista es rehusar la realización del transporte. En realidad, la última frase del art. 8.º no dice que las reservas no aceptadas no tengan efecto alguno, de igual modo que el art. 9.º, párrafo 2.º, no habla de reservas que hayan sido aceptadas. Por tanto, consideramos que la situación es que el cargador, cuando no desea no solo aceptar la reserva, sino además renunciar a la presunción de ese art. 9.º, párrafo 2.º, lo único que puede hacer es romper el contrato. En tales casos, es la legislación nacional la que determinará su posible responsabilidad por los daños y perjuicios que ocasione. A este respecto, la cuestión de si la reserva estaba o no justificada puede ser de importancia decisiva.

104. No puede considerarse que una reserva sea aceptada simplemente porque el cargador haya firmado la carta de porte, pues siempre está obligado a firmarla por imperativo del art. 5.º, párrafo 1.º. Esa conformidad debe ser expresada en una mención específica.

Artículo 9.º

105. Conforme al párrafo 1.º de este art. 9.º, la carta de porte es, salvo prueba en contra, documento fehaciente sobre las condiciones del contrato inscritas en este, así como de la recepción de la mercancía por el transportista. Este párrafo no se refiere al peso bruto de tal mercancía o cantidad de ella expresada de otra manera; sobre esta cuestión, la regla referida en el art. 8.º, párrafo 3.º, no necesita ser completada porque la comprobación que ha sido cuidadosamente realizada, y cuyo resultado se inscribe en la carta de porte, ya constituye prueba de dicha cantidad de mercancía (véase el apartado 95).

106. Desgraciadamente, respecto a la carga de la prueba, el Convenio CMR contiene diferentes conceptos. Así, se refiere a la necesidad de prueba en general –por ejemplo, en la primera frase del art. 18, párrafo 2.º– y a la presunción *prima facie,* es decir, salvo prueba en contra –en el art. 9.º, párrafos 1.º y 2.º–. Estos conceptos, inevitablemente, deben ser entendidos e interpretados de diversas maneras según la legislación nacional de cada uno de los países miembros del Convenio. Aparentemente, la intención del Grupo de Trabajo *ad hoc* de la Cepe era la siguiente:

– que la palabra *prueba* debe ser entendida en sentido formal, especialmente en el marco de un proceso jurisdiccional;

– que la palabra *establecer* debe ser entendida como «hace probable»: quien establece demuestra de manera convincente el alto grado de probabilidad que puede darse a sus afirmaciones, y

– que la expresión *dar fe* significa que una determinada situación fáctica debe ser tenida por cierta salvo que se pruebe lo contrario; no parece que haya sustancial diferencia entre «dar fe» y «presunción *iuris tantum*», o sea, salvo prueba en contra, pues la elección de unas u otras palabras obedeció solo a criterios lingüísticos.

107. Al efecto jurídico de las reservas, aceptadas o no, ya se ha hecho referencia en los apartados 100 a 104.

108. En caso de una reclamación efectuada dentro del plazo de prescripción de acciones, el efecto conjunto de los arts. 9.º y 30, párrafo 1.º, no puede tener como resultado crear una presunción en contra, es decir, la presunción de que la pérdida o el daño ocurrieron durante el transporte. Lo único que se presumirá es que el transportista recibió la mercancía en buen estado aparente; además, cualquier presunción de entrega en buen estado aparente quedará descartada. En caso de pérdidas o daños aparentes, desde luego lo más probable será que hayan ocurrido durante el transporte y no como resultado de un acto o una omisión por el destinatario al momento de la descarga. En cambio, en caso de pérdidas o daños no aparentes, igual que cuando el contenido de los bultos no ha sido comprobado a requerimiento del cargador conforme al art. 8.º, párrafo 3.º, y

siempre que la reclamación se haya efectuado dentro del plazo de prescripción, no hay presunción alguna en cuanto a la existencia o no de esa pérdida o daño en el momento de la toma de la carga de la mercancía por el transportista o en el de su entrega en destino. En tales casos, esas cuestiones han de ser decididas por el tribunal conforme a su propio criterio.

Artículo 10

109. Este precepto trata sobre la indemnización por los daños que cause una mercancía por defectos en su embalaje. En tales casos, en virtud del art. 17, párrafo 4.º, letra *b*), el transportista queda exonerado de responsabilidad ante quien tenga derecho sobre la mercancía.

110. El cargador es responsable por los daños causados al transportista, en particular, a su vehículo, pero también por los causados a otras personas o a los bienes de otras personas a quienes el transportista tendría que pagar indemnizaciones, ya sea conforme al Convenio CMR o a otra normativa jurídica. En caso de que se advirtiera un defecto de embalaje durante el transporte y pudieran evitarse posibles daños haciendo un determinado gasto, el coste que el cargador tendría que pagar sería el de la solución que se aplique. En tales supuestos, la responsabilidad del cargador –que, según el Convenio CMR, se enmarca en el contrato de transporte– no está sujeta a límites cuantitativos máximos. Si el cargador ha incurrido en dolo (véase el art. 29), el plazo para reclamar contra él será de tres años (véase el art. 32, párrafo 1.º). También se podría reclamar contra el cargador por vía extracontractual, cuando proceda, sobre la base de la legislación nacional.

111. La exoneración de responsabilidad de que se habla al final de este precepto está justificada porque, según el art. 8.º, párrafos 1.º y 2.º, el transportista está obligado a comprobar la condición aparente del embalaje y, en su caso, anotar las correspondientes reservas en la carta de porte. Cuando el defecto de embalaje no fuese aparente y, a pesar de ello, fuese conocido por el transportista, la realización del servicio sin anotar tales reservas supondrá al menos un acto incorrecto por ambas partes contratantes, que en su caso imposibilitaría al transportista reclamar indemnización al cargador.

Artículo 11

112. Sobre el concepto de entrega en destino se trata en el apartado 149.

113. Las «otras formalidades» a que se refiere este precepto son todas las exigibles por razones administrativas, por ejemplo, para controles sanitarios, por restricciones

de importación o de exportación, o de control de cambios. Son trámites habitualmente impuestos cuando las mercancías cruzan fronteras, pero también en cualquier otro momento de la realización del transporte, incluso dentro del territorio de un país, el transportista puede ser obligado a exhibir ciertos documentos o a suministrar determinada información a las autoridades.

114. El transportista no está obligado a saber qué documentos o qué información son necesarios; este deber recae exclusivamente en el cargador.

115. La redacción del párrafo 2.º de este art. 11, que difiere de la del art. 10, muestra que en este caso el cargador también es responsable de la pérdida, del daño y del retraso en la entrega en destino de su mercancía, y que el transportista queda exonerado al respecto. Esta respectiva responsabilidad y exoneración dejan de aplicarse cuando el propio transportista ha cometido un acto culposo. Por ejemplo, cuando expresamente ofrece al cargador indicarle qué documentos e información son necesarios y esas indicaciones resultan incorrectas. Tal ofrecimiento de indicaciones y su suministro efectivo no son contrarios al Convenio CMR –art. 41, párrafo 1.º, en relación con el art. 8.º, párrafos 1.º y 2.º– porque no suponen cambio alguno en los derechos y obligaciones nacidos del contrato de transporte, pero como servicio adicional deberían conllevar una remuneración específica; en tal caso, el cargador no se podría considerar responsable sobre la base del art. 11, párrafo 2.º. La cuestión de si, en tales supuestos, el transportista es responsable ante quien tenga derecho sobre la mercancía por el posible retraso en su entrega en destino será determinada conforme a los criterios del art. 17. Puede haber un reparto de responsabilidades según prevé el art. 17, párrafo 2.º.

116. La palabra *comisionista* usada en la versión francesa en el párrafo 3.º de este art. 11 (*agent* en su versión inglesa) no es muy adecuada y debe ser interpretada como «comisionista de transporte» o transitario (en inglés, *forwarding agent)*. Será la legislación nacional la que decida bajo qué circunstancias –responsabilidad objetiva, responsabilidad por culpa, carga de la prueba– el transportista se deba considerar responsable. En cualquier caso, su indemnización quedaría limitada a la que correspondería en caso de pérdida de la mercancía. No así la que pagaría el cargador, cuya responsabilidad al respecto prevé el párrafo 2.º.

117. El párrafo 3.º de este art. 11 no se refiere al uso incorrecto, o al uso de manera inadecuada a la intención del cargador, de la información suministrada por este al transportista conforme al párrafo 1.º del propio precepto. También en este caso será la ley nacional la que determine si el uso concreto dado a tal información conlleva responsabilidad para el transportista y, en caso afirmativo, los posibles límites indemnizatorios.

Artículo 12

118. A la luz del art. 1.º, párrafo 1.º, del Convenio CMR, el ejercicio del derecho de disposición sobre la mercancía no excluye un contrato de transporte de su ámbito de aplicación. Igual que, a la inversa, el mandato de cruzar una frontera sobrevenido durante la ejecución de un contrato de transporte, que conforme a la intención originaria de las partes contratantes hubiera sido puramente nacional, no hace aplicable el Convenio. Estos principios, obviamente, no son aplicables cuando esté claro que las partes han actuado en fraude de ley, sea para hacer aplicable el Convenio CMR –cuando los contratantes no tenían la menor voluntad de enviar la mercancía al extranjero– o, a la inversa, para evitar su aplicación –cuando los contratantes sabían por otros medios que la operación necesariamente implicaría esa salida al exterior–.

119. Para que el destinatario pueda valerse del derecho de disposición sobre la mercancía a que se refiere el párrafo 3.º de este art. 12 es necesario que se prevea expresamente en la carta de porte –por la vía del art. 6.º, párrafo 3.º– y que dicho destinatario, en el momento en que quiera ejercer ese derecho, tenga ya en su poder el ejemplar de la carta de porte inicialmente entregado al cargador –párrafo 5.º, letra *a*)–. Puede haber un vacío de continuidad, por tanto, en el ejercicio de este derecho, esto es, un tiempo en que ni el cargador ni el destinatario puedan ejercerlo. Durante las negociaciones del Grupo de Trabajo *ad hoc* de la Cepe, algunos delegados expresaron su criterio de que al destinatario debía otorgarse este derecho de disposición tan pronto como tuviera posesión del primer ejemplar de la carta de porte remitida por el cargador, incluso si esta carecía de cualquier mención expresa sobre el posible ejercicio de este derecho por dicho destinatario. Pero esta regla habría sido contraria al principio de que la carta de porte no es un documento negociable, sino básicamente probatorio.

120. Además de las posibilidades previstas en los párrafos 2.º y 3.º de este art. 12, el destinatario puede ejercer sus derechos nacidos del contrato de transporte, incluido el de disposición sobre la mercancía, cuando esta no ha llegado al lugar designado como destino dentro del plazo de transporte expresamente previsto o considerado razonable –art. 13, párrafo 1.º, y art. 19–.

121. La última frase del párrafo 5.º, letra *a*), de este art. 12 no significa que el transportista siempre pueda pedir el reintegro de los costes y la indemnización de perjuicios antes de cumplir las instrucciones. Sin embargo, cuando tiene fundadas razones para temer que quien dé esas instrucciones sea insolvente o para dudar de que vaya a pagarle, puede exigir que el pago en cuestión le sea hecho por anticipado o pedir alguna garantía al respecto.

122. A efectos del párrafo 5.º, letra *b*), de este art. 12, no basta con que el cumplimiento de las instrucciones no sea conforme a la intención del transportista, sino que este podrá

rehusar su ejecución solo cuando suponga un grave trastorno para la actividad normal de su empresa.

123. El principal propósito del párrafo 5.º, letra *c*), de este art. 12 es evitar la división de la mercancía que viaje al amparo de una única carta de porte, especialmente para entregar dicha mercancía a diversos destinatarios. Si, conforme al art. 5.º, párrafo 2.º, se han emitido varias cartas de porte para mercancías que se deban cargar en otros tantos vehículos, o para mercancías divididas en diversos lotes, no será aplicable la prohibición contenida en el párrafo 5.º, letra *c*).

124. Conforme al párrafo 7.º de este art. 12, la responsabilidad del transportista en estos casos no está sujeta a limitación cuantitativa.

Artículo 13

125. El *lugar* designado para la entrega de la mercancía debe ser entendido como una unidad geográfica. Así, el destinatario puede pedir la entrega del segundo ejemplar de la carta de porte y de la propia mercancía cuando el vehículo haya llegado a las instalaciones del transportista ubicadas en la ciudad donde se debe efectuar esta entrega. A este propósito, no es necesario que el primer ejemplar de la carta de porte sea entregado por el destinatario al transportista.

126. Si la mercancía no ha llegado a destino en el plazo acordado o en el razonable –art. 19–, el destinatario puede, cuando pruebe que la mercancía ha sido extraviada, ejercer el derecho previsto en el art. 17, párrafo 1.º. Si no hay prueba de esta pérdida, puede reclamar sus derechos una vez transcurrido el plazo que prevé el art. 20. Los derechos nacidos del contrato de transporte incluyen el de disposición, que pasa al destinatario cuando no hay prueba de que la mercancía ha sido perdida, independientemente de si el lugar donde se encuentra la mercancía en el momento de este cambio subjetivo del derecho es conocido o no. De todas maneras, ese no es el caso cuando el cargador cambió sus instrucciones en cuanto a la entrega en destino o si dio instrucciones de devolverle la mercancía. En tales situaciones, quien al comienzo era cargador ya no lo es. Tampoco ese derecho se transfiere al destinatario cuando el cargador dio orden de suspender temporalmente la realización del transporte, porque tanto la fecha de entrega acordada como el plazo razonablemente otorgado al transportista –art. 19– resultarían alterados por ella.

127. Algunos miembros del grupo de trabajo *ad hoc* de la Cepe consideraron que el párrafo 2.º de este art. 13 era demasiado severo con el destinatario, pero la mayoría sostuvo que el transportista debe quedar protegido contra un destinatario que, para evadir

su obligación de pagar las cantidades resultantes de la carta de porte, puede afirmar que se ha producido un daño a la mercancía y pretender que le sea pagada indemnización por la diferencia. Cuando la mercancía se ha perdido, el párrafo 2.º resulta de escasa importancia. Si el transportista, cuando recibe una reclamación por daños a la mercancía durante el transporte, argumenta que el destinatario no está legitimado activamente para formularla porque no ha satisfecho las sumas debidas conforme a la carta de porte, el tribunal puede fijar en su sentencia el pago de una cantidad igual a la diferencia entre esas sumas y la indemnización que hubiera correspondido a esos daños. Eso aún sería más fácil por cuanto, conforme al art. 23, párrafo 4.º, el transportista está obligado a reintegrar a quien tenga derecho sobre la mercancía el precio del transporte y demás gastos incurridos con ocasión del transporte. Cuando la mercancía llega al lugar de destino acordado y el destinatario alega daño o retraso en la entrega como motivo de indemnización, el transportista no está obligado a entregar esa mercancía. Por el contrario, en caso de conflicto, puede pedir al destinatario una garantía de pago mientras la controversia se lleva ante un tribunal, que determinará el montante de esa garantía teniendo en cuenta las circunstancias del caso. Debe destacarse que la palabra *caution* en el texto oficial francés no debe ser entendida con el significado que habitualmente tiene en la terminología jurídica francesa. En este caso se refiere a cualquier clase de garantía, que puede consistir en un depósito en metálico o en cualquier otro medio por el que se salvaguarden los derechos del transportista.

Artículo 14

128. El párrafo 1.º de este art. 14 trata solo de aquellos casos en que el transporte no puede ser llevado a cabo conforme a las condiciones inscritas en la carta de porte, la cual puede por ejemplo establecer que no debe efectuarse el trasbordo de la mercancía –art. 6.º, párrafo 2.º, letra *a*)–, o un plazo acordado para su entrega en destino –art. 6.º, párrafo 2.º, letra *f*)–, o indicaciones respecto al itinerario que se debe utilizar –art. 6.º, párrafo 3.º–.

Este art. 14 no se aplica a las meras dificultades que puedan surgir durante el transporte pero que no lo hagan imposible según las condiciones inscritas en la carta de porte, incluso si el servicio resulta más costoso para el transportista o interfiere con la actividad normal de su empresa. Si en tales circunstancias el transportista no continúa la ejecución del servicio, eso supondría simplemente que ha incumplido la prestación comprometida en el contrato de transporte. Esos casos no quedan dentro del ámbito de aplicación del Convenio CMR, y cualquier indemnización a que pueda dar lugar se regiría por la ley nacional. Si, por el contrario, el transportista acepta las dificultades de la situación y continúa el viaje, puede –según lo acordado por las partes contratantes– devenir acreedor de una remuneración adicional. El Convenio CMR tampoco prevé este supuesto, que nuevamente tendría que ser decidido por la legislación nacional.

129. El párrafo 1.º del art. 14 debe ser leído en relación con el art. 16, párrafo 2.º. En vez de pedir instrucciones a quien tenga derecho sobre la mercancía, el transportista puede descargar la mercancía y considerar el transporte terminado.

130. En el caso previsto en el art. 12, párrafo 3.º, se considera que el destinatario ya tiene derecho sobre la mercancía, y es a él a quien habría que pedir instrucciones. Igual que si ese destinatario aún no pudiese exhibir el primer ejemplar de la carta de porte –art. 12, párrafo 5.º, letra *a*)–. De cualquier manera, el cargador ha perdido por completo su derecho sobre la mercancía.

131. El párrafo 2.º de este art. 14 establece dos requisitos de muy distinta naturaleza. También da pie a dificultades de interpretación, pues intencionadamente se ha omitido la referencia que contiene el art. 16, párrafo 2.º, en su comienzo. Imaginemos una situación en que un transportista no desea considerar el servicio terminado, sino que pide instrucciones, y que el transporte aún parece posible siquiera en condiciones diferentes de las expresadas en la carta de porte. Aquí no se prevé qué ocurre si ese transportista no recibe tales instrucciones en tiempo razonable y las referidas condiciones entretanto han cambiado, de manera que el transporte deviene imposible, incluso bajo tales condiciones distintas a las contratadas. En tal caso, una solución podría consistir, puesto que el párrafo 2.º ya no es aplicable, en referirse de nuevo al párrafo 1.º, redactado en términos más generales y referido en el art. 16, párrafo 2.º, y entonces el transportista quedaría libre para descargar la mercancía y considerar el transporte terminado, pese a haber pedido las instrucciones.

132. La redacción de la última frase del párrafo 2.º de este art. 14 deja claro que sería erróneo esperar demasiado del transportista cuando tiene que actuar en el lugar de quien tenga derecho sobre la mercancía; bastaría con que hiciera uso de su conocimiento a la vista de la situación y de la intención de esa otra persona, y con que actuase de buena fe.

Artículo 15

133. Sobre el concepto de «lugar designado para la entrega» se trata en el apartado 125.

134. Las circunstancias que imposibiliten la entrega pueden ser de varias clases. Por ejemplo, que no se disponga de los medios técnicos necesarios para efectuar la descarga de la mercancía; que el destinatario esté ilocalizable; que rehúse hacerse cargo de la mercancía, o que la acepte pero se niegue a pagar el precio de su transporte expresado en la carta de porte. El último supuesto mencionado viene a equivaler al propio rechazo de la mercancía, y entonces la segunda frase del párrafo 1.º sería aplicable. En los dos

primeros casos surgen dificultades si el cargador, a quien el transportista ha pedido instrucciones ante tal evento, no tiene el primer ejemplar de la carta de porte por haberlo ya enviado al destinatario. No parece haber otra solución a este problema que la prevista en el art. 16, párrafo 2.º, que permite al transportista descargar la mercancía por cuenta de quien tenga derecho sobre ella y considerar terminado su servicio; posibilidad, por lo demás, abierta al transportista, si decide utilizarla, siempre que las circunstancias le impidan la entrega.

135. Cuando, conforme al párrafo 2.º de este art. 15, el destinatario primeramente ha rehusado hacerse cargo de la mercancía y después solicita su entrega, pero tal solicitud resulta incompatible con las instrucciones recibidas del cargador por el transportista, este deberá atenerse a las pretensiones que le hayan sido comunicadas antes –sea por escrito, telegrama o télex, o incluso oralmente–.

136. La inversión de posiciones prevista en el párrafo 3.º de este art. 15 opera solo en el contexto del propio precepto. No puede extenderse al caso en que el destinatario adquirió su derecho de disposición, no conforme al art. 12, párrafo 3.º, sino según el párrafo 2.º de ese mismo art. 12, o bien de acuerdo con la segunda frase del art. 13, párrafo 1.º. En tales circunstancias, el cargador primitivo sigue como cargador y el destinatario primitivo sigue siendo destinatario. Al transportista no se le exige –ni estaría autorizado a hacerlo– que entregue la mercancía al nuevo destinatario designado por el primitivo destinatario que hubo primeramente rehusado la mercancía y después pedido su entrega.

Artículo 16

137. La conjunción *o* de la versión oficial francesa de este precepto no es usada en su exacto sentido. El transportista tiene derecho a ser compensado tanto del coste de su petición de instrucciones –habitualmente muy pequeño– como de los gastos que conlleve cumplirlas –estos ya pueden ser bastante mayores–.

138. La excepción a que se refiere la frase con que termina el párrafo 1.º de este art. 16 se aplica no solo a cualquier acto incorrecto o culposo del transportista al pedir instrucciones o al cumplirlas, sino también y especialmente a los actos que puedan haber sido precisamente la causa de esas circunstancias que impidieron la propia ejecución del transporte o entrega de la mercancía en destino, y por tanto hicieron necesaria la petición de instrucciones. Para que esta excepción sea aplicable no basta con que las circunstancias que impidan esa buena entrega hayan nacido de un acto del transportista –por ejemplo, la elección de itinerario– o de algún evento sucedido en su empresa –como una avería en el vehículo porteador que hace necesario el trasbordo de la mercancía a otro vehículo, pese a estar escrito en la carta de porte que tal trasbordo no está

permitido–, sino que es esencial probar que ese acto del transportista fue incorrecto. El citado ejemplo de la avería del vehículo porteador que hace necesario el trasbordo puede ser interesante: puesto que las bases de la responsabilidad del transportista establecidas en el art. 17, y especialmente la regla que contiene su párrafo –«no exonera de responsabilidad al transportista el defecto en su vehículo»– no contemplan la compensación de gastos a que se refiere este art. 16, párrafo 1.º, el transportista tendría derecho a tal pago compensatorio. Si, no obstante, ese trasbordo necesario por tal avería, provocada por un defecto del propio vehículo, causa la pérdida de la mercancía o daños a esta, o si el tiempo invertido en ese trasbordo impide su entrega en destino dentro del plazo acordado, entonces será el transportista quien deba indemnizar a quien tenga derecho sobre la mercancía por los perjuicios sufridos.

139. Ya se ha hecho referencia a la opción que al transportista otorga el párrafo 2.º de este art. 16 (véanse los apartados 131 y 134). Cuando la mercancía es descargada, el transporte se considera terminado. La descarga es, en este caso, equivalente a la entrega, especialmente en cuanto a las reglas sobre responsabilidad contenidas en el art. 17. Tras la descarga surge una nueva relación jurídica entre el transportista y quien tenga derecho sobre la mercancía. El precepto se refiere solo al depósito de la mercancía y establece que el transportista, si confía la mercancía a un tercero, será responsable por la incorrecta elección de ese tercero *(culpa in eligendo)*. Todas las demás cuestiones están regidas por la ley nacional, particularmente la responsabilidad del transportista como depositario y la cuantía de cualquier indemnización que deba ser pagada, esta de ninguna manera sujeta a las previsiones del Convenio CMR sobre limitación de responsabilidad. Esta concreta legislación nacional aplicable será la que determinen las normas sobre conflicto de leyes del país sede del tribunal encargado del caso. No hay una razón que permita sostener que la ley nacional aplicable deba ser aquella que regiría el contrato de transporte si el Convenio CMR no fuere aplicable.

140. La última frase del párrafo 2.º de este art. 16 dice que algunos gastos podrán ser pagados con garantía de la propia mercancía, y la terminología utilizada es deliberadamente imprecisa. El Convenio CMR no ha pretendido regular el derecho de retención del transportista como acreedor. Si, en efecto, tiene un derecho de prenda o de retención y si este incluye la posesión material de la mercancía será algo que deberá determinar la legislación nacional del tribunal encargado del caso. No obstante, si la ley nacional aplicable es la de un país miembro del Convenio, conforme a este, debe prever tal garantía de los derechos del transportista como acreedor. Si, en cambio, la ley nacional aplicable es la de un país no miembro, esta no podrá ser tenida en cuenta por un tribunal de un país miembro salvo que de una manera u otra sí permita tal garantía.

141. Además de los pagos expresados en la carta de porte, los costes de cuyo pago la mercancía es garantía son los de cualquier medida adoptada para salvaguardarla y tam-

bién el coste de su descarga. Pero no los costes que puedan surgir una vez terminado el transporte, según resulta de la palabra inglesa *remain* («quedan», «permanecen») usada en esa última frase del art. 16, párrafo 2.º. Tales costes, y cualquier medida que garantice su cobro mediante un derecho pignoraticio o de retención, solo son posibles sobre la base de una legislación nacional.

142. El párrafo 3.º de este art. 16 parte de que el transporte ha terminado, conforme a su párrafo 2.º, y de que el transportista se ha convertido en un depositario de la mercancía. La segunda frase debe ser entendida –aunque no lo dice expresamente– como que, si las condiciones referidas en la primera frase no son cumplidas, ese transportista –ahora depositario–, antes de enajenar la mercancía que se encuentra en su poder, debería pedir instrucciones a quien tenga derecho sobre ella.

143. Las instrucciones que al transportista se le pueden requerir razonablemente que cumpla son las que se ajustan a los requisitos del art. 12, párrafo 5.º, letra *b*), siempre que en efecto puedan ser ejecutadas. No se le puede pedir aquello que redunde en pérdida de la mercancía o disminución grave de su valor, puesto que en esa medida disminuiría la función de esa mercancía como garantía para el cobro de sus créditos.

144. Las palabras *en las condiciones del presente artículo* (en inglés, *pursuant to this article;* en francés, *en application du présent article)* de la primera frase del párrafo 4.º de este art. 16, de hecho se refieren solo al párrafo 3.º, puesto que en el artículo no hay referencia a otra venta de la mercancía que a la que el transportista está autorizado conforme a ese párrafo 3.º.

145. El párrafo 5.º de este art. 16 es una de las pocas reglas de conflicto de leyes que contiene el Convenio CMR referidas a una legislación nacional concreta (véase también el art. 32, párrafo 4.º). Esta regla debe ser entendida como un reenvío a la ley sustantiva del lugar donde la mercancía se encuentre, excluyendo las propias reglas de conflicto de leyes de esa misma legislación, ya que la intención de los redactores del Convenio no fue la aplicabilidad de cualquier legislación nacional resultante de esas reglas de conflicto de leyes, sino dejar clara cuál es la aplicable. Esta interpretación también vendría confirmada por la expresión *ley o costumbre,* ambas en pie de igualdad: la norma consuetudinaria nunca incluye reglas de conflicto de leyes.

Artículo 17

146. Sería erróneo deducir del párrafo 1.º de este art. 17 que el transportista no puede ser hecho responsable por otros perjuicios que los consistentes en pérdida o daño a la mercancía o de retraso en su entrega. El propio Convenio CMR prevé otros conceptos

de responsabilidad del transportista (véanse el art. 7.º, párrafo 3.º, y el art. 21), y también estos pueden estar previstos en las legislaciones nacionales.

147. El Convenio CMR no se refiere a la espinosa cuestión de quién puede reclamar contra el transportista. Este derecho deberá atribuirse en primer lugar a quien haya establecido el contrato de transporte con el transportista, incluso si esta persona no ha sufrido ella misma el perjuicio material –por ejemplo, si es una agencia de transportes y aún no ha indemnizado a su cliente–. En la mayoría de los casos, esta otra parte contratante del transporte será el cargador. Cuando ese cargador no es la otra parte contratante pero sufre materialmente el perjuicio, también tendrá ese derecho a reclamar, ya que el cliente puede haber suscrito el contrato con el transportista en beneficio de un tercero, que es precisamente el cargador. Si, por el contrario, el cargador no contratante tampoco sufre el perjuicio, entonces carecerá de dicho derecho a reclamar.

El destinatario siempre ostenta este derecho en el caso previsto en el art. 13, párrafo 1.º. Cuando la mercancía llega a destino, puede pedir su entrega; en este contexto, *entrega* significa de la mercancía íntegra, sin daño y dentro del plazo acordado. La segunda frase del art. 13, párrafo 1.º, permite al destinatario ejercer en nombre propio contra el transportista todos los derechos derivados del contrato de transporte en caso de pérdida de la mercancía o de retraso en su entrega respecto al plazo estipulado.

En lo concerniente a otras personas distintas al cliente, cargador o destinatario, ese derecho a reclamar puede serles atribuido solo si la persona que originariamente tuviese el poder de disposición sobre la mercancía se lo hubiese válidamente cedido, o si la legislación nacional aplicable se lo atribuye, como frecuentemente sucede al asegurador tras haber indemnizado al perjudicado. De ello se desprende que el transportista puede recibir reclamaciones, por un mismo perjuicio, de varias personas activamente legitimadas para formularlas. En tales casos, el transportista tendrá que acudir para su defensa a lo que la legislación nacional prevea sobre concurrencia de acreedores, o al mecanismo que la legislación de procedimiento establezca sobre notificación a terceros respecto a la existencia de un pleito *(litis denunciatio)*. También puede pensarse en un sistema de garantía que pueda prestar uno u otro de los acreedores, que igualmente tendría que estar permitido por la legislación nacional.

148. El sistema del art. 17 del Convenio CMR no es de responsabilidad por culpa con inversión de la carga de la prueba, sino de responsabilidad objetiva. Pero el principio de responsabilidad por perjuicio ocurrido durante un cierto período, o como resultado de ultrapasar el plazo de transporte acordado, está sometido a muchas excepciones en forma de exoneración de responsabilidad.

149. Muchos opinan que la entrega en destino se produce cuando el transportista permite al destinatario descargar la mercancía que aún está en el vehículo. Esto puede ser conforme a algunas legislaciones, pero no se corresponde con los propósitos del

Convenio CMR, como se desprende con claridad del uso de la palabra *descarga* en el párrafo 4.º, letra *c*), de este art. 17. Si la descarga se hiciera automáticamente a riesgo del destinatario, no tendría sentido la exoneración de responsabilidad del transportista en ese caso. La toma de la carga en origen ocurre en el momento en que la mercancía pasa del control del cargador al del transportista, independientemente de cuándo comienza el transporte. Pues bien, de igual manera, la entrega se produce cuando la mercancía pasa del control del transportista al del destinatario. La determinación del exacto momento es una cuestión de hecho. La toma de la carga puede ocurrir antes, durante o después de la operación de carga y estiba de la mercancía; paralelamente, la entrega, que es cuando la capacidad de disponer físicamente de la mercancía pasa del transportista al destinatario, puede tener lugar antes, durante o después de la operación de descarga.

150. Cuando un recipiente o bulto llega a destino sin su contenido, se considera una pérdida parcial solo si ese recipiente o envase aún presenta en sí mismo algún valor para quien tenga derecho sobre la mercancía.

151. Para que el transportista pueda ser exonerado de responsabilidad conforme al párrafo 2.º de este art. 17, no basta con que la pérdida o el daño a la mercancía o el retraso en su entrega hayan sido causados por el reclamante, sino que es necesario que este haya cometido algún acto culposo. Excepción a este principio es el caso en que el daño ha sido causado por una instrucción del reclamante, pues entonces no se requiere que ese acto sea culposo. Respecto al supuesto en que las instrucciones del reclamante fueron consecuencia de un acto culposo del transportista, el texto del Convenio se refiere a lo previsto en su art. 16, párrafo 1.º, sobre lo que remitimos a nuestras observaciones a dicho precepto (véase el apartado 138). La expresión *reclamante* debe ser entendida en este contexto con el mismo sentido que en el párrafo 1.º (véase el apartado 147). En vez de «acto incorrecto o culposo del reclamante», hubiera sido mejor decir «acto incorrecto o culposo de un reclamante», pues el transportista no puede ser responsable ante un reclamante cuando el autor de ese acto culposo sea otro posible reclamante.

152. No es lo mismo «vicio propio» de la mercancía que «naturaleza de ciertas clases de mercancías», que, en términos del párrafo 4.º, letra *d*), de este art. 17, las expone durante el transporte a ciertos riesgos. Para que sea aplicable el párrafo 2.º, debe existir un defecto en la mercancía concreta, en comparación con otras de igual naturaleza normalmente transportadas.

153. Las palabras finales del párrafo 2.º de este art. 17 constituyen una de las definiciones del concepto de circunstancias inevitables, muy próximo al de «fuerza mayor». Es bien sabido que este concepto varía considerablemente, no solo entre distintos ordenamientos jurídicos, sino incluso, en muchos casos, dentro de un mismo ordenamiento jurídico. Al aplicar la fórmula utilizada por el Convenio CMR, es esencial intentar

evitar la influencia de las definiciones nacionales de este concepto o del significado que la jurisprudencia o la doctrina nacionales le otorgan. La comparación entre la regla del Convenio CMR y las definiciones nacionales de «fuerza mayor» revela, primero, que el Convenio no menciona como requisito la imprevisibilidad que otras veces se exige. Es en efecto difícil imaginar muchos casos en que fuese posible prever en el tiempo determinadas circunstancias pero imposible evitarlas; de todas maneras, en tales supuestos, el transportista quedaría exonerado de responsabilidad.

Esta previsión a menudo se distorsiona al introducir ideas originarias de ciertos sistemas jurídicos que tienen en cuenta solo circunstancias o eventos externos. Esa interpretación no concuerda con el texto del Convenio ni con la intención de sus redactores. Lo cual se confirma entre otras razones por la existencia del párrafo 3.º de este art. 17, que resultaría superfluo si se hubiera pretendido tal interpretación. El transportista puede, por tanto, de acuerdo con el párrafo 2.º de este art. 17, quedar exonerado de responsabilidad si prueba circunstancias que no pudo evitar y cuyas consecuencias no pudo superar, incluso si estas ocurrieron dentro de su propia empresa; por ejemplo, una huelga que no pudo impedir ni haciendo promesas económicas a sus empleados, o la avería de un vehículo no debida a defectos en este. El transportista puede también pedir que se le exonere de responsabilidad sobre la base de un accidente no causado por él mismo ni por alguna de las personas por las cuales es responsable conforme al art. 3.º. En general, no queda exonerado en caso de robo cometido por terceros, salvo que ese robo tuviese lugar en circunstancias tan inusuales que el transportista, incluso actuando con la máxima diligencia posible, no fuere capaz de evitar.

154. Algunos autores llegan a una conclusión diferente de la antes expresada, según la línea de razonamiento siguiente. La expresión francesa *force majeure* se había usado en las primeras versiones del Convenio CIM ferroviario; no obstante, cuando este se revisó, en 1952, estas palabras fueron sustituidas –en su art. 27, párrafo 2.º– por la fórmula que ahora aparece en el Convenio CMR. Pues bien, estos autores sostienen que esta modificación no estuvo encaminada a cambiar lo sustancial de la previsión, y que lo mismo puede afirmarse del Convenio CMR, que –en esta cuestión, como en muchas otras– sigue el CIM. Este argumento no es convincente. En primer lugar, porque es difícil determinar la opinión de quienes han redactado un convenio internacional –y, por supuesto, las opiniones pueden estar divididas entre ellos–; pero, en cualquier caso, sus puntos de vista no pueden ser contrarios a una terminología clara como es la del propio Convenio CMR, que ha adquirido fuerza de ley como resultado de su aceptación por los parlamentos nacionales. No puede, por vía de interpretación, pretenderse que donde dice negro diga blanco, porque eso es lo que los redactores quisieron decir. Incluso si esa conclusión fuera –erróneamente– aceptable en el caso del Convenio CIM, no tiene por qué afectar a otro acuerdo internacional, negociado por distintas personas y del que son miembros diferentes países. Y, en segundo lugar, porque en los debates conducentes a la redacción del Convenio CMR no se hubo declarado ni siquiera por una sola delegación

–olvidemos la unanimidad– que la fórmula usada por este art. 17, párrafo 2.º, excluye toda circunstancia ocurrida dentro de la empresa transportista.

155. La expresión *defectos en el vehículo* que aparece en el párrafo 3.º del art. 17 debe ser en principio interpretada ampliamente. Pero no incluye el caso de que se pruebe que el perfecto funcionamiento de un vehículo ha sido interrumpido por circunstancias excepcionales (por ejemplo, el reventón de un neumático causado por clavos esparcidos en la carretera o por piedras afiladas, que el conductor no pudo ver a tiempo pese a circular a una velocidad adecuada a las condiciones del tráfico y, por tanto, no fue capaz de evitar, como tampoco una caída de rocas).

156. Del defecto en los dispositivos del vehículo destinados a proteger la mercancía del tiempo atmosférico no se ocupa el art. 17, párrafo 3.º, sino que están sujetos a las reglas especiales del art. 18, párrafo 4.º.

157. Si sencillamente el vehículo no es adecuado para el transporte de determinadas clases de mercancías, esto constituye un defecto solo si el transportista es consciente de esa inadecuación –por ejemplo, porque el cargador llamó su atención sobre las necesidades motivadas por la naturaleza de la mercancía– o debería haber sido consciente de ella –por ejemplo, cuando el transporte de esa clase de mercancía es tan común que la inadecuación fuera obvia para cualquier transportista que conozca su oficio–.

158. De la última frase del párrafo 3.º de este art. 17, y como *argumentum a majori ad minus* –si la ley autoriza lo más, implícitamente autoriza lo menos–, puede deducirse que el transportista no puede ser exonerado de responsabilidad por circunstancias inevitables –párrafo 2.º– consecuencia de actos u omisiones –incluso no incorrectos– de la persona a quien arrendó el vehículo, o empleados o agentes de esta.

159. Entre los seis motivos de exoneración de responsabilidad listados en el párrafo 4.º de este art. 17, las letras *a)*, *b)*, *e)* y *f)* hasta ahora no parecen haber causado grandes dificultades. En el caso *a)*, el cargador aceptó un especial riesgo en el pleno conocimiento de los hechos y con la finalidad de reducir el coste del transporte. No hay dificultad en cuanto a prueba, puesto que el acuerdo de utilizar vehículos sin toldo tuvo que ser inscrito en la carta de porte –conforme al art. 6.º, párrafo 3.º–. Si un peritaje revela por ejemplo que la mercancía se ha dañado por efecto del tiempo atmosférico, no puede haber duda al respecto. De igual manera, el caso contemplado en la letra *b)* pocas veces presentará complicaciones probatorias, porque el transportista está obligado a comprobar el estado aparente del embalaje de la mercancía –art. 8.º, párrafo 1.º, letra *b)*–. Si no lo hace, y no inscribe reservas en dicha carta de porte, se presume –conforme al art. 9.º, párrafo 2.º–, que estaba en buenas condiciones. No debe sobreentenderse que un objeto sin embalar queda necesariamente expuesto a riesgos; la experiencia muestra

que el transporte, por ejemplo, de un coche nuevo sin embalar no reviste el menor riesgo. Lo que importa es si una mercancía de una determinada clase es capaz de resistir los riesgos –sacudidas, impactos– que habitualmente conlleva el transporte.

160. Las mayores dificultades hasta ahora han venido de lo previsto en la letra *c)* de este art. 17, que ha sido objeto de muchas decisiones jurisprudenciales dictadas en su aplicación. Desgraciadamente, estas sentencias difieren entre sí, sobre todo por intentar introducir conceptos jurídicos nacionales en el marco del Convenio CMR. Los pronunciamientos van desde un extremo –el cargador es siempre responsable de la carga y tal vez también de la estiba, y, si el transportista efectúa esas operaciones o colabora en ellas, está actuando simplemente por cuenta del cargador– hasta el otro extremo –el transportista siempre es responsable de la estiba correcta, y, si el cargador ha realizado incorrectamente la carga y la estiba y el transportista no las ha comprobado, será este quien haya incurrido en un comportamiento culposo–. Algunas sentencias llegan a afirmar que no haber realizado esa comprobación supone un caso de culpa grave equivalente a dolo en el sentido del art. 29: el transportista –se dice– debería haber comprobado la estiba para, de no considerarla correcta, haber requerido al cargador a descargar la mercancía y volver a cargarla de manera más satisfactoria. Finalmente, algunas decisiones hacen una sutil distinción entre el concepto de estiba de la mercancía y el de sujeción de esta, para afirmar que, si bien la primera puede bajo algunas circunstancias corresponder al cargador, de la segunda siempre es responsable el transportista.

161. Casi todas estas sentencias distorsionan el texto del Convenio CMR y la intención de sus redactores. La mera existencia de la previsión especial de la letra *c)* del art. 17, apdo. 4.º, muestra claramente que, bajo el régimen CMR, las operaciones que ese párrafo menciona pueden ser ejecutadas por cualquiera de las partes contratantes, y que los redactores del Convenio cuidadosamente evitaron atribuirlas a alguna de ellas en concreto, igual que hicieron respecto a quién debe emitir la carta de porte. Tampoco en ningún lugar del Convenio se reenvía sobre ello a lo previsto en la legislación nacional. Ha de reconocerse que, conforme a las normas de seguridad de tráfico, el conductor del vehículo –y quizá también su propietario o el titular de la autorización– es responsable de comprobar que la carga, estiba y sujeción de la mercancía en él no comporten un peligro al tráfico rodado, si bien esta es una obligación de derecho público y no concerniente al contrato de transporte.

La posibilidad de aplicar la letra *c)* del párrafo 4.º de este art. 17 debe ser valorada solo en función de las circunstancias de hecho. Es esencial determinar quién de los contratantes efectivamente realizó tales operaciones. Esto puede no ser siempre fácil, ya que los empleados de alguno de dichos contratantes pueden haber colaborado al igual que los del otro, como sucede a menudo. En tales casos, se considera que la operación ha sido efectuada por el contratante que tomó a su cargo la operación, sea en persona o mediante algún empleado o agente. Si no se aporta prueba, tampoco habrá exoneración de responsabilidad, pues, conforme al párrafo 4.º, la carga de probar corresponde al transportista. También es posible, por ejemplo, que la carga la haya efectuado el cargador, y la estiba, el transportista. El daño puede haber sido causado tanto por una carga como por una estiba defectuosas; entonces se aplicaría lo previsto en el párrafo 5.º de este artículo.

162. El transportista no podrá pedir exoneración de responsabilidad si durante el transporte descargó y volvió a cargar la mercancía, o si alteró la estiba efectuada por el cargador, incluso cuando tales medidas fueren necesarias por circunstancias ajenas a su control, como una inspección de aduanas, por ejemplo.

163. Si el vehículo fue sobrecargado por el cargador y de ello resulta un accidente, el transportista queda exonerado de responsabilidad, así como cuando de tal accidente deriva un daño al vehículo que a su vez causa daño a la mercancía transportada o retraso en su entrega. Pero no sería así si el vehículo, aun sobrecargado por el cargador, golpea contra un puente por debajo del cual tiene que pasar, ya que la causa de ese accidente no sería la sobrecarga, sino el error del transportista al calcular las dimensiones totales de su vehículo con carga.

164. Obviamente, pese a que esta previsión pretende referirse a los casos en que el daño se produjo durante las operaciones a que alude la letra *c)* del párrafo 4.º, estos son menos frecuentes que los del daño producido durante el transporte pero como consecuencia de defectuosas operaciones de carga o estiba.

165. Ha habido menos sentencias relativas a la letra *d)* de este párrafo 4.º. Y sin embargo, al menos en teoría, esta previsión presenta algunas dificultades. Los riesgos a que se alude en esa letra *d)* aparecen en casi todas las clases de mercancías, y algunas de ellas son más propicias que otras a sufrirlos. Pese a que el Convenio CMR en ningún lugar utiliza el concepto de «transportista diligente», resulta esencial acudir a esta idea en este caso concreto, pues el transportista quedará exonerado de su responsabilidad solo cuando el daño no resulte de un acto incorrecto o culposo por su parte.

¿Hasta qué punto la lista del párrafo 4.º es una relación de causas de exoneración de responsabilidad para el transportista, o una simple declaración para invertir la carga de la prueba a que se refiere el art. 18, párrafo 2.º? Es cuestión de apreciación. Resulta fundamental determinar, en cada caso, el esfuerzo necesario para alejar los riesgos especificados. Cuando haya sido imposible evitarlos, o tan difícil que no cabe esperar que el transportista realizase tales esfuerzos, entonces tampoco hay necesidad de tomar el art. 18, párrafo 2.º, en consideración. Si, por el contrario, resultaba tan fácil tomar medidas para prevenir el daño que el transportista que no las adoptó debe ser considerado negligente, la inversión de la carga de la prueba prevista en el art. 18, párrafo 2.º, le será de poca ayuda. Los casos en que el párrafo 4.º pueda ser aplicado, en términos de su párrafo 2.º, quedan situados entre estos dos referidos extremos.

166. Respecto a la letra *e*) del art. 17, párrafo 4.º, la situación es similar a la que hemos referido en el apartado 159 del presente texto para el caso de la letra *b*) de este. También en este contexto pesa sobre el transportista el deber de comprobación –art. 8, párrafo 1.º, letra *a*)–. Si no inscribe reserva alguna en la carta de porte, se presume, conforme al art. 9.º, párrafo 2.º, que las inscripciones de los bultos se corresponden con lo declarado en el documento. Para exonerarse de la responsabilidad, el transportista tiene que aportar una prueba en sentido contrario. El perjuicio puede venir sobre todo del error sufrido por el transportista a causa de unas indicaciones erróneas en los bultos que le han llevado a entregarlos a una persona distinta del verdadero destinatario.

167. El transporte de animales vivos, según lo contempla la letra *f*) del art. 17, párrafo 4.º, está sujeto a un régimen bastante parecido al previsto para las mercancías que menciona la letra *d*) de este. De todas formas, el deber de actuación diligente del transportista queda expresamente definido en el art. 18, párrafo 5.º. En esta relación, los párrafos 2.º y 5.º del art. 18 dan lugar a unas reglas sobre carga de la prueba especialmente complicadas. Cuando la mercancía transportada consiste en animales vivos, el transportista tiene que probar, en primer lugar, que ha adoptado todas las medidas que normalmente le incumben, según las circunstancias del caso, y, además, que ha cumplido todas las instrucciones especiales que le hayan sido dadas –generalmente, por el cargador–. Solo cuando sea capaz de aportar esta doble prueba actuará la presunción expresada en el art. 18, párrafo 2.º, de que el perjuicio ha sido causado por circunstancias inherentes a esta clase de transporte, pues en efecto los animales vivos quedan expuestos a ciertos riesgos al ser transportados. Sin embargo, el reclamante puede probar a su vez que esos riesgos no fueron la causa del daño; por ejemplo, pudo haber un accidente de tráfico que no exonere al transportista de responsabilidad conforme al art. 17, párrafo 2.º, o puede que la excesiva duración del viaje haya supuesto un peligro incluso para animales bien cuidados, mientras la experiencia muestra que con una duración normal tal riesgo no se habría producido.

168. La redacción del párrafo 5.º de este art. 17 muestra claramente que la responsabilidad del transportista por pérdida, daño o retraso en su entrega es concebida como responsabilidad objetiva, y no como responsabilidad por culpa.

No se menciona el acto u omisión culposos atribuibles a una u otra de las partes contratantes. Por el contrario, la responsabilidad del transportista se presume en el caso de ciertas causas del perjuicio, concretamente, por cualesquiera motivos distintos a las causas de exoneración de responsabilidad relacionadas en lista cerrada. Cuando al perjuicio han contribuido al mismo tiempo circunstancias que sí son causa de exoneración y circunstancias que no lo son, la responsabilidad tendrá que ser graduada. Con frecuencia será difícil determinar la proporción de perjuicio atribuible a cada factor y, por tanto, los tribunales tendrán un amplio margen de decisión al respecto.

Artículo 18

169. El párrafo 1.º no necesita comentario alguno.

170. La presunción que establece el párrafo 2.º debe ser tomada como complemento de la lista de causas de exoneración de responsabilidad contenidas en el art. 17, párrafo 4.º, y pretende permitir al transportista valerse más fácilmente de esos motivos de exoneración.

En los casos de pérdida parcial o daño descubierto solo tras la llegada de la mercancía al lugar de destino, a menudo será difícil probar la causa del perjuicio. Si se pide al transportista que aporte una prueba de que este ha sido debido a los riesgos especiales enumerados en las letras *a)-f)* del art. 17, párrafo 4.º, se enfrentará a una tarea imposible. Por tanto, deberá ser suficiente que pruebe que la causa pudo haber sido una de tales circunstancias. Pero no basta con que pruebe por un lado el daño y, por otro, que su causa es una de las listadas en el citado párrafo 4.º, sino que también tiene que probar una relación entre ese daño y esa causa. Por ejemplo, no serviría mostrar que una máquina ha llegado con daños y que su carga y estiba fueron hechas por el cargador, sino que se necesita establecer que la naturaleza de ese daño concreto puede haber derivado de la incorrecta manera en que fueron realizadas tales operaciones. También es cierto que al transportista no se le exige probar que toda otra causa ha de quedar excluida. Cuando, en efecto, se aporta la prueba que exige el art. 18, párrafo 2.º, habitualmente ello es decisivo, pues raramente el reclamante ajeno al transporte será capaz de aportar una prueba de sentido contrario según prevé la última frase del párrafo 2.º.

171. El párrafo 3.º de este art. 18 se refiere solo a la letra *a)* del párrafo 4.º del art. 17, pues incluso la utilización de un vehículo abierto y no entoldado no justificaría la pérdida de todo un cargamento o una disminución sustancial de este. La experiencia muestra que este tipo de pérdidas son habitualmente debidas a robo, una circunstancia que, incluso utilizando tal clase de vehículos, no exonera al transportista de responsabilidad salvo en circunstancias muy excepcionales (véase el apartado 153).

172. El párrafo 4.º de este art. 18 establece con detalle el principio, cuya existencia ha sido ya introducida por el art. 17, párrafo 4.º, letra *d)* (véase el apartado 165), de que el transportista debe actuar con diligencia. Los vehículos a que se refiere este párrafo 4.º son generalmente usados por acuerdo expreso entre los contratantes, o elegidos por el transportista cuando está familiarizado con la clase de mercancía, que es sensible a las condiciones climáticas. El uso de tales vehículos influye en el precio del transporte. El transportista, antes de poder invocar la presunción a que se refiere el párrafo 2.º y, por tanto, la exoneración de responsabilidad prevista en esa letra *d)*, tiene que probar que ha adoptado las medidas especiales mencionadas en el párrafo 4.º.

173. Ya se ha hecho referencia al párrafo 5.º de este art. 18, en relación con la exoneración de responsabilidad prevista en el art. 17, párrafo 4.º, letra *f*) (véase el apartado 167). La interpretación jurídica que debe darse a este precepto es paralela a la del art. 18, párrafo 4.º. El hecho de que este párrafo 5.º contenga la palabra *normalmente,* que no aparece en el párrafo 4.º, no parece conllevar una diferencia sustancial entre ambos.

Artículo 19

174. El plazo para la entrega de la mercancía en destino se puede determinar de manera relativa –es decir, como un número de días que se han de contar desde el momento de la toma de la carga– o de manera absoluta –esto es, expresando una fecha concreta–. El Convenio CMR no ofrece especial protección al transportista que ha estipulado un plazo de entrega sabiendo de antemano que no podría cumplirlo. Ni parece que pueda intentarlo, por cuanto las consecuencias del retraso (véase el art. 23, párrafo 5.º) no son demasiado graves.

175. La cuestión más difícil que nace en el contexto del art. 19 es si se puede considerar un plazo como válidamente acordado cuando nada se ha inscrito al respecto en la carta de porte, o cuando ni siquiera se ha emitido carta de porte. Al respecto, véanse las observaciones al artículo 6.º, párrafo 2.º, así como los apartados 84 a 86.

176. El plazo razonable permitido al transportista cuando no ha sido estipulado ninguno en concreto queda restringido por efecto del art. 20, párrafo 1.º, a sesenta días desde el momento en que el transportista tomó en carga la mercancía. Una vez pasado ese plazo, la consecuencia para el transportista es mucho más severa que la mera obligación de reintegrar el precio del transporte, según prevé el art. 23, párrafo 5.º.

Artículo 20

177. ¿Cómo puede ser tratada la situación en que la mercancía considerada perdida ha reaparecido antes de que la persona que puede formular una demanda contra el transportista lo haya hecho reclamándole indemnización por esa supuesta pérdida, o antes de que el transportista le haya indemnizado en efecto? Cuando el transportista le paga voluntariamente, el caso queda cerrado en el sentido de que ya no hay razón para aplicar otras reglas que las contenidas en los párrafos 2.º a 4.º de este art. 20 concernientes a mercancías recuperadas. Además, sería contrario al espíritu de esta previsión permitir que el demandante en un juicio se basase en la ficción de pérdida de la mercancía cuando entretanto esta, de hecho, ha llegado. El único propósito de la regla contenida en el párrafo 1.º es permitir al reclamante pedir indemnización por pérdida de la mer-

cancía. Si se demora en poner la demanda y la mercancía se entrega antes de haberlo hecho, podría pedir indemnización solo por retraso. Si la mercancía reaparece mientras el pleito está en curso, dicha demanda de indemnización por pérdida tendría que ser desestimada, pero el tribunal debería admitir una modificación de lo pedido para que esta fuera solo de los perjuicios por dicho retraso. En tales casos, el transportista debería reintegrar al reclamante el coste que ya hubiera abonado por ese pleito. Distinto sería si la mercancía es recuperada después de que el transportista haya recibido la petición de indemnización por esa supuesta pérdida pero antes de haberla pagado. En tal caso, pretender que el reclamante se quede con la mercancía pagando su valor equivaldría a otorgar carta blanca al transportista. Una vez que la sentencia sea definitiva y haya transcurrido el plazo para su cumplimiento por el demandado, el reclamante puede negarse a aceptar la mercancía, igual que cuando el transportista pagó la indemnización voluntariamente.

178. El reclamante puede solicitar que la mercancía le sea entregada incluso después de haber recibido una indemnización por pérdida. Esto, a su vez, permite deducir que también puede hacer la misma petición cuando aún no ha recibido tal indemnización.

179. La segunda frase del párrafo 2.º de este art. 20 es una previsión que no lleva aparejada consecuencia indemnizatoria, y sirve exclusivamente a efectos de prueba. Cuando el transportista no reconozca la solicitud que le hizo el reclamante, este puede probar por cualquier otro medio que su carta llegó al transportista.

180. Si se informa al reclamante de que su mercancía ha sido recuperada, este puede libremente decidir si quiere que esa mercancía le sea entregada o si prefiere proceder a un ajuste con la indemnización ya recibida por su pérdida. En el primer caso, la indemnización que recibió debe devolverla, conforme al párrafo 3.º. Si el transportista no cumple su obligación de notificarle, pero el reclamante conoce por alguna otra vía que la mercancía fue recuperada, este aún puede desde luego exigir su restitución. El Convenio CMR no regula qué sucede si el incumplimiento del deber de notificar produce otros perjuicios que también el transportista tuviese que pagar; este asunto quedaría en manos de la legislación nacional.

181. Si el reclamante no pide que se le entregue la mercancía recuperada, está mostrando su deseo de abandonarla al transportista. En ese caso, el transportista se convierte en dueño de ella. La referencia a la legislación del lugar donde la mercancía se encuentra parece aplicable solo cuando el transportista incumple su obligación de notificar al reclamante (véase el apartado 180 del presente comentario) o cuando la recuperación de la mercancía después de un año es el efecto de un fraude. Esto puede ocurrir en caso de mercancías cuyo valor excede el límite indemnizatorio y sobre las cuales no hubo las declaraciones a que se refieren los arts. 24 y 26 del Convenio CMR. Entonces, la

legislación nacional puede establecer un derecho a la restitución, que puede ser ejercido incluso después del transcurso de ese plazo anual.

Artículo 21

182. La expresión *entrega contra reembolso* se refiere solo a la cantidad que el transportista debe percibir en beneficio del cargador o, en su caso, un cliente distinto al cargador. El Convenio CMR nada dice respecto a quién debe pagar el precio y los gastos del transporte, como tampoco sobre la cuantía de ambos. El art. 6.º, párrafo 2.º, letra *b*), prevé que los portes y gastos que el cargador se compromete a pagar se deben especificar en la carta de porte, y el art. 13, párrafo 2.º, establece que el destinatario debe pagar al transportista el precio y los gastos que en dicho documento constan como debidos. Estas cantidades pueden consistir en el precio que se ha de percibir por entrega contra reembolso y también en el precio y los gastos del transporte si, conforme a la carta de porte, no deben ser pagados por el cargador. El precio y los gastos que el cargador se compromete a pagar van mencionados en el documento para proteger no al transportista, sino al destinatario. Cuando el transportista deja de cobrar al destinatario el precio y los gastos del transporte, aún conserva su derecho a ser remunerado por la persona que le había solicitado transportar la mercancía.

183. Las observaciones hechas a propósito del art. 6.º, párrafo 2.º (véanse los apartados 82 a 86) son válidas para la obligación de percibir los portes y gastos. Consecuentemente, el cargador puede reclamar indemnización de perjuicios al transportista si –solo mediando su culpa– este ha dejado de percibir esas cantidades, incluso si esa obligación no se hizo constar en la carta de porte.

184. El transportista no incurre en responsabilidad si acepta un cheque del destinatario, salvo que tenga razones concretas para sospechar que no va a ser pagado. El art. 21 no es aplicable cuando el cargador ordena al transportista que entregue la mercancía solo contra una letra de cambio u otro documento concreto. Será la legislación nacional la que establezca las consecuencias de incumplir dicho mandato.

185. La responsabilidad del transportista por incumplir la obligación de percibir cantidades no está sujeta al límite máximo previsto en el art. 23 o, en su caso, al art. 24.

Artículo 22

186. En el caso del párrafo 1.º de este art. 22 del Convenio CMR, los datos que se inscriban en la carta de porte, conforme a su art. 6.º, párrafo 3.º, sirven solo como

prueba. El transportista puede –si el cargador no le ha informado al tiempo de efectuar el transporte– darse cuenta de la peligrosidad de la mercancía y de las precauciones que ha de adoptar, por ejemplo, por estar especializado en transportes de esa clase, o por haber transportado antes mercancías de esa naturaleza para el propio cargador, bajo información precisa. Puede considerarse peligrosa toda mercancía que, en el desarrollo normal del transporte, presente un riesgo inmediato.

187. El párrafo 2.º de este art. 22 otorga al transportista un derecho que, si se ejerce, puede tener graves consecuencias económicas para quien tenga derecho sobre la mercancía. El transportista queda por tanto obligado –aunque esta obligación no esté expresamente establecida en el texto legal– a limitarse a aquellas medidas que, teniendo en cuenta las circunstancias, producirían el menor perjuicio a tal derechohabiente. Desde luego, sería erróneo pedir demasiado al transportista en cuanto a sus conocimientos y criterio a este respecto. Si él considera de buena fe que la mercancía es más peligrosa de lo que realmente es, nada se le podrá reclamar; al revés, se seguirá aplicando la regla según la cual quien tenga derecho sobre la mercancía es responsable ante el transportista.

188. El perjuicio por el cual, en su caso, el cargador debe indemnizar al transportista incluye el daño causado a otras personas o a las mercancías de otras personas, ante las cuales el transportista a su vez es responsable (véase el apartado 110). Sin embargo, el párrafo 2.º de este art. 22 no establece una responsabilidad directa del cargador hacia personas distintas del transportista.

Artículo 23

189. El sistema indemnizatorio del Convenio CMR no está basado en el valor de la mercancía en el lugar acordado para su entrega y en el momento en que dicha mercancía llegó o debió haber llegado allí, sino en su valor en el lugar y momento en que fue aceptada por el transportista. Además, el precio y los gastos del transporte deben ser restituidos. El lucro cesante no puede ser reclamado bajo el art. 23, ni bajo el 24, sino solo bajo el 26.

190. El párrafo 2.º de este art. 23 establece criterios para determinar el valor de la mercancía en el lugar y momento en que fue aceptada por el transportista. Se tendrán en cuenta sus precios oficiales. No obstante, puede ocurrir que tales criterios no se puedan aplicar porque mercancías del mismo tipo y calidad sean objeto de transacción solo muy raramente o incluso lo hayan sido solo en el caso del transporte en cuestión. En tal situación sería necesario tener en cuenta el valor de una mercancía similar, o el precio obtenido por mercancía de la misma clase en otros lugares, preferiblemente países del mismo sistema económico. También es posible tomar en consideración el precio

pedido por el vendedor al comprador descontado el precio del transporte que deberá pagar ese vendedor y una cantidad correspondiente al beneficio que razonablemente este pudiera esperar.

191. En el párrafo 3.º de este art. 23, la expresión *francos-oro* se refiere al llamado *franco germinal,* que se usa sobre todo para el Convenio CIM ferroviario y que, en el momento en que el Convenio CMR fue aprobado y abierto a la firma, parecía una base adecuada para determinar los valores, teniendo en cuenta la estabilidad del precio del oro. La cantidad de 25 francos germinales equivalía aproximadamente a 34 marcos alemanes, 37 francos suizos, 4.200 francos franceses o 5.400 liras italianas. No obstante, la fuerte subida y las consiguientes fluctuaciones del precio del oro han convertido en bastante incierto el valor efectivo del franco germinal. Aún es una cuestión abierta si la unidad de cuenta utilizada por el Convenio CMR debe ser convertida teniendo en cuenta el precio del oro en el mercado libre, conforme al precio oficial en un determinado país o de otra manera. Algunas instituciones, como Unidroit, están intentando encontrar una unidad de cuenta más estable, o al menos promover una interpretación uniforme al respecto. El problema no existe solo para el Convenio CMR, sino para todos los demás convenios en que los límites de responsabilidad están expresados en unidades de cuenta basadas en el valor del oro.

192. Los cargos referidos en el párrafo 4.º del presente art. 23 son los del transporte mismo de la mercancía y no aquellos gastos incurridos con ocasión del transporte. Por tanto, el coste de embalar, aunque haya acontecido la pérdida total de la mercancía por no haber llegado al lugar de destino, no es recuperable.

193. En el caso de daño parcial, la parte del precio del transporte que debe ser reintegrada conforme al párrafo 4.º de este art. 23 debe ser calculada según el mismo método adoptado para calcular los propios cargos a que se refiera. Respecto al precio del transporte, este será calculado generalmente conforme al peso de la mercancía. Si se ha perdido una parte valiosa de esta y en cambio ha quedado indemne otra parte de menor valor, la proporción de costes que se han de reembolsar deberá ser proporcional entre el peso de toda la mercancía y el de la parte perdida. Por otro lado, el reintegro de gastos de aduana, impuesto sobre el valor añadido y otros costes puede necesitar otro método de cálculo. Los cargos relativos al transporte también incluyen los costes que ocasione un accidente –vuelta a cargar, valoración, etc.–, siempre que su desembolso haya sido razonable.

194. Del mismo modo que la pérdida y el daño (véase el art. 25) no generan automáticamente el derecho a la indemnización por el límite máximo, sino solo del perjuicio real probado sin que exceda de ese máximo, sucede también con la indemnización por retraso en la entrega –tanto si hay un plazo de entrega acordado como si no lo hay

(véase el art. 19)–: la indemnización no será automáticamente por el máximo, sino por el perjuicio efectivo y probado, cuya cuantía no podrá exceder del máximo, en este caso equivalente al precio del transporte. A este propósito, el precio del transporte será considerado como exclusivo para derechos de aduana y otros cargos mencionados en el párrafo 4.º.

195. El párrafo 6.º de este art. 23 simplemente explica el significado jurídico del límite de responsabilidad y sirve como puente a los arts. 24 y 26.

Artículo 24

196. La declaración de un valor de la mercancía que exceda el límite de responsabilidad establecido en el art. 23, párrafo 3.º, es efectiva solo si se ha inscrito en la carta de porte. Si, en cambio, no se ha emitido carta de porte, quien tenga derecho sobre la mercancía no puede invocar ninguna estipulación que haga aumentar ese límite de responsabilidad.

197. La frase *valor de la mercancía que exceda del límite* puede llevar a error. De lo que aquí realmente se está tratando no es del valor, sino del límite de responsabilidad. Incluso bajo el art. 24, el valor sigue debiendo ser calculado conforme a las reglas del art. 23, párrafos 1.º y 2.º. Ese valor que excede del límite se convierte en un nuevo límite en sustitución de la cantidad de 25 francos germinales indicada en el párrafo 3.º y no afecta al párrafo 4.º del art. 23; por tanto, los montantes en él mencionados deben ser añadidos incluso cuando la pérdida de la mercancía conlleva una indemnización aumentada por efecto de esa declaración.

198. El sobreporte no es un requisito previo para la validez de una declaración de valor hecha conforme al art. 24; aún menos se exige su mención en la carta de porte como prueba de que ha sido pagado o acordado. Las palabras *contra pago de un sobreporte que se ha de acordar* van dirigidas solo a indicar que el transportista está suministrando un servicio con garantía por encima de la normal y que, por tanto, tiene derecho a una remuneración adicional. Puesto que el Convenio CMR no contiene previsiones sobre la cuantía de la remuneración, a menudo será difícil determinar si un sobreporte ha sido pedido o pagado o si, por el contrario, el precio es el mismo que si no hubiera existido tal declaración.

199. La declaración de valor que exceda del límite de responsabilidad es distinta de la declaración de interés especial en la entrega prevista en el art. 26 (véase el apartado 204). Aquella a que se refiere el art. 24 podrá dar lugar a una indemnización mayor en caso de pérdida o daño de la mercancía (véase el art. 25), pero no aumentará la indemnización que corresponda al retraso en la entrega, conforme al art. 23, párrafo 5.º.

Artículo 25

200. La indemnización por daño se calcula sobre la base del precio de la mercancía en el lugar y momento en que fue aceptada para su transporte por el transportista. Esta indemnización está limitada a la cantidad máxima indicada para la pérdida en el art. 23, párrafos 3.º y 4.º, y en el art. 24.

201. Cuando todo el cargamento ha disminuido en valor por efecto del daño a una parte de este, el tope de indemnización sería el aplicable en caso de pérdida de la totalidad de ese cargamento. El concepto de disminución de valor ha de ser considerado objetivamente y no subjetivamente. Por ejemplo, cuando una parte de una máquina ha sufrido daño pero dicha pieza puede ser reemplazada, quien tenga derecho sobre la mercancía no puede pretender ser indemnizado por el hecho de que, durante cierto período de tiempo, esa máquina no pudo ser usada y por cuanto, al obtener la pieza de repuesto, haya sufrido algún perjuicio distinto al coste de esa pieza, sino que será indemnizado solo por el valor de esa pieza de repuesto, calculado conforme al art. 23, párrafos 1.º y 2.º, o por el coste de la reparación de la pieza dañada. En todos los casos, el criterio seguido será el del valor que tenía en el lugar y momento en que la mercancía fue aceptada por el transportista. La indemnización nunca excederá de los límites especificados por el art. 23, párrafo 3.º, o por el art. 24.

202. Puede suceder que, entre las partes del cargamento que aparezcan dañadas a la llegada, unas tengan mayor valor que otras. En tal caso, el transportista no puede, respecto a las partes menos valiosas, pagar indemnización por el importe de su valor efectivo, que esté por debajo del límite; y, respecto a las partes más caras, cuyo valor esté por encima de ese límite, pagar indemnización solo hasta este, sino que el conjunto del cargamento debe ser considerado como una unidad. El valor total de las partes dañadas se debe calcular sumando los valores respectivos de cada una de ellas. Este valor total es el que servirá de base para calcular la indemnización, que a su vez tendrá como techo el límite de todas las partes tomadas en su conjunto. Este método deriva, por analogía, del art. 23, párrafo 3.º, que exige que el límite sea calculado teniendo en cuenta la suma de las partes perdidas de un cargamento.

Artículo 26

203. A la necesidad de declarar en la carta de porte el interés especial en la entrega, y al significado de pagar por ello un sobreporte, ya se ha hecho alusión en los apartados 196 a 198 del presente comentario. Puesto que se trata de una estipulación expresamente permitida por el Convenio CMR y permite a los contratantes dejar sin efecto los límites de responsabilidad, no había razón para incluir en el art. 26 restricción alguna al

derecho de disposición por los contratantes; por tanto, se permite estipular un interés especial que cubra la pérdida, el daño o el retraso en la entrega.

204. La estipulación de interés especial en la entrega no constituye solamente un incremento en la cantidad máxima a que se refiere el art. 23, párrafos 3.º y 4.º, del Convenio CMR, como ocurre con la declaración de valor prevista en el art. 24. Su significado es que la indemnización cubra la totalidad del perjuicio sufrido, incluido el lucro cesante, hasta el montante de interés declarado. Esta situación plantea la cuestión jurídica de los daños indirectos y consecuentes. No fue intención de los redactores del Convenio permitir la indemnización de cualesquiera perjuicios, incluso indirectos y consecuentes. Establecer una clara distinción entre los daños indirectos y consecuentes que pueden ser indemnizables y aquellos otros perjuicios que no lo son hubiera trascendido con mucho el ámbito del Convenio; más aún, hubiera sido muy difícil alcanzar un acuerdo en esta materia. Por consiguiente, la previsión se debe interpretar como significando que, aparte del daño material directamente sufrido (pérdida soportada y pérdida de beneficios), podrían tenerse que indemnizar otros perjuicios si ello está previsto por la legislación nacional.

La redacción del precepto en su conjunto quizá no sea muy afortunada. En lugar de decir, en el párrafo 2.º, «independientemente de la indemnización prevista en los artículos 23, 24 y 25», hubiera sido mejor referirse a la indemnización (del perjuicio probado y hasta el montante del interés declarado) «que exceda de la indemnización prevista en los artículos 23, 24 y 25».

Artículo 27

205. Cinco por ciento es un porcentaje de interés exacto: ni un mínimo ni un máximo. Esta previsión, sencillamente, deja sin efecto cualquier regla de la legislación nacional que establezca una tasa distinta.

206. Respecto al interés devengado, la previsión del art. 27 del Convenio CMR se refiere en primer lugar a la reclamación referida en el art. 30, párrafo 1.º, de este, y más particularmente a la fecha en que la reclamación ha sido enviada por el reclamante. La cuestión de la fecha que debe ser considerada como inicial de un proceso jurisdiccional queda para determinar por la legislación nacional del tribunal encargado del caso.

207. La redacción del precepto no parece indicar la fecha a partir de la cual el interés debe ser devengado si el destinatario, conforme al art. 30, párrafo 1.º, hace una reserva solo verbal sobre daño aparente. Si se considera que esta situación jurídica no tiene efecto en lo que concierne a interés, este empezará a contar, sobre la base de una reclamación, solo si esta se efectúa de nuevo y por escrito y si esta segunda reclamación carece a su vez del efecto jurídico previsto en dicho art. 30, párrafo 1.º.

208. El párrafo 2.º de este art. 27 concierne tanto al caso de cálculo de indemnización basada en cantidades expresadas en moneda extranjera (véase el art. 23, párrafos 1.º, 2.º y 5.º) como al de conversión del franco germinal (véase el art. 23, párrafo 3.º). Sobre la cuestión de conversión del franco germinal, ya se han hecho observaciones en el apartado 191 del presente comentario.

209. En lo sustancial, la regla es muy similar al concepto expresado en el Convenio Europeo relativo al Lugar de Pago de las Responsabilidades Pecuniarias, aunque este sea mucho más detallado. El art. 27, párrafo 2.º, del Convenio CMR simplifica las cosas al establecer que el pago será siempre hecho en la moneda del país en que es requerido. En caso de pago voluntario en ese mismo lugar, el párrafo 2.º puede ser aplicado sin gran dificultad, aparte del problema que pueda surgir de la existencia de diferentes cotizaciones, es decir, una cotización oficial junto a la del mercado libre; en tal caso, parece que el pago debería estar basado necesariamente en la cotización oficial.

210. Si la indemnización ha sido determinada por una sentencia judicial o un laudo arbitral, y en tales decisiones el demandado ha sido condenado a pagar una cantidad expresada en la moneda del país donde el procedimiento ha tenido lugar (y no el equivalente a una cantidad expresada en moneda extranjera o en franco germinal –un equivalente a ser calculado al cambio vigente en el lugar y la fecha de pago–), aún puede producirse cierta variación en la relación entre monedas después de haberse dictado la decisión y antes de que se haga el pago efectivo (voluntario o forzoso). Cuando cae el valor de la moneda expresada en la sentencia o en laudo, el reclamante puede pedir un pago adicional; la legislación procesal aplicable determinará si esa petición es admisible en un proceso ejecutivo o si para ello es necesario un nuevo proceso declarativo. Si, por el contrario, el valor de la moneda expresada en la sentencia o laudo ha aumentado antes del pago efectivo, el demandado no debería poder pagar menos, porque le está vedado sacar ventaja de su propio retraso en pagar. Si el demandado paga la indemnización en un tercer país, la moneda de ese país debe también ser convertida a la moneda en que la indemnización indicada en la decisión ha sido expresada.

Artículo 28

211. En algunos sistemas jurídicos, la responsabilidad extracontractual queda absorbida dentro de la contractual, mientras que, en otros, dichos ámbitos de responsabilidad pueden coexistir, de manera que el reclamante puede basar su demanda en la clase de responsabilidad que le sea más ventajosa. La responsabilidad extracontractual deriva generalmente de negligencia, pero también puede ser objetiva, procedente de la concreta capacidad o actividad de una persona –por ejemplo, en el caso de vehículos, del titular de una autorización–.

212. El art. 28 del Convenio CMR cubre las dos posibilidades: en primer lugar se aplica a las reclamaciones de quien basa sus derechos en el propio Convenio, pero cuya reclamación, bajo la legislación aplicable, podría también tener la forma extracontractual. Cuando ese reclamante invoca responsabilidad extracontractual, no está autorizado a soslayar las previsiones de este Convenio, que fueron redactadas para proteger al transportista. El art. 28 también se aplica a quienes no pueden ejercer los derechos establecidos por el Convenio contra el transportista (véase el apartado 147); por ejemplo, a reclamaciones por un cliente que ha usado los servicios de un transitario en casos en que los derechos de este último no le han sido cedidos y la legislación aplicable tampoco prevé tal cesión.

213. El art. 28 del Convenio CMR permite al transportista aprovechar, contra tales terceras personas, las previsiones del Convenio que le exoneran de responsabilidad o que fijan o limitan la indemnización debida. Este artículo no concierne a plazos de prescripción de reclamaciones, y realmente una mención a tales plazos resultaría innecesaria, ya que el art. 32 se aplica en general a todos los procesos jurisdiccionales que deriven del transporte regulado por este Convenio, y también, por tanto, a los basados en responsabilidad extracontractual.

214. El párrafo 2.º de este art. 28 sirve para proteger no solo a los empleados del transportista y a aquellas otras personas de cuyos actos u omisiones este tenga que responder, sino también, realmente, al propio transportista, puesto que este puede ser obligado, sobre todo por razones económicas, en última instancia, a pagar indemnización por los perjuicios causados por tales personas.

215. El art. 28 del Convenio CMR no es aplicable a las reclamaciones distintas a las dirigidas contra el transportista o contra las personas de cuyos actos u omisiones este es responsable, conforme al art. 3.º, por pérdida, daño o retraso en la entrega.

Artículo 29

216. La lista de casos de los cuales el transportista –o, en el caso del párrafo 2.º de este art. 29, las personas a que se refiere el art. 3.º– puede beneficiarse es deliberadamente distinta de la contenida en el art. 28. Por una parte, no hay referencia expresa a las reglas sobre determinación del perjuicio, pese a que esas reglas son aplicables también cuando el transportista o personas de que este responde han cometido un acto incorrecto de los mencionados en el art. 29; por otro lado, las reglas sobre inversión de la carga de la prueba contenidas en el capítulo IV y más exactamente en el art. 18, párrafo 2.º, están incluidas. La inclusión de estas últimas previsiones solo raramente tendrá efecto práctico. Cuando aparezca que el perjuicio ha sido causado por un acto incorrecto de la clase

de los mencionados en el art. 29, casi no habrá posibilidad de presumir que ha tenido origen en alguna de las circunstancias enumeradas en el párrafo 4.º del art. 17. Pero la redacción del precepto impedirá en todo caso al transportista beneficiarse de la presunción de una causa adicional del perjuicio que conduzca a una atribución proporcional de responsabilidad (véase el art. 17, párrafo 5.º).

217. Previsiones como la de este artículo se encuentran prácticamente en todos los convenios de derecho privado reguladores del transporte. Desgraciadamente, la fórmula utilizada para describir el acto incorrecto que, junto al dolo *(wilful misconduct),* impide al transportista aprovechar la exoneración, o los límites, de responsabilidad difiere de un convenio a otro, y de un borrador a otro. La existencia del art. 37 en el Convenio CIM ferroviario de 1952, que habla de dolo o culpa grave *(dol ou faute lourde),* no impidió al Convenio CMR seguir el tenor del art. 25 del Convenio de Varsovia para la Unificación de Ciertas Reglas Relativas al Transporte Aéreo Internacional, de 12 de octubre de 1929, pese a que la redacción de dicho art. 25 ya había sido modificada por el Protocolo de La Haya de 28 de septiembre de 1955, antes de que el Convenio CMR fuera abierto a la firma. El motivo principal para elegir la fórmula *equivalente a dolo* fue que en el Grupo de Trabajo *ad hoc* de la Cepe algunos delegados declararon que en sus ordenamientos nacionales no existía la división del concepto de culpa en «culpa simple» (o leve) y «culpa grave», y por ello temían que esos países difícilmente aceptarían el Convenio CMR si siguiendo el Convenio CIM mencionaba el concepto de «culpa grave» *(gross negligence).*

218. Incluso en el contexto de las legislaciones nacionales, es muy difícil determinar cuándo la culpa (en inglés, *default;* en francés, *faute)* es equivalente al dolo. El principio *culpa lata dolo aequiparatur* –es decir, la culpa grande debe ser equiparada al dolo– ya era conocido en derecho romano, aunque algunos autores creen que fue introducido por los romanistas en la Edad Media, por la razón de que el dolo raramente podría ser probado. Respecto a la responsabilidad, algunos ordenamientos jurídicos actuales vinculan la valoración de las circunstancias de un acto a si ese acto ha sido cometido con dolo *(dol),* con culpa grave *(faute lourde)* o sencillamente con culpa simple o leve *(faute légère).* En otros sistemas, la culpa *(faute)* no incluye la noción de dolo *(wilful misconduct),* o, dicho de otra manera, el dolo puede ser entendido solo como intención. En fin, suele hablarse de *culpa intencional* o simplemente *culpa grave* allí cuando alguien actúa con temeridad o deliberadamente y sin adoptar el cuidado requerido, pero sin querer directamente causar el perjuicio. Sin profundizar en la materia, de la jurisprudencia dictada hasta ahora sobre este art. 29 parece que *culpa equivalente a dolo* quiere decir simplemente «culpa grave».

219. Respecto a la referencia a la legislación del tribunal encargado del caso, de nuevo se plantea la cuestión de si está aludiendo a todo el ordenamiento jurídico de ese tribunal

o solo a sus normas sustantivas. Apuntan a esto segundo la diferencia entre la redacción de este precepto y la del art. 28, párrafo 1.º («según la ley aplicable»), el paralelismo con el art. 32, párrafo 2.º (véase el apartado 267), y la intención de los redactores, que no era asegurar que una determinada legislación fuere efectivamente aplicada, sino fijar un criterio que pudiera ayudar a establecer y medir la gravedad de una «culpa».

220. Este art. 29 no hace referencia a las previsiones sobre plazo de prescripción de reclamaciones, ya que el art. 32, párrafo 1.º, contiene reglas especiales para los casos de dolo o culpa equivalente a dolo.

221. La protección que el párrafo 2.º de este art. 29 ofrece a los empleados del transportista no puede exceder de la ofrecida al propio transportista. Esto puede dar lugar a algunas dificultades respecto al transportista (véase el apartado 214), que deberán ser resueltas en términos de equidad.

Artículo 30

222. Las reservas a que se refiere el art. 30 no se deben confundir con las reclamaciones de que trata el art. 32, párrafo 2.º (véanse los apartados 262 y 263). En estas reservas no es necesario hacer una solicitud de indemnización específica: basta con indicar la clase de perjuicio encontrado. Esta descripción no necesita ser muy detallada, pero tampoco sirven expresiones tan vagas como simplemente *pérdidas* o *daños.*

223. Las reservas se deben dirigir al transportista o a sus empleados, incluida la persona que entrega materialmente la mercancía. Una reserva dirigida al cargador, por ejemplo, no tendría efecto jurídico.

224. El momento de la entrega es aquel en que la mercancía pasa de la custodia del transportista a la del destinatario y en que este tiene oportunidad de realizar un breve examen de su condición aparente. En ese momento ambos, o sus respectivos empleados, suelen estar presentes, por lo que podría hacerse una reserva oral. El párrafo 4.º de este art. 30 no se refiere a reservas sobre pérdidas o daños aparentes, puesto que estas no tienen que ser efectuadas dentro de un plazo sino en un momento concreto.

225. Los festivos oficiales que no deban contar en el plazo de siete días para reservas por pérdidas o daños no aparentes se determinarán por la legislación vigente en el lugar de entrega.

226. Como ya se ha dicho (véase el apartado 222), la reserva debe contener al menos una breve referencia al perjuicio advertido. Una reserva dirigida al transportista sin

esos particulares, y con el solo propósito de no dejar que transcurra el plazo previsto al respecto sin haberla hecho, no será admisible ni tendrá efecto jurídico.

227. El destinatario tiene siete días para hacer una reserva por pérdidas o daños no aparentes. Las reservas hechas por télex o telegrama se deben asimilar a las hechas por carta. Las reservas por escrito deben ser enviadas dentro del plazo previsto, aunque se puedan recibir después; es el reclamante quien tiene que probar la fecha de envío.

228. Es perfectamente válido que el destinatario haga una reserva solo oral al momento mismo de la entrega de la mercancía, por pérdida o daño que no puedan ser advertidos por un breve examen y deban, por tanto, ser considerados como no aparentes. Puesto que a una reserva oral debería seguir inmediatamente su constancia escrita, resulta más oneroso para el destinatario que las reservas enviadas al transportista por escrito en el plazo de los siete días siguientes. También en este caso podría decirse que el destinatario estaba en condiciones de hacer la reserva –por ejemplo, por disponer de equipo especial para ello– en el momento mismo de la entrega, y que, por tanto, para él el daño era aparente. Con las reservas hechas oralmente debería bastar en este caso.

La aceptación de la mercancía por el destinatario sin hacer reservas, conforme al párrafo 1.º de ese art. 30, tiene como consecuencia la presunción de que aquella fue entregada en el mismo estado en que va descrita en la carta de porte. Ni el destinatario ni ninguna otra persona legitimada para reclamar pierde derecho alguno, pues esa presunción puede ser revocada mediante una prueba en contra.

229. Esta última citada regla no se aplica si, en el caso a que se refiere el párrafo 2.º de este art. 30, el estado de la mercancía ha sido cuidadosamente comprobado por el destinatario y el transportista, la pérdida o el daño no son aparentes y no se ha dirigido una reserva escrita al transportista en el plazo de siete días. Entonces, el derecho a reclamar sí se extinguiría.

230. Cuando no se ha emitido carta de porte –lo cual no obsta para que el Convenio CMR siga siendo aplicable–, aceptar la mercancía sin formular reservas genera la presunción de que el transportista entregó la mercancía en el mismo estado en que él la hubo recibido. Aunque, en tal caso, quien reclame y según lo que pretenda tendrá que probar el estado de la mercancía tanto en el momento de la toma de la carga por el transportista como en el de su entrega al destinatario.

231. La finalidad de la comprobación conjunta por el destinatario y el transportista, que prevé el párrafo 2.º de este art. 30, consiste en establecer la naturaleza y el ámbito de los perjuicios efectivamente producidos, no su causa. Esta comprobación puede hacerse de cualquier manera, pero quien pretenda hacerla valer debe probar que realmente tuvo lugar y que su resultado fue el que alega.

232. En el supuesto de retraso en la entrega no se acepta la reserva oral. Además, en el cálculo del plazo de veintiún días para formularla, y al revés que en el de siete días mencionado en los párrafos 1.º y 2.º de este art. 30, los domingos y festivos oficiales sí se incluyen.

233. El primer día del plazo *(dies a quo)* para formular esta reserva no cuenta, pero sí el último *(dies ad quem)*. Ninguno de los plazos a que el art. 30 se refiere excluye a la vez ambos días.

234. El párrafo 5.º de este art. 30 enuncia un principio pero no impone una consecuencia a quien lo incumpla.

Artículo 31

235. Las jurisdicciones competentes enumeradas en los párrafos 1.º y 2.º del art. 31 prevalecen sobre lo que al respecto pueda establecer cualquier legislación nacional, que por tanto queda excluida.

236. Tanto la literatura jurídica como la jurisprudencia muestran cierta sorprendente confusión respecto a las reglas del Convenio CMR sobre jurisdicción, lo que hace recomendable explicar el sistema con algún detalle. Por de pronto, cuando un contrato se regula por el Convenio CMR, conforme a su art. 1.º, párrafo 1.º, queda descartada la aplicación de las reglas de derecho internacional privado de cualquier país miembro del Convenio (véase el apartado 42), y, de la misma manera, respecto a los procedimientos judiciales relativos a servicios de transporte sometidos a este Convenio, su art. 31, párrafo 1.º, sustituye a cualquier posible regla nacional de dichos países a que se refiera la jurisdicción internacional. Por tanto, sería completamente erróneo creer que, en caso de tales procedimientos judiciales, las reglas nacionales procesales de derecho internacional privado de los países miembros del Convenio puedan atribuir competencia a tribunales, ya sea de un país cuyas reglas se pretenda aplicar o de otro; tan erróneo como pensar que el párrafo 1.º del art. 31 se aplica solo cuando el país del tribunal actuante sea uno de los que forman parte del Convenio.

237. La nacionalidad y el domicilio de los contratantes del transporte de ninguna manera afectan a la aplicación del párrafo 1.º de este art. 31. Lo mismo puede decirse de cualquier otro vínculo, excepto los expresamente mencionados en las letras *a)* y *b)*.

238. Como el conjunto de este art. 31, su párrafo 1.º se aplica no solo a reclamaciones basadas en las reglas sustantivas del Convenio CMR, sino a cualquier procedimiento judicial derivado del transporte de mercancías regulado por el Convenio. Esto ocurre, por

ejemplo, con las reclamaciones extracontractuales ya tratadas en relación con el art. 28 y con las reclamaciones del transportista relativas al precio del transporte.

239. El art. 31 del Convenio CMR no se aplica a reclamaciones contra el transportista para asegurar la ejecución de un contrato de transporte o la indemnización de perjuicios cuando el transporte aún no ha comenzado. Tampoco se aplica a reclamaciones de terceros contra el transportista nacidas de accidentes de tráfico o daños a sus vehículos o bienes, aunque tales daños hayan sido causados por mercancías de las que se estuviese haciendo cargo el transportista en el marco del Convenio CMR. Cuando el transportista ha incurrido en gastos por cuenta de quien tenga derecho sobre la mercancía y tales gastos no están directamente relacionados con el transporte –por ejemplo, si pagó derechos de aduanas sobre la mercancía–, el art. 31 no es aplicable a los procesos judiciales que de ello se puedan derivar, puesto que tales procesos no estarían basados en la operación de transporte.

240. El párrafo 1.º de este art. 31 prevé dos categorías de jurisdicción: la establecida por acuerdo de los contratantes y la basada en otros criterios. Los contratantes siempre pueden acudir a las de esta segunda clase, que nunca pueden ser eliminadas por una estipulación contractual o designación de otra jurisdicción. Aún más: esa estipulación –por ejemplo, la de un país no miembro del Convenio CMR–, conforme al art. 41 del propio Convenio, sería tenida por nula.

241. El Convenio CMR no contiene previsión alguna sobre la forma que habría de darse a este acuerdo de sumisión jurisdiccional. Su texto queda a la legislación nacional. No obstante, debe advertirse que sigue siendo controvertida la cuestión de si, en este contexto, es necesario hacer referencia a la legislación del país cuyos tribunales han sido elegidos por los contratantes o a la legislación del país donde se ha establecido el acuerdo entre los contratantes.

242. La inscripción en la carta de porte de la jurisdicción elegida, por la vía del art. 6.º, párrafo 3.º, del Convenio CMR, o la ausencia de tal inscripción no tiene otra consecuencia jurídica que la de servir como prueba de tal acuerdo. Esta cláusula jurisdiccional vincula a todos cuyos derechos derivan del propio contrato de transporte; por ejemplo, también al destinatario.

243. Con mucha frecuencia el párrafo 1.º de este art. 31, letra *a)*, se malinterpreta. Se suele entender que cualquier sucursal mediante la cual se ha establecido el contrato de transporte puede servir como base para determinar la jurisdicción competente. Pero es esencial tener en cuenta la palabra *fue,* que se refiere tanto a la rama como a la sucursal, y tanto la una como la otra tienen que serlo del transportista. Esta previsión no zanja la cuestión de si el lugar principal de actividad significa el domicilio social o el domicilio

de hecho, y la falta de respuesta a esta cuestión puede llevar a interpretaciones distintas en los países miembros del Convenio.

244. Como este art. 31 se aplica solo en caso de transporte que haya comenzado a realizarse (véase el apartado 239), el «lugar donde la mercancía fue tomada en carga» a que se refiere el párrafo 1.º, letra *b*), de dicho artículo significa aquel donde el transportista efectivamente se hizo cargo de la mercancía, y no aquel donde los contratantes tenían la intención de que ello ocurriese.

245. No fue intención de los redactores del Convenio CMR permitir que las reclamaciones fueran llevadas ante los tribunales que se mencionan en las letras *a*) y *b*) del párrafo 1.º de este art. 31 solo cuando la propia legislación nacional prevea que son competentes. Al contrario, el Convenio obliga a los países miembros a poner sus tribunales al servicio de los contratantes del transporte en los casos mencionados en esas letras, en el entendimiento de que la ley nacional lo que determinará es, dentro de su territorio, qué tribunal concreto es el competente *ratione materiae* y *ratione loci*.

246. El párrafo 2.º de este art. 31 contiene reglas aplicables tanto a procesos en curso como a los efectos de sentencias ya dictadas, aunque no sean firmes. Su ámbito de aplicación coincide con el del párrafo 1.º. El proceso tiene que ser el mismo –es decir, relativo a la misma reclamación–, pero no es necesario que en el nuevo proceso las partes aparezcan en igual posición procesal –como demandante y demandado, respectivamente–. Así, cuando el pago se pide al demandado en un país, este no puede acudir al tribunal de otro país con el propósito de que el tribunal de ese otro país declare que ese mismo pago no es debido a ese demandante del primer proceso.

247. Pese a la alusión a las posibilidades de ejecutar la sentencia en el segundo país en que el nuevo proceso se entabla, el párrafo 2.º de este art. 31 se aplica también a las sentencias absolutorias, por dos motivos: primero, porque el párrafo 4.º, aunque indirectamente, prevé la ejecución de condenas al pago de costas por el demandante cuya reclamación ha sido desestimada, y, en este contexto, sería ilógico que no se diera efecto a la sentencia también en su parte sustantiva o de fondo. De nuevo, todo el sistema del párrafo 2.º carecería de sentido si un demandante cuya reclamación fue desestimada por un tribunal pudiera indefinidamente seguir llevando su reclamación ante otros tribunales con la esperanza de encontrar uno que al final decidiese a su favor.

248. La excepción en la que un nuevo procedimiento sí es admisible cuando la sentencia dictada por el tribunal del primer país no es ejecutable en el país donde el segundo pleito se formula es importante, a la luz del párrafo 3.º, particularmente en los casos en que el país del primer procedimiento es un país no miembro del Convenio CMR. Pero también puede ocurrir que, en un país miembro, el fundamento de una desesti-

mación basada en el orden público pueda ser anticipada contra procesos formulados en otro país miembro (sobre esta relación, véase el apartado 252). Será necesario considerar, en el segundo país, y de acuerdo con su legislación, si la segunda sentencia –o, si aún no ha sido dictada sentencia, aquella que cabría esperar del tribunal del país no miembro– puede ser ejecutada –o reconocida, véase el apartado 247–. Para considerar esta cuestión, se deben tener en cuenta los convenios vigentes entre ambos países y las previsiones relevantes del país en que el nuevo pleito se ha formulado. Particularmente en los casos en que el proceso aún no se ha completado en el país del primer proceso, la consideración de esta cuestión a menudo será complicada, pues es imposible prever si el pleito del primer país tendrá, desde el punto de vista del segundo país, algún defecto que impida el reconocimiento o la ejecución. El espíritu de la norma es que la segunda acción sea desestimada salvo que parezca casi seguro que el proceso ante el primer país presentará defectos de esta clase.

249. El amplio marco del párrafo 1.º de este art. 31 también ampara la ejecución recíproca de sentencias. Estas sentencias no necesitan estar basadas en el Convenio CMR desde el punto de vista del derecho sustantivo, sino que también pueden estar fundamentadas en previsiones de la legislación nacional. Tampoco es necesario que la sentencia sea definitiva: basta con que sea ejecutable. Esto conduce de nuevo a las dificultades mencionadas respecto al párrafo 2.º en relación con las sentencias absolutorias (véase el apartado 247), las cuales no son ejecutables en algunos ordenamientos jurídicos. Tales sentencias deben no obstante ser reconocidas, salvo que, en lugar de requerir que sean ejecutables, basta con que sean definitivas.

250. Las formalidades a que se refiere al párrafo 3.º de este art. 31 pueden, según cada legislación nacional, consistir en un complejo procedimiento de *exequatur* –o sea, de ejecución de sentencias extranjeras– o en una fórmula simple que se ha de añadir a la sentencia en respuesta a un requerimiento. También puede suceder que no se exija formalidad alguna en un país miembro en el cual las sentencias extranjeras sean *ipso iure* –por propia previsión de la ley– asimiladas a las sentencias dictadas por tribunales nacionales cuando se trata de cumplir las previsiones de un convenio internacional.

251. Está prohibido reabrir el fondo de la cuestión; las únicas cuestiones que pueden ser examinadas son si el procedimiento jurisdiccional está efectivamente relacionado con el Convenio CMR, si se han cumplido las previsiones del párrafo 1.º de este art. 31 sobre jurisdicción competente y si la sentencia es ejecutable en el país donde fue dictada. En el caso de una sentencia absolutoria, la prueba de que la sentencia es firme puede ser sustituida por una prueba de que es ejecutable (véase el apartado 249).

252. Cabe preguntarse si las previsiones expresas del párrafo 3.º de este art. 31 todavía dejan abierta la posibilidad de reconocimiento o ejecución de una sentencia sobre la base del

orden público internacional, así como si la posible negativa puede ser excluida mediante un tratado. Pues bien, incluso si se adopta el criterio de que la exclusión de esta posibilidad sería incompatible con el derecho soberano de los países miembros del Convenio, aún habría de tenerse en cuenta el espíritu de este y restringir la aplicación de esta cláusula al mínimo; en cualquier caso, en el ámbito del derecho mercantil rara vez se invoca.

253. La palabra *sentencia* (en inglés, *judgment;* en francés, *jugement)* en los párrafos 2.º, 3.º y 4.º de este art. 31 desde luego no debe ser tomada literalmente. La denominación dada a las decisiones que pueden ser sujetas a reconocimiento y ejecución es genérica, siempre que se refieran al fondo del asunto. Por tanto, también pueden ser reconocidas y ejecutadas otra clase de decisiones, como los mandatos o requerimientos de pago *–summons to pay, orders to pay,* más próximos a los sentencias dictadas «en rebeldía», es decir, en procesos en que el demandado nunca compareció–, a las decisiones de las dos categorías ya definidas, a las que, como el propio artículo establece, su párrafo 3.º no se aplica. No hace falta decir que los acuerdos transaccionales homologados por un tribunal serán reconocidos y ejecutados solo si en el país en que fueron suscritos constituyen actos ejecutables.

254. Para que las sentencias sean reconocidas y ejecutables, ninguna regla les exige condición de firmes; pero la ausencia de una regla así no tiene mayor importancia dada la excepción relativa a sentencias provisionales porque, al menos en determinados ordenamientos jurídicos, existe la ejecución provisional precisamente para esa clase de decisiones no definitivas. Por otra parte, la excepción concerniente a decisiones sobre perjuicios además de sobre costas deja claro que las decisiones sobre costas deben, como tales, ser reconocidas y ejecutadas.

255. El párrafo 5.º de este art. 31 del Convenio CMR sigue, de una manera simplificada, el art. 18 del Convenio de La Haya sobre Enjuiciamiento Civil, de 1 de marzo de 1954. Esta simplificación es precisamente lo que ha ampliado su ámbito, puesto que los nacionales de otros países miembros no pueden ser obligados a constituir garantías –ni siquiera en los casos en que por la legislación procesal nacional tales garantías sean requeridas por el tribunal encargado del caso– a los nacionales del propio país, cuando son residentes o tienen su lugar de actividad en su mismo territorio. Pero del artículo no se puede deducir que exima de dicha obligación a los nacionales del país del propio tribunal y residentes en él, pues no es función del Convenio CMR tratar de los derechos procesales de las personas ante los tribunales de su propio país.

256. Las obligaciones de no ejercitar la jurisdicción en ciertos casos (véase el párrafo 2.º de este art. 31), de reconocer y ejecutar sentencias extranjeras (véanse los párrafos 3.º y 4.º, ídem), y de eximir a ciertas personas de la obligación de aportar caución *judicatum solvi* –es decir, la que se podría obligar a prestar a un extranjero cuando pretende inten-

tar una acción ante el tribunal del propio país del demandado– existen junto a las que los países miembros del Convenio CMR, en el ámbito procesal, hayan establecido sobre la base de otros tratados internacionales. De igual manera, tales obligaciones no afectan a las reglas soberanas de las legislaciones nacionales en tales aspectos.

Artículo 32

257. El ámbito de aplicación de este art. 32 del Convenio CMR es idéntico al del art. 31 del propio Convenio (véanse los apartados 238 y 239), a excepción de su párrafo 2.º, que se aplica solo a reclamaciones contra el transportista; reclamaciones de toda clase, siempre que se refieran a transporte regulado por este Convenio.

258. El párrafo 1.º de este art. 32 no prejuzga la cuestión de si el plazo de prescripción debe ser tomado en cuenta solo a requerimiento de uno de los litigantes, como sucede en la mayor parte de los ordenamientos jurídicos europeos, o si se aplica automáticamente. El párrafo 4.º no puede alegarse como argumento a favor de que los plazos especificados en el párrafo 1.º son definitivos, ya que lo contrario queda evidenciado al menos con la misma fuerza en los párrafos 2.º y 3.º.

259. Respecto al dolo y culpa equivalente a dolo conforme a la legislación del tribunal encargado del caso, ello ya se ha tratado en los apartados 217 y 219 del presente comentario.

260. La letra *c)* del párrafo 1.º de este art. 32 se aplica a todos los casos en que la reclamación no está basada en la pérdida total de la mercancía transportada, o en la pérdida parcial o en el daño a esta, o en el retraso en su entrega. El plazo de prescripción –es decir, según el caso, un año más tres meses, o tres años más tres meses– se aplica, por ejemplo, no solo a todas las reclamaciones procedentes del transportista relativas al pago del precio del transporte, sino también a todas las referidas a la pérdida parcial o el daño cuando la entrega al destinatario no se ha producido sino que la mercancía ha sido devuelta al cargador. Ese período de tres meses no es igual a noventa días, sino que ha de ser calculado según los meses del calendario, es decir, de fecha a fecha.

261. En los casos en que las mercancías han sido inicialmente rehusadas por el destinatario y después aceptadas por él, el texto de la letra *a)* del párrafo 1.º de este art. 32 indica claramente que el plazo de prescripción empieza a contar desde la fecha de la entrega efectiva.

262. La suspensión del plazo de prescripción a que se refiere el párrafo 2.º de este art. 32 se aplica solo entre el reclamante y el transportista y no puede ser invocado por terceros.

En caso de una reclamación hecha por persona que no tenga derecho sobre la mercancía, ni sobre la base del Convenio CMR, ni sobre otra legislación aplicable a la reclamación nacida del contrato pero distinta de este Convenio, esa persona debe probar al transportista que está actuando por cuenta de quien tenga ese derecho; de no hacerlo así, el transportista no está obligado a tomar en consideración su reclamación. El hecho de que los derechos en cuestión relativos al transporte sean atribuidos al reclamante después de que este haya presentado su reclamación no tiene ese efecto suspensivo.

263. Los treinta días mencionados en la letra *b)* del párrafo 1.º de este art. 32 y los tres meses mencionados en su letra *c)* se refieren al período previo al momento en que el plazo de prescripción empieza a contar. Esos períodos, por tanto, no forman parte del plazo mismo de prescripción y no pueden ser suspendidos ni interrumpidos. Si un reclamante presenta su reclamación antes de que el plazo de prescripción haya empezado a contar, sería injusto negarle los efectos previstos en el párrafo 2.º, pero esos efectos se deben considerar como producidos desde ese momento de inicio del plazo.

Conforme a la última frase del párrafo 1.º de este art. 32, que se refiere a todo el párrafo y no solo a su letra *c)*, el *dies a quo* no cuenta, pero sí el *dies ad quem*. Los plazos de prescripción no son exclusivos de ambos días.

264. La tercera frase del párrafo 2.º de este art. 32 indica que el momento decisivo desde el cual el plazo de prescripción queda suspendido es cuando la reclamación llega a la sede del transportista, y que el momento decisivo de finalización de esa suspensión es aquel en que la respuesta del transportista, en su caso acompañada de los documentos que recibió, llega a la sede del reclamante.

265. Al revés que las reservas a que se refiere el art. 30 de este Convenio CMR, la reclamación debe contener una petición específica. No tiene necesariamente que ir acompañada de la carta de porte.

266. Para que termine la suspensión del plazo de prescripción, el transportista debe rechazar la reclamación —en todo o en parte— y devolver los documentos que en su caso la acompañaran. Pero el transportista está obligado a devolver solo aquellos documentos que entienda que el reclamante desee que le sean devueltos, lo cual no se presume respecto de los que son copias simples o fotocopias —o sea, copias no compulsadas— de documentos cuyos originales el reclamante conserva. El hecho de que el transportista no haya devuelto esos documentos no prolonga la suspensión.

267. Las palabras *suspensión* e *interrupción* comprenden todas las situaciones en que el plazo de prescripción bien es prolongado durante cierto tiempo, bien se impide que corra o bien deja de correr. Durante los debates del Grupo de Trabajo *ad hoc* de la Cepe, nunca fue tratada la cuestión de si la referencia a la legislación del país del tribunal en-

cargado del caso debía incluir sus reglas de conflicto de leyes o solo su ley sustantiva. Fue solo después, cuando se elaboraba un proyecto de otro convenio sobre transporte –de mercancías por vías de navegación interior– por un grupo de trabajo compuesto casi por los mismos delegados, cuando la mayoría de estos se pronunció a favor de que se refería solo a la ley sustantiva, y declararon que de esa misma manera debía interpretarse el art. 32, párrafo 3.º, del Convenio CMR.

268. El párrafo 4.º de este art. 32 es bastante severo con la persona que ha perdido sus derechos por haber sido ultrapasado el plazo de prescripción. Pero esta previsión pretende asegurar que los respectivos derechos derivados del transporte de mercancías queden determinados lo antes posible. Una vez que el plazo de prescripción se ha extinguido, tales derechos no pueden volver a ejercerse, ni siquiera por la vía de una reconvención –es decir, una demanda de sentido contrario presentada en el mismo proceso jurisdiccional– o compensación, aunque hayan sido compensados antes de expirar el plazo de prescripción, contra los derechos que se ejercen en el proceso. En los países en que el plazo de prescripción se tiene en cuenta solo si lo invoca uno de los litigantes, esta previsión conduce a una curiosidad jurídica, pues hace posible e incluso necesario contrarrestar una compensación mediante otra compensación.

Artículo 33

269. El art. 33 no debe tomarse literalmente en sentido de que un acuerdo de arbitraje válido puede ser adoptado solo en el momento de establecer el contrato de transporte. También, desde luego, puede consistir en un acuerdo entre los contratantes hecho por separado; pero, cuando se estipula antes de que ocurra el evento que genere los derechos sujetos a tal arbitraje, tiene que ajustarse a los requisitos que marca dicho artículo. De todas formas, el principio de autonomía de la voluntad de los contratantes respecto a los derechos ya adquiridos implica que también se puede llegar a este pacto de arbitraje, sin limitación alguna, una vez que el perjuicio ha sucedido.

270. El ámbito de aplicación del art. 33 no es tan amplio como los arts. 31 y 32. Se refiere solo a las relaciones jurídicas nacidas del contrato de transporte y no a procedimientos jurisdiccionales en reclamación de responsabilidad extracontractual. Eso significa que incluye las reclamaciones de pago del precio del transporte y también, al revés que dichos arts. 31 y 32, las reclamaciones dirigidas contra quien no ha cumplido cualquier otra obligación derivada de ese contrato –por ejemplo, contra el transportista que no llegó a aparecer en el lugar de origen para hacerse cargo de la mercancía–.

271. Un acuerdo de arbitraje que no cumple los requisitos del art. 33 será tenido por nulo y sin efecto conforme al art. 41, párrafo 1.º. Si ese pacto cumple lo previsto en el

art. 31, pero después el tribunal no aplica el Convenio CMR sino la legislación nacional o toma una decisión *ex aequo et bono* –es decir, en equidad–, cualquiera de los litigantes puede pedir que el laudo sea anulado bajo el fundamento –probablemente aceptado por todas las leyes nacionales sobre procedimiento arbitral– de que los árbitros se han excedido en sus facultades.

272. No tendría sentido estipular que el Convenio CMR se aplique a cuestiones no reguladas por este. Un pacto arbitral sobre tales cuestiones ajenas tampoco estaría sujeto a los requisitos que marca dicho precepto.

273. Respecto a la forma del pacto arbitral, pueden verse nuestras observaciones en el apartado 241 del presente comentario sobre la correspondiente a un acuerdo de sumisión a la jurisdicción de un país concreto.

Artículo 34

274. De acuerdo con la experiencia hasta ahora adquirida, las previsiones del capítulo VI no revisten gran importancia práctica. Parece que cuando los contratos de transporte son establecidos entre un transportista que asume responsabilidad por la totalidad del transporte y un subcontratista que se encarga de una parte del mismo, la práctica habitual consiste en emitir documentos de transporte separados en los cuales el transportista principal es designado como cargador o como destinatario. Para la aplicación del art. 34 y restantes del capítulo VI sería necesario que se hubiese emitido una única carta de porte, aceptada por cada transportista sucesivo y pasada materialmente a manos del siguiente. En este sentido, la emisión de una carta de porte sí tendría efecto constitutivo (véase el apartado 65).

275. En el Grupo de Trabajo *ad hoc* de la Cepe se propuso que este art. 34 estableciese que los transportistas sucesivos fueren responsables solo si hubieren escrito sus respectivos nombres y direcciones en el segundo ejemplar de la carta de porte que acompaña a la mercancía. El motivo de esta propuesta era que en el momento de establecer el contrato de transporte quizá no estaba prevista la intervención de otros transportistas, y que los transportistas que realizan solo una parte del recorrido, e incluso posiblemente dentro de un territorio nacional, pueden no saber, por el mero hecho de aceptar una carta de porte, que estaban sometidos al Convenio CMR. Sin embargo, la mayoría de los miembros de dicho grupo de trabajo opinaban que con la aceptación de la carta de porte CMR al mismo tiempo que la mercancía debería bastar para que tomaran conciencia de que el Convenio era aplicable, aunque solo fuera porque el documento, de acuerdo con el art. 6.º, párrafo 1.º, letra *k*), debe contener la expresión de que ese transporte está sometido a las reglas de este Convenio. En cualquier caso, solo el primer transportista sería responsable, ante quien tenga derecho sobre la mercancía, si falta tal mención, conforme al art. 7.º, párrafo 3.º.

276. Cuando alguien suscribe como transportista un contrato de transporte, pero no ejecuta por sí mismo parte alguna de este, no serían aplicables los arts. 34 y siguientes del Convenio CMR, aunque las relaciones entre el cargador y ese transportista sigan estando sujetas al Convenio. Lo mismo que las relaciones entre ese transportista contractual y el subcontratado, siempre que el transporte parcial sea también internacional y, por tanto, comprendido en el ámbito de aplicación del Convenio CMR. En tal situación, cuando la totalidad del transporte se efectúa por uno o más subcontratistas, los arts. 34 y siguientes no son aplicables ni siquiera aunque cada transportista subcontratado le pase la carta de porte al que le siga.

277. A las consecuencias de la situación descrita en este art. 34 se dedican los arts. 35 a 40 del propio Convenio.

Artículo 35

278. Las formalidades que prevé el párrafo 1.º de este art. 35 –entregar un recibo de la mercancía al transportista precedente y anotar el nombre y la dirección del nuevo transportista en la carta de porte– no establecen los derechos y las obligaciones que el transportista siguiente adquiere al convertirse en parte del contrato, mediante la aceptación de la mercancía y de la carta de porte de su compañero anterior, conforme al art. 34. Sin embargo, es posible que el transportista siguiente que no haya cumplido tales formalidades pueda sufrir consecuencias negativas si el resultado es una dificultad en la prueba, y ello aunque tales consecuencias no estén previstas en el Convenio, sino que en su caso deriven de la legislación nacional aplicable.

279. La aplicación del art. 8.º, párrafo 2.º, del Convenio CMR presupone la aplicación del párrafo 1.º del mismo precepto. Conforme al art. 35, párrafo 2.º, el art. 9.º también es aplicable a las relaciones entre transportistas sucesivos. Por otra parte, el párrafo 3.º del art. 8.º no se menciona; por tanto, el transportista anterior no puede requerir al transportista siguiente que compruebe el peso de la mercancía o su cantidad expresada de otra manera, ni el contenido de los bultos. Cualesquiera posibles reservas puestas por uno de los transportistas sucesivos tendrán efecto solo respecto al que le antecedió y no respecto a quien tenga derecho sobre la mercancía.

Artículo 36

280. El art. 34 hace responsables a todos los transportistas sucesivos. Sin embargo, quien tenga derecho sobre la mercancía no puede dirigir su reclamación contra cualquiera de ellos. El primer transportista asume responsabilidad por la totalidad del transporte,

por lo que debe ser posible reclamar contra él. En el otro extremo de la cadena, sería injusto privar al destinatario, que probablemente solo ha tratado con el último de los transportistas, del derecho a actuar contra este. Finalmente, también parece necesario permitir la reclamación contra el transportista encargado del tramo en que sucedió el hecho perjudicial.

Cuando la mercancía se haya perdido, se considera que es el último de los transportistas intervinientes aquel en cuyo tramo se produjo ese hecho. Sería injusto y sin sentido plantear la reclamación ante cualquier otro transportista que, conforme a la intención de los contratantes, hubiera efectuado la entrega, pero que de hecho nunca recibió la mercancía.

281. Al caso referido en este art. 36 también resulta aplicable el párrafo 1.º del art. 31. De todas formas, la letra *a*) de éste contempla diferentes jurisdicciones para cada uno de los transportistas sucesivos, mientras que la letra *b*) sigue mencionando como criterio —y ello también es aplicable a las relaciones entre estos transportistas— los tribunales del lugar de origen y del lugar de destino del conjunto del transporte. Puede dirigirse una reclamación a la vez contra varios transportistas sucesivos solo si la demanda se presenta ante un tribunal con competencia sobre todos y cada uno de los demandados.

282. La sumisión a una jurisdicción concreta por los iniciales contratantes del transporte, según permite el art. 31 en la primera frase de su párrafo 1.º, produce efecto en todos los transportistas sucesivos, incluso si esa designación no estuviese inscrita en la carta de porte. Si el primero de los transportistas no informó a los siguientes sobre dicha sumisión jurisdiccional, y estos no hubieran aceptado ser parte del contrato de haber conocido esa designación de tribunal, tales transportistas siguientes podrían, conforme a la legislación nacional aplicable, reclamar contra ese primer transportista por los perjuicios resultantes.

Artículo 37

283. La palabra *causante* —el hecho «causante» (en inglés, *caused by the action;* en francés, *causé par le fait*)— con que empieza la letra *b*) de este art. 37 debe ser entendida no en su sentido literal, sino referida a la obligación de asumir responsabilidad por un determinado perjuicio. Esa responsabilidad existe cuando el transportista ha recibido la mercancía en determinadas condiciones y la ha entregado al transportista que le ha sucedido, o entregado al destinatario en peores condiciones o demasiado tarde, o si se ha producido una pérdida de esa mercancía durante el período en que él la tuvo en sus manos, y no es capaz en cualquiera de los casos de invocar alguno de los supuestos que le exonerarían de responsabilidad mencionados en el art. 17.

284. En este contexto resulta mucho más fácil distribuir la responsabilidad que en el caso mencionado en el art. 17, párrafo 5.º. A efectos de esta distribución, se tendrá en cuenta solo el pago debido por el transporte propiamente dicho, no otros gastos.

Artículo 38

285. Un transportista se considera insolvente cuando la ejecución no ha dado resultado alguno o cuando tal resultado negativo era obvio ya anteriormente. En caso de que los bienes del transportista estén ya sujetos a un proceso judicial de insolvencia, o a una transacción jurídica, la distribución puede ser pedida primeramente solo por la parte de la cantidad debida que excede de la cuota pendiente de pagar por el deudor, de acuerdo con la decisión del tribunal que se ocupe del proceso de insolvencia o las condiciones de la transacción aprobada por el tribunal. Si subsiguientemente aparece que esas cuotas dejarán igualmente de ser pagadas, también tendrán que ser distribuidas entre los demás transportistas.

Artículo 39

286. Algunas instituciones de derecho procesal –como la *litis denunciatio,* o sea, la notificación a tercero sobre la existencia de un pleito– permiten a una persona que ejecute sus derechos en un proceso jurisdiccional entablado entre otras dos personas. El transportista que discute la validez de un pago hecho por otro transportista no puede, cuando ese otro formula una reclamación de recobro contra él, alegar que el tribunal ante el cual él podría haber comparecido no era competente para decidir una reclamación contra él mismo; pero en este caso es esencial que él haya tenido la posibilidad de realizar esa comparecencia.

287. A efectos del párrafo 1.º de este art. 39, es irrelevante que el tribunal sentenciador sea de un país miembro del Convenio CMR o de un país no miembro de este, y asimismo indiferente que haya o no aplicado dicho Convenio. Por otra parte, el transportista contra quien se formula una reclamación de recobro puede impugnar los efectos de un laudo arbitral si la cláusula de arbitraje no era conforme a las exigencias del art. 33 y, por consiguiente, el reclamante había incumplido el Convenio.

288. Respecto al derecho de recobro entre transportistas, el párrafo 2.º de este art. 39 contiene una regla especial distinta de lo previsto en el art. 31, párrafo 1.º. A la luz del art. 40, era innecesario redactar una regla que permitiera expresamente la designación de un tribunal competente. De manera similar, los transportistas pueden, por acuerdo entre ellos, excluir la jurisdicción de los tribunales a que se refiere el art. 39, párrafo2.º.

Si, en una reclamación de recobro, los transportistas a quienes esta se dirige son ambos deudores, la competencia de un tribunal para juzgar la reclamación contra uno de ellos siempre incluye la competencia del mismo tribunal para juzgar la dirigida contra los demás. Si nada se estipula en otro sentido, conforme al art. 40, siempre pueden ser demandados en el mismo pleito.

289. Puesto que el párrafo 3.º de este art. 39 menciona solo los párrafos 3.º y 4.º del art. 31, resulta claro que los párrafos 2.º –reclamaciones pendientes– y 5.º –garantía *judicatum solvi*– no se aplican a las reclamaciones de recobro entre transportistas consecutivos.

290. Para calcular el día desde el cual se cuenta el plazo de prescripción de la reclamación de recobro, conforme al párrafo 4.º de este art. 39, es esencial saber si la indemnización por el transportista ahora reclamante fue hecha antes o después de que la sentencia contra él hubiera alcanzado firmeza. En el primer caso, pierde cualquier beneficio que le otorgue el párrafo 1.º. En el segundo caso, puede perder su derecho al recobro si no paga la indemnización al acreedor dentro del plazo de prescripción, pues el art. 37, en su párrafo 1.º, le otorga ese derecho solo si él mismo ha pagado la indemnización.

Artículo 40

291. El propósito principal del Convenio CMR es regular las relaciones entre los transportistas y sus clientes, objetivo que no se pone en riesgo en caso de prácticas ajenas a este, incluidas estipulaciones en sentido distinto de lo previsto en sus arts. 37 y 38 que puedan establecerse entre transportistas que habitualmente colaboren. Por eso el Convenio admite expresamente su validez. Aunque el resto de su articulado, también el capítulo VI, es de aplicación imperativa.

Artículo 41

292. Al revés que otros convenios de derecho privado sobre transporte, que permiten al transportista ofrecer a sus clientes mejores condiciones que las previstas en sus propios artículos, las reglas del Convenio CMR son de aplicación imperativa para los contratantes del transporte. Los motivos para ello son: primero, que en un contrato de transporte no hay manera de saber cuál es la parte económicamente fuerte y cuál la débil que pueda sufrir presión por aquella; y segundo, que parece aconsejable evitar una indebida competencia entre empresas transportistas que pretendan atraer clientes ofreciéndoles condiciones de hecho o supuestamente mejores. En consecuencia, cualquier garantía de buen servicio ofrecida por el transportista también se tendrá por nula y sin efecto.

293. Salvo sus arts. 37 y 38, mencionados en su art. 40, el Convenio CMR prevalece no solo sobre las legislaciones nacionales, sino también sobre cualesquiera posibles estipulaciones entre los contratantes, incluidas sus condiciones generales.

294. Si no existiese el párrafo 2.º de este art. 40, se podría alegar que las cláusulas a que este se refiere no son contrarias al Convenio CMR, lo cual, además, en el caso de la primera de ellas sería correcto considerada literalmente y no desde el punto de vista de su intención. La cobertura del seguro de la mercancía transportada constituye la contraprestación de la prima pagada por quien tenga derecho sobre la mercancía. Si la indemnización del asegurador fuere pagada al transportista, este quedaría de hecho exonerado de toda responsabilidad, a costa de aquella otra persona.

295. Una cláusula pactada entre quien tenga derecho sobre la mercancía y su asegurador según la cual este se abstendrá de reclamar contra el transportista tendría, en el marco de un contrato de transporte sujeto al Convenio CMR, la misma consideración que la prohibida asignación al transportista de la indemnización del seguro: también se tendría por nula y sin efecto, ya que este art. 41 no limita su aplicación a las estipulaciones acordadas entre los contratantes del transporte. La cuestión de si, en el referido caso, la nulidad de esa cláusula conllevaría la de todo el contrato de seguro, o si −en caso de no ocurrir así− el asegurado tiene derecho a ser reintegrado de parte de su prima tendrá que ser contestada a la luz de la legislación nacional aplicable.

296. Respecto a las estipulaciones referidas a la carga de la prueba, podría alegarse, con aún menor probabilidad de éxito que en caso de la cláusula relativa a la cobertura del seguro, que tales estipulaciones no alteran el contenido sustantivo del Convenio CMR. La realidad es que todo acuerdo que establezca una carga probatoria que el propio Convenio no imponga también constituye una inversión de esta, prohibida por él.

Disposiciones finales (artículos 42-51)

297. Estas disposiciones finales son las que habitualmente se incluyen en cualquier convenio de la Cepe.

298. La competencia del Tribunal Internacional de Justicia (véase el art. 47) ya es imperativa para los países que han suscrito la declaración a que se refiere el art. 36, párrafo 2.º, del Estatuto del tribunal, que a su vez forma parte de la Carta de las Naciones Unidas, de 26 de junio de 1945. La reserva prevista en el art. 48, párrafo 1.º, hasta hoy ha sido hecha por Hungría, Polonia y Rumania.

299. Ningún país miembro ha pedido que se reúna una conferencia de revisión del Convenio CMR (véase el art. 49). Sin perjuicio de ello, las organizaciones de transportistas han aportado algunas sugerencias de cambios que, en su opinión, mejorarían su texto, iniciativa a la que se sumó la CCI. En reunión *ad hoc* de la Cepe, celebrada en febrero de 1972, tales propuestas fueron examinadas y se llegó a la conclusión de que ninguna de ellas era tan importante o urgente como para convocar esa conferencia de revisión en el futuro próximo.

No obstante, en esa reunión, los delegados por unanimidad opinaron que si, en efecto, más adelante se llevase a cabo una revisión, podría ser aconsejable modificar los preceptos siguientes:

- Art. 1.º, párrafo 4.º, letra *a*): mejora de la redacción.
- Art. 11, párrafo 3.º: responsabilidad del transportista por los documentos recibidos. El transportista no debería ser tratado como un agente, y simplemente debería decirse que es responsable por sus actos incorrectos respecto a tales documentos y su uso.
- Art. 12, párrafo 7.º; art. 17, párrafo 2.º; art. 18, párrafo 2.º; art. 20, párrafos 1.º, 2.º y 3.º; art. 23, párrafo 5.º, y art. 27, párrafo 2.º: sería útil una definición más precisa de la expresión *quien tiene el derecho de disposición sobre la mercancía* (en inglés, *the person entitled to dispose of the goods;* en francés, *l'ayant droit).*
- Art. 22, párrafo 1.º: pequeño cambio al comienzo de la versión inglesa.
- Introducción de la previsión de que el transportista no sería responsable por perjuicios causados por accidentes nucleares si esa responsabilidad, conforme a la normativa vigente, ya corresponde al titular de la instalación nuclear causante. Cf. el art. 64 del Convenio CIM ferroviario, versiones de 1961 y 1970; así como el art. 17, párrafo 2.º, del Convenio CVR sobre transporte de viajeros por carretera.

Además, en opinión de los participantes en esa reunión *ad hoc* de la Cepe, sería necesario, en caso de una revisión del Convenio CMR, considerar las propuestas o problemas relativos a los preceptos siguientes:

- Art. 2.º: una mejor redacción dejaría más clara la imposibilidad de conflicto con otros convenios.
- Art. 6.º, párrafo 1.º: posible inclusión de detalles indicativos de quién ha realizado o quién debe realizar las operaciones de carga y estiba, así como de descarga.
- Art. 6.º, párrafo 1.º, letra *k*): mejor redacción de la cláusula *paramount.*
- Art. 22, párrafo 2.º: debería establecerse expresamente que el transportista puede adoptar las medidas a que se refiere solo si son estrictamente necesarias.
- Art. 27, párrafo 1.º: revisión del porcentaje de interés.
- Art. 31, párrafo 3.º: cuestión de retener las previsiones relativas a la ejecución. Consideración de la posibilidad de introducir reservas.

– Art. 32: examen de la redacción de este párrafo y de la terminología utilizada. Posibilidad de tener en cuenta el Convenio de Naciones Unidas de 14 de junio de 1974 sobre plazos de prescripción en la compraventa internacional de mercancías.

– Arts. 42, 46 y 47: examen de las previsiones relativas a los países que pueden acceder al Convenio CMR, extensión del ámbito de aplicación a ciertos territorios y competencia del Tribunal Internacional de Justicia.

Por último, una conferencia de revisión debería también examinar las relaciones entre el Convenio CMR y otros convenios que contengan reglas de derecho privado sobre transporte, especialmente el proyectado convenio sobre transporte combinado (véase el apartado 6 del presente comentario).

300. El Grupo de Trabajo *ad hoc* de la Cepe, en su segunda sesión, manifestó su criterio de que la ausencia de cualquier previsión expresa sobre el requerimiento de una determinada mayoría significaba que, en una hipotética conferencia de revisión del Convenio CMR, este solo podría ser modificado por unanimidad. No obstante, tal criterio no debe ser considerado sino como la mera expresión de un deseo, ya que cualquier conferencia establecería sus propias reglas de procedimiento. También es verdad que tal conferencia llevaría solo a la conclusión de otro convenio. En vista del gran número de países que tendrían que ser invitados a esa posible conferencia (véase el art. 49, párrafo 3.º), es bastante improbable que en ella se adoptaran por unanimidad muchas modificaciones. Si los cambios fueran adoptados por mayoría simple, o incluso por mayoría cualificada, sería de temer que el Convenio CMR, que goza de general aceptación –según evidencia del elevado número de países que lo han ratificado y que han accedido a él en estos últimos años–, pueda ser modificado en importantes aspectos con disgusto de alguno de los países miembros, o de algún país que se estaba planteando acceder a él en un futuro próximo. Eso podría llevar a la división de los países en dos grupos: la nueva versión sería aplicable entre los países de solo uno de esos grupos, mientras que la versión original lo sería entre los países del otro grupo. Situación, a su vez, disuasoria de nuevas firmas y ratificaciones del Convenio –original o revisado–, o de acceso a este.

Este temor parece ser el principal motivo por el que, hasta la fecha, nadie ha propuesto una conferencia para su revisión.

Traducción al español por
FRANCISCO SÁNCHEZ-GAMBORINO

Notas del traductor

A)   Hemos procurado la máxima fidelidad al sentido del excelente trabajo del Dr. Loewe, más que a su literalidad, lo que en ocasiones nos ha recomendado completar la fórmula «palabra por palabra» con alguna otra referencia, no utilizada por el autor pero conveniente para la mejor comprensión de ese sentido por el lector, sobre todo por el no especializado. Adhiriéndonos a la recomendación que hace el autor en el apartado 19, es muy conveniente que el lector tenga a la vista el texto del Convenio CMR –salvo que esté muy familiarizado con él– a la vez que el comentario del Dr. Loewe, para mejor comprensión y aprovechamiento de sus ricas observaciones.

B) Con esta finalidad aclaratoria, a veces hemos añadido en el texto la referencia al artículo concreto al que se refiere, incluso añadiendo *del Convenio CMR,* para evitar dudas respecto a otros convenios también citados por el Dr. Loewe en el mismo apartado o en otros próximos. Llamamos *párrafos* a aquellos en que, numerados, se dividen la mayor parte de los artículos del Convenio CMR, y llamamos *apartados* (del 1 al 300) a los del propio comentario del Dr. Loewe. Para referirnos a cada *artículo* utilizamos la abreviatura *art.* La Comisión Económica para Europa de las Naciones Unidas se designa con la abreviatura *Cepe* –y no *CEE–*, para no confundirla con la Comunidad Económica Europea (hoy, Unión Europea).

C) Con igual propósito de ayudar al lector no especializado, hemos insertado la explicación de algunas expresiones jurídicas que utiliza el Dr. Loewe –por ejemplo, en latín: *ratione materiae* y *ratione loci; prima facie; iuris tantum; litis denunciatio; argumentum a majori ad minus; dies a quo* y *dies ad quem; exequatur; ipso iure; judicatum solvi; ex aequo et bono–* en los comentarios (véanse los apartados 18, 106, 147, 158, 233, 245, 250, 256, 263, 271, 286 y 289) o el propio texto del Convenio –por ejemplo, *reconvención–*, o utilizado palabras más comunes o más claras –por ejemplo, *partes contratantes* o simplemente *contratantes* donde dice *partes* (del contrato de transporte); países *miembros* del convenio en lugar de países *contratantes; reclamación* en vez de *acción,* entre otras–.

D) Las referencias del Convenio CMR a *la persona que tenga el derecho de disposición sobre la mercancía* o *derechohabiente* sobre la mercancía (en inglés, *the person entitled to dispose of the goods –*otras veces, simplemente, *the claimant–;* en francés, *l'ayant droit;* en definitiva, quien puede reclamar por ella) las hemos traducido simplemente por *quien tenga derecho sobre la mercancía* (véanse los apartados 26, 56, 59, 82, 93, 109, 115, 127, 129, 130, 132, 138, 139, 150, 187, 196, 201, 239, 262, 275, 279, 280, 294 y 295). El propio Dr. Loewe, en el apartado 299, constata cómo en el seno de las Naciones Unidas se vio recomendable una más precisa definición de esta figura en diversos preceptos del Convenio.

E) Por fidelidad al original, hemos respetado la expresión *límite de responsabilidad* que usa el Dr. Loewe, aunque es evidente que lo que el Convenio CMR limita es «la indemnización» consecuente, esto es, la cuantía de la deuda indemnizatoria o resarcitoria –sería más exacto hablar de *límite de indemnización–* (véanse los apartados 83, 124, 139, 185, 191, 195 a 197, y 199, entre otros).

F) La palabra inglesa *damage* tiene dos significados: «daño» en sentido estricto (o sea, avería, desperfecto material) y también el más amplio de «perjuicio» en general, incluso inmaterial (que desde luego incluye los primeros); en francés se llama *avarie* («avería») al daño y *préjudice* al perjuicio, aunque a veces se usa *dommage* para designar lo uno o lo otro. Hemos procurado elegir el término más adecuado en cada caso, según el sentido del texto legal y tomando en consideración las dos versiones oficiales del Convenio CMR, en inglés y en francés.

G) Como unidad de cuenta a efectos indemnizatorios, el Dr. Loewe habla en su comentario (véanse los apartados 191, 208, 210 y concordantes) del «franco germinal», pues este, publicado en 1975, fue anterior al protocolo de 5 de julio de 1978 que, con modificación del Convenio CMR, adoptó a tal efecto el «derecho especial de giro» del FMI, como también han hecho otros convenios reguladores del transporte por otros modos. Naturalmente, ello no resta valor a sus agudas observaciones respecto al artículo 23 y restantes del CMR. Lo mismo obviamente sucede con sus excelentes comentarios a los artículos 4.º a 6.º, 9.º y concordantes del Convenio, ya que en el momento de su redacción difícilmente pudo imaginarse la posibilidad de una contratación del transporte –y una carta de porte– por vía electrónica, que el protocolo de 20 de diciembre de 2008 estableció.

H) Hemos traducido toda alusión a órganos jurisdiccionales (en inglés, *court or tribunal;* en francés, *juridiction)* simplemente como *tribunales,* en general; en el caso de ordenamientos nacionales que, como España para la primera instancia, dispongan de órganos unipersonales (los juzgados), lógicamente la referencia se entenderá hecha también a estos.

I)   Dada la fecha del estudio del Dr. Loewe (1975), algunos medios técnicos de comunicación que él menciona (véanse los apartados 19, 135 y 227) han caído en desuso (como el télex) y han aparecido otros, hoy habituales (como el telefax, el burofax y, lo último –por ahora–, el correo electrónico), sin que desde luego ello reste un ápice de valor a sus agudas observaciones.

J)   En fin, el número de países miembros del Convenio CMR ha aumentado considerablemente respecto a los veintiuno que el Dr. Loewe indica en el apartado 5.º del presente comentario –al que remite su apartado 40–. En el momento de realizar la presente traducción (junio de 2011) son cincuenta y cinco países, a saber: Albania, Alemania, Armenia, Austria, Azerbaiyán, Belarús (Bielorrusia), Bélgica, Bosnia y Herzegovina, Bulgaria, Chipre, Croacia, Dinamarca, Eslovaquia, Eslovenia, España, Estonia, Finlandia, Francia, Georgia, Grecia, Hungría, Irán, Irlanda, Italia, Jordania, Kazajistán, Kirguizistán, Letonia, Líbano, Lituania, Luxemburgo, Macedonia, Malta, Marruecos, Moldavia, Mongolia, Montenegro, Noruega, Países Bajos, Polonia, Portugal, Reino Unido, República Checa, Rumania, Rusia, Serbia, Siria, Suecia, Suiza, Tayikistán, Túnez, Turkmenistán, Turquía, Ucrania y Uzbekistán. Por tanto, los 27 de la UE, otros países del continente europeo que (aún) no son de la UE y otros países de otros continentes (norte de África, y Oriente Medio y Extremo).

Capítulo 3

Jurisprudencia del Tribunal Supremo español en materias reguladas por el Convenio CMR

Alfonso Cabrera Cánovas

1   Utilidad de la jurisprudencia

El Tribunal Supremo español se ha referido al Convenio CMR en una treintena larga de sentencias, que parten de 1984 (diez años después de la publicación del Convenio en el BOE, el 7 de mayo de 1974), referidas a artículos concretos del mismo. Hay algunas otras sentencias que también tratan de transporte internacional de mercancías por carretera, aunque no citan expresamente el Convenio CMR porque han considerado que las cuestiones debatidas se resuelven sobre la base de la legislación española. Otras se refieren tangencialmente a la carta de porte CMR como documento, pero deciden procesos de carácter penal o contencioso-administrativo. Aquí vamos a referirnos solo a la jurisdicción civil –Sala Primera–, a la que compete todo lo relacionado con el contrato de transporte y, por tanto, cuando este es de mercancías por carretera y de ámbito internacional, la interpretación y aplicación del Convenio CMR.

Podemos decir con satisfacción que algunas de estas sentencias –de sentido favorable al transportista– han sido obtenidas por el despacho de abogados Sánchez-Gamborino.

Naturalmente, hay otras instancias jurisdiccionales españolas (juzgados de primera instancia –hoy, también de lo mercantil– y audiencias provinciales) que han dictado sentencias tan interesantes y acertadas o más que las del Tribunal Supremo, pero razones de espacio nos imponen limitarnos a las emitidas solo por el más alto tribunal, cuyos pronunciamientos se dictan en un género de recurso llamado *de casación*.

Las sentencias que hemos reunido en el presente estudio se refieren a materias muy diversas. Sobre todo, a responsabilidad del transportista, en cuyo caso determinan cuándo sí existe y cuándo no; pero también sobre documentación del contrato (carta de porte), sobre prueba de las circunstancias exoneratorias de esta responsabilidad, sobre verificación del estado de la mercancía en origen o en destino, sobre plazo de prescripción y su interrupción o suspensión y reanudación, sobre jurisdicción competente y sobre otras cuestiones de gran interés práctico.

No se debe olvidar que la jurisprudencia –especialmente, la del Tribunal Supremo– es el complemento de la ley, al interpretar y aplicar esta (véase el art. 1.6 del Código Civil español), pues establece los necesarios matices y llena sus posibles omisiones o «lagunas». Además, no es una construcción teórica «de laboratorio», sino que juzga cuestiones efectivamente surgidas, problemas que se han planteado en la realidad. De modo que, conociéndola, no sería difícil saber qué decidiría un juzgado o tribunal ante determinada situación futura igual a otra u otras ya resueltas: qué tratamiento dar a las situaciones conflictivas y, sobre todo, cómo evitar que se produzcan. A cambio, como es obvio, la jurisprudencia no obedece a un plan sistemático, sino que cada tribunal –el supremo, y los demás– va decidiendo, conforme los pleitos le van llegando, sobre cualquier asunto que versen. Por eso, a diferencia de un profesor de Derecho, que cuando estudia una ley suele empezar por el principio de la misma, las sentencias más antiguas no tienen por qué referirse a los primeros artículos del Convenio CMR, ni las más recientes a los últimos.

Por este motivo, en lugar de ordenar estas sentencias por su respectiva fecha –que es aleatoria, y nunca conocida de antemano por el lector no especializado–, y ya que estas sentencias abarcan la mayor parte de cuestiones de que trata el Convenio CMR, hemos preferido presentarlas agrupadas por tales materias y siguiendo aproximadamente el orden de articulado del propio Convenio CMR, de manera que puedan buscarse según ese orden conocido.

En cualquier caso, al final del estudio, el lector encontrará una relación cronológica de todas ellas.

Cuando –como sucede a menudo– una misma sentencia contiene varios pronunciamientos interesantes, la citaremos en esos distintos lugares, procurando especificar el lugar exacto de la parte jurídica de la sentencia –*Considerando,* en abreviatura, *Cdo.;* o, más modernamente, *Fundamento de derecho,* en abreviatura, *Fto.*– que contiene la idea concreta que en cada caso destacamos.

Por otro lado, al citar una sentencia, indicaremos su fecha (día, mes y año), como es habitual en el ámbito jurídico europeo continental –al revés que en el ámbito anglosajón, donde se da preferencia a los nombres de los contrincantes–, y haremos referencia además –con la palabra *Aranzadi*– a su respectivo número de orden en un repertorio de jurisprudencia –el publicado por Editorial Aranzadi–, de carácter privado pero muy conocido y usado por los juristas, aunque obviamente adquirible por cualquier persona.

Dentro de una misma materia del Convenio CMR, no nos hemos considerado vinculados por el orden cronológico de las sentencias, sino que nos ha parecido más útil ir de las declaraciones más generales a las más específicas, aunque estas últimas pudieran ser anteriores en el tiempo a aquellas.

Así pues, vamos a estudiar qué dicen estas sentencias del Tribunal Supremo español que tratan de casos sometidos al Convenio CMR.

2 Ámbito de aplicación del Convenio CMR

El art. 1.1 del Convenio CMR delimita con claridad a qué contratos es aplicable su regulación: aquellos servicios de transporte internacional de mercancías por carretera cuando el país de origen o el país de destino sean parte (miembros) del Convenio (o los dos países, claro está).

En tal caso, el Convenio CMR es de aplicación imperativa (obligatoria): el artículo no dice «se podrá aplicar», sino «se aplicará». Por tanto, con exclusión del derecho nacional, no es aplicable la ley ni del país de origen, ni del de destino, ni de cualquier otro. En el caso de España, no se aplicaría el Código de Comercio de 1885, que contenía el régimen jurídico básico regulador del contrato de transporte por carretera: arts. 349 a 379, arts. 944, 951 y 952, etc., hoy sustituido en cuanto a la regulación de dicho contrato por la Ley 15/2009, de 11 de noviembre, ni tampoco se aplicaría la normativa que complementaba y actualizaba aquel código en nuestra materia (Ley de Ordenación de los Transportes Terrestres, o LOTT, 16/1987, de 30 julio, arts. 22, 23, 27, 28, 37, 38, etc., y el reglamento para el desarrollo y la aplicación de dicha ley, aprobado por Real Decreto 1211/1990, de 28 de septiembre, o ROTT, arts. 3.º, 4.º, 6.º a 12, 13, etc.). Así lo ha declarado en España el Tribunal Supremo.

Según la *sentencia de 20 de diciembre de 1985* (Aranzadi 6605), para resolver las cuestiones derivadas de un transporte internacional la normativa aplicable es la contenida en el Convenio CMR y no la del derecho interno español (Fto. 3.º). Se trataba de un supuesto de robo de la mercancía, al que después haremos mayor referencia, con relación a este hecho.

En igual sentido, la *sentencia de 18 de junio de 1991* (Aranzadi 4520), en un caso de transporte bajo temperatura controlada de alimentos (pepinillos) llegados a destino en mal estado, declara que el Convenio CMR prevalece sobre el Código de Comercio (Ftos. 2.º y 3.º). Más adelante haremos otras referencias a esta sentencia, por la actitud del conductor.

El Convenio CMR es aplicable aunque ambos contratantes del transporte sean españoles, como sucede en la mayor parte de las sentencias referidas en el presente estudio.

Con todo, el propio Tribunal Supremo, consciente de que el Convenio CMR contiene «lagunas» y expresas o indirectas remisiones a la ley nacional (véanse los arts. 5.1, 16.5, 20.4, 29.1, 32.1 y 32.3), ha establecido la aplicación subsidiaria de la legislación española.

Así, en su *sentencia de 15 de noviembre de 1993* (Aranzadi 8913), a propósito de dar validez a una carta como medio de interrupción del plazo de prescripción, establece que el Código de Comercio solo funciona «con carácter subsidiario» (Fto. 2.º, *in fine)*.

Conviene adoptar cautela en no confundir que el derecho nacional sea «subsidiario» al Convenio CMR con que deba darse a preceptos del CMR una interpretación «nacionalista» o «a la luz de» el derecho nacional de que se trate, no vaya a ponerse en riesgo el carácter común de las reglas del CMR, que exigen una interpretación autónoma, única manera de lograr que sea un derecho uniforme. Hablando precisamente de este Convenio, algún autor ha dicho, drásticamente pero con elocuencia, que la existencia de jueces nacionales es el principal obstáculo para el desarrollo del derecho uniforme –él mismo es magistrado: de Róterdam–.

También es cierto que varias veces hemos visto que un tribunal, aplicando el Convenio CMR, dice que «además» su régimen es el mismo que el vigente en España para el transporte interior (por ejemplo, en el carácter consensual del contrato de transporte, en la exigencia de prueba por el transportista de circunstancias exoneratorias de su responsabilidad, etc.); esto no debe ser un inconveniente, sino una nota enriquecedora, siempre que en efecto no pase de un mero comentario «de pasada» –*obiter dicta*–, sin perjuicio de aplicar el Convenio CMR.

Por lo demás, la imperatividad del Convenio CMR –cuando concurren los requisitos de su art. 1.1– y la imposibilidad de modificar sus reglas por los contratantes del transporte aparecen en otros preceptos del mismo: art. 1.5; art. 4, *in fine;* art. 6.1, *k*); art. 41.1, etc.

En fin, la *sentencia de 16 de noviembre de 2001* (Aranzadi 4341) estudia una reclamación de portes y reconvención que reclama perjuicios por retraso en la entrega en destino. Y establece que no es aplicable el Convenio CMR porque, pese a tratarse de un transporte internacional (con participación de marítimo y carretera), todo el transporte por carretera se desarrolló dentro de un mismo país –Estados Unidos de América– (Fto. 3.º con relación al 1.º).

En el apartado siguiente nos referiremos a otros casos de transporte por combinación de modos (carretera y otro), a propósito del art. 2.º del Convenio.

Por su parte, en la *sentencia de 25 de marzo de 2008* (Aranzadi 4061), relativa a un transporte claramente internacional (Valencia-Budapest), en que se formula reclamación contra el transportista por daños a la mercancía debidos a incendio del camión porteador, no se invoca ni aplica el Convenio CMR –ni por el juzgado de primera instancia ni por la audiencia en apelación–, y tampoco el Tribunal Supremo añade su cita ni lo aplica, sino que todos ellos invocan el Código de Comercio. Más adelante reiteraremos la mención de esta sentencia, a propósito de su decisión de fondo.

3   Transportes por superposición de modos

Entre los sistemas de transporte en que intervienen varios modos (carretera, ferrocarril, marítimo, aéreo o fluvial), una modalidad muy extendida son los transportes por superposición, así llamados porque, en efecto, en ellos se produce una superposición física de un vehículo cargado (por ejemplo, un camión) sobre otro vehículo soporte (un vagón ferroviario o un buque *ferry*, por ejemplo) que, por tanto, transporta el primer vehículo y la mercancía que este encierra. A esa superposición física de vehículos corresponde una superposición jurídica de dos contratos: un primer contrato entre el remitente de la mercancía y el titular del vehículo de carretera, y un segundo contrato entre este y el titular del vehículo soporte.

Esta fórmula –sobre cuyas ventajas e inconvenientes, y problemática jurídica, no nos podemos aquí extender– viene regulada en el Convenio CMR en un solo pero amplio precepto: el art. 2.º.

En síntesis –pues el artículo es farragoso–, dice que en estas combinaciones modales se aplica el Convenio CMR al conjunto de la operación, pero que, si el incidente (la pérdida, el daño) ha ocurrido con certeza en un tramo en el que el camión viajaba superpuesto a otro vehículo que se desplazaba por otro modo (por ejemplo, el camión embarcado recorría un tramo marítimo), el transportista de carretera responderá, aunque en la cuantía que correspondiese a ese otro modo en el que sucedió el evento dañoso (en el ejemplo, según las leyes marítimas, cuyo límite indemnizatorio es bastante inferior al terrestre).

En concreto, el correspondiente a la carretera es de 8,33 DEG (derechos especiales de giro, del Fondo Monetario Internacional –FMI–) por kilogramo (véase el art. 23.3 del Convenio CMR), mientras que el correspondiente al transporte marítimo es de 2 DEG por kilogramo o 666,67 DEG por bulto, la cantidad más elevada (véase el art. 4.5,*a*) del Convenio de Bruselas de 25 de agosto de 1924, o Reglas de La Haya, según protocolo de 1979).

Esta previsión no siempre se ha aplicado por el Tribunal Supremo español, que ha condenado como responsable al transportista de carretera sin aplicar disminución alguna por motivo del inferior límite de responsabilidad marítimo –conforme le obligaba el Convenio CMR–; decisión que, en opinión de los autores, es criticable.

Así ocurre en la *sentencia de 18 de noviembre de 1988* (Aranzadi 8606), que enjuicia un servicio de transporte combinado internacional carretera-mar entre Valencia (España) y Nador (Marruecos). Los camiones cargados de mercancía (maquinaria) fueron embarcados, pero sin adecuada sujeción o *trincaje,* con tan mala fortuna que un golpe de mar causó daños a la mercancía. El tribunal declaró la responsabilidad del transportista terrestre, que había contratado con el usuario la totalidad de la operación de transporte, sin aplicar disminución alguna por motivo del inferior límite marítimo, aunque reconoció expresamente a ese transportista terrestre su derecho de formular segunda reclamación –acción de repetición o recobro– contra el naviero (Ftos. 3.º y 5.º).

Como puede comprobarse, en esta sentencia, el Tribunal Supremo no aplica la previsión del art. 2.º del Convenio CMR, y ni siquiera cita el Convenio.

Hay otro aspecto en que no parecen haberse seguido las previsiones convencionales: el Convenio CMR no establece responsabilidad solidaria entre el transportista de carretera y el transportista del vehículo soporte.

Pero sí el Tribunal Supremo español.

La *sentencia de 31 de julio de 1996* (Aranzadi 6609) estudia un caso de transporte combinado mar-carretera desde Montevideo (Uruguay) a Irún (España), vía Le Havre, bajo temperatura controlada, en que resultaron daños a la mercancía transportada (pescado) por deficiencias en los contenedores suministrados por el naviero. Al no poderse determinar el grado de contribución a los daños por las respectivas omisiones de diligencia –del naviero, por los defectos en los contenedores, y también negligencia del transportista terrestre al no hacer comprobación alguna en el momento de su carga en el camión–, el tribunal establece la responsabilidad solidaria del transportista terrestre que ejecutó el tramo final (Fto. 3.º).

Insistimos en que en este caso no se embarcó un camión cargado de mercancía, sino unos contenedores, recogidos en el puerto francés de Le Havre por un camión, que los condujo hasta su destino: Irún. El Convenio CMR era aplicable, pues se trataba de un transporte internacional en que el país de destino –España– es miembro del mismo, pero no debió aplicarse al conjunto Uruguay-España, pues en el tramo marítimo la mercancía (contenedores) no viajaba cargada sobre camión, sino solo en el tramo Francia-España, que fue recorrido por ese camión.

El Tribunal Supremo aplicó el criterio del Convenio CMR sobre transportes sucesivos, donde sí se establece la solidaridad (véase el art. 34, que la sentencia expresamente cita –Fto. 3.º, al comienzo–), en opinión de los autores, incorrectamente, pues se equivoca al considerar sucesivos a los dos transportistas, marítimo y terrestre, ya que transportistas sucesivos son solo aquellos que actúan todos ellos por carretera, de manera consecutiva, lo que no ocurre en el presente caso. Es decir, la sentencia no parece haber tenido muy en cuenta la forma en que se realizó el servicio concreto origen del litigio.

Es cierto que la inclusión en el art. 2.º, apdo. 1.º, del Convenio CMR, de las palabras *en la medida en que se pruebe* puede permitir al tribunal distribuir la responsabilidad, cuando en parte ha de establecerse según el propio régimen del Convenio y en parte queda sometida al tratado regulador del modo distinto a la carretera. Así, por ejemplo, cuando el transportista por carretera ha dañado una mercancía mientras la trasladaba él mismo, y después el transportista de modo distinto pierde una parte de esa mercancía averiada, la división se efectuaría en proporción al grado de culpa de cada transportista, y se aplicaría entonces el régimen del Convenio CMR al primer citado transportista por el daño y el de la otra legislación correspondiente al segundo por la pérdida. De este modo, la indemnización sería compartida por ambos transportistas.

Pero –repetimos– esa regla se aplica solo cuando los dos o más transportistas actúan todos ellos por carretera, cada uno a continuación del anterior, lo que no sucede en el caso decidido por esa sentencia de 31 de julio de 1996.

4   Forma de contratar el transporte. La carta de porte

Uno de los ámbitos a que el Convenio CMR más importancia concede es la documentación del contrato de transporte. De hecho, la creación de la carta de porte probablemente es, junto al cuidado régimen de la responsabilidad del transportista, uno de los motivos de su éxito como convenio internacional. Y ello, por la sencilla razón de ser el documento donde constan la realidad del contrato y sus exactos términos y estipulaciones, con todo cuanto ello supone de compromiso para las partes contratantes.

En efecto, a la carta de porte dedica el Convenio muchos de sus preceptos: los arts. 4.º y 9.º, sobre su valor jurídico; el art. 5.º, sobre sus ejemplares; el amplio art. 6.º, sobre las indicaciones que debe contener; el art. 7.º, sobre responsabilidad del remitente por insuficiencia o error en sus datos, y los arts. 8.º; 11 a 16; 17.4,*a*); 20.3; 22.1; 24 y 26; 30, 34 y 35 por varios conceptos.

Ahora bien, pese a tanta importancia como la carta de porte tiene, el Convenio CMR no prevé como obligatoria su existencia. Es más, reconoce como jurídicamente válido el contrato aunque no exista tal documento (véanse los arts. 4.º y 9.2).

Planteada así la cuestión, hay que recordar que el contrato de transporte de mercancías por carretera tiene naturaleza jurídica consensual (de *consenso,* «acuerdo»). Ello quiere decir que para la validez del contrato basta con el mero acuerdo de voluntades entre los contratantes, de cualquier modo manifestado.

Así lo ha confirmado el Tribunal Supremo.

La *sentencia de 14 de julio de 1987* (Aranzadi 5489), sobre daños a la mercancía causados por accidente del vehículo que la transportaba, declara rotundamente que, conforme al Convenio CMR, el contrato de transporte es consensual y la ausencia de carta de porte no afecta a la existencia ni a la validez de dicho contrato (Fto. 3.º).

A veces se ha emitido un documento, aunque no sea propiamente una carta de porte CMR, sino de otra clase (por ejemplo, un télex, un fax, etc.), que también vale: si se admite la situación de ausencia de documento, ¿cómo no se admitiría la de existencia de algún documento, aunque no sea una carta de porte CMR?

El Tribunal Supremo lo ha reconocido expresamente.

En *sentencia de 29 de abril de 1986* (Aranzadi 2040) declara que el télex es válido como medio de contratar un transporte entre un transitario-cargador y un transitario--porteador, y establece que las cartas de porte emitidas posteriormente se refieren solo a la realización por transportistas de aspectos parciales del total transporte convenido (Fto. 2.º).

No existen sentencias de Tribunal Supremo sobre el valor del correo electrónico en el ámbito CMR. Aunque, en opinión de los autores, también constituiría un medio perfectamente válido.

Aun así, es importantísimo que exista carta de porte.

La carta de porte tiene naturaleza jurídica declarativa (no constitutiva) del contrato, o sea, es un medio de prueba, de eficacia prevalente (véase el art. 4.º), que el Tribunal Supremo considera fundamental.

En *sentencia de 2 de junio de 1990* (Aranzadi 4724), dictada en reclamación del transportista contra el remitente por impago del precio del transporte, el tribunal establece que la carta de porte es el documento fundamental que debe acompañar al escrito de demanda, mientras que otros documentos pueden aportarse en momento posterior

–período de prueba– del proceso (Fto. 1.º), por lo que, rechazando una defensa en sentido contrario, condena al remitente a pagar al transportista.

La existencia de una carta de porte CMR resulta siempre muy conveniente, y, en algunos casos, incluso necesaria; por muchos motivos:

a) para tener la certeza de qué se contrató y en qué términos exactos. Se evita así, en caso de conflicto o litigio, la molestia de tener que recurrir a otros y más complejos medios de prueba (testigos, documentos, registros, etc.);

b) porque, como señala el art. 9.1 del Convenio, la carta de porte sirve como recibo de la mercancía por el transportista;

c) porque el derecho de disposición sobre la mercancía transportada previsto en el art. 12.5,*a*) solo se puede ejercer mediante la entrega de la carta de porte (primer ejemplar) al transportista;

d) porque la validez de eventuales declaraciones de valor (véase el art. 24) o de interés especial en la entrega (véase el art. 26) está condicionada a su inscripción en la carta de porte;

e) porque las eventuales reservas sobre el estado de la mercancía y de su embalaje, al tiempo de la toma en carga, se han de inscribir en la carta de porte, conforme al art. 9.2;

f) porque, para la reclamación de portes y gastos por el transportista, la carta de porte es la mejor evidencia documental (las facturas del transportista u otros documentos pueden no ser lo suficientemente completos o expresivos de datos de la operación de transporte a que se refieren);

g) porque la circunstancia de empleo de vehículos abiertos y no entoldados se podría perder como exoneratoria de responsabilidad del transportista conforme al art. 17.4,*a*) si no consta inscrita en la carta de porte;

h) porque, en caso de intervenir transportistas sucesivos, estos solo adquieren consideración jurídica de tales según el art. 34 mediante su aceptación de la mercancía y de la carta de porte, y

i) porque normas de carácter aduanero, tributario (IVA), fitosanitario, etc., pueden exigir en algunos casos la emisión de carta de porte.

Por todo ello, lo habitual y recomendable es extender una carta de porte. Y poner el máximo cuidado en la redacción del documento, y en la exacta inscripción de los datos y términos del contrato de transporte.

5 Seguro y transporte son contratos independientes

Pese a la estrecha relación entre el transporte y el seguro –casi podría decirse que «detrás de cada transporte hay un seguro»–, el contrato de seguro es distinto e independiente del contrato de transporte, y también diferente en los derechos, obligaciones y responsabilidades que establece, lo mismo que es diferente la normativa aplicable a cada uno de dichos contratos, aunque ambos puedan referirse a una misma operación de transporte.

Así, por ejemplo, el contrato de seguro puede contener otros conceptos (prima, franquicia, suma asegurada, beneficiario distinto del asegurado) y otras reglas (peritación de la mercancía averiada, plazos de prescripción de reclamaciones, jurisdicción competente, etc.), diferentes a los del contrato de transporte.

Importa dejar clara esta diferencia, porque a veces las empresas contratantes del transporte (sean los transportistas, sean sus clientes –o un mediador: agencia o transitario–) invocan normas y condiciones del seguro a efectos de su responsabilidad o no en el transporte, lo cual es inaceptable.

Y también porque el propio Convenio CMR, en su art. 6.2,*e*), contiene una previsión sobre expresión en la carta de porte CMR de las instrucciones del remitente al transportista concernientes al seguro de la mercancía que puede confundir si no se tienen claras estas ideas.

El Tribunal Supremo ha establecido claramente esta separación. Concretamente, en su *sentencia de 12 de julio de 1986* (Aranzadi 4506) dice que la referencia en la carta de porte al seguro –a efectos de competencia jurisdiccional– es accidental; en una reclamación entre partes del contrato de transporte rigen las normas propias de este contrato (Fto. 2.º).

6   El pago de los portes (precio del transporte)

6.1   *Quién debe pagarlos, si nada se ha pactado*

Esta es una cuestión que surge en la práctica, de buena fe o menos buena fe, por duda real o duda fingida. Aunque parezca increíble, muchas veces no se incluye en la carta de porte una estipulación concerniente a quién corresponde pagar el precio del transporte (portes) y sus gastos, pese a que el art. 6.1,*i*) del Convenio CMR impone mencionar los gastos relativos al transporte (precio, etc.) y que su apdo. 2,*b*) prevé que se mencionen los gastos que el remitente toma a su cargo.

Entonces, remitente y destinatario se atribuyen mutuamente esta obligación, y crean para el transportista acreedor un ingrato punto muerto. Tiempo de espera que el Tribunal Supremo ha sabido romper al condenar a pagar al remitente, como parte que contrató con el transportista.

La *sentencia de 26 de octubre de 1985* (Aranzadi 4955), que decide sobre un transporte internacional, aunque no cita expresamente el Convenio CMR, condena al remitente a pagar los portes, ya que en la carta de porte no se especificó que estos eran debidos –o sea, a pagar por el destinatario–.

6.2   *¿Es admisible, para no pagar el precio del transporte, utilizar el pretexto de que hubo daños?*

A veces, en reclamaciones amistosas e incluso judiciales por el transportista para obtener el pago de los portes y gastos, sucede que el usuario –intentando evitar tal pago– alega que la mercancía ha llegado a destino en malas condiciones o con faltas parciales, etc.

Los autores siempre han defendido –y los tribunales les han dado la razón– que no es viable tal argumento defensivo, el cual, generalmente, es planteado en el escrito de contestación a la demanda como «excepción» (argumento de defensa), o aun en una «reconvención» («contraataque») dentro del pleito (véase el art. 36 del Convenio CMR).

En España, este argumento es inaceptable básicamente por los siguientes motivos:

1. Porque, para poder tener lugar una compensación de deudas, debe exigirse que ambas sean líquidas (así lo requiere el Código Civil en su art. 1196, apdo. 4.º), lo cual no ocurre cuando el valor de esa mercancía supuestamente dañada o perdida aún está por determinar.
2. Por cuanto para la reclamación del usuario en tales casos ya existe un procedimiento específico y distinto (véanse los arts. 30, 31 y concordantes del Convenio CMR).

Sería, pues, necesario seguir dos reclamaciones distintas, una por cada motivo. Y, solo cuando tras finalizar los respectivos trámites (mediante sentencia u otro modo de fijación de valor) se llegue a cantidades concretas, podría intentarse una fórmula compensatoria, si es que a ambos interesados conviene; pero nunca antes. Así lo ha entendido el Tribunal Supremo.

En *sentencia de 26 de octubre de 1985* (Aranzadi 4955), que decide sobre un transporte internacional aunque no cita expresamente el Convenio CMR, el tribunal desestima la «reconvención» del remitente basada en supuestos daños a la mercancía transportada (frente a una reclamación del transportista por impago del precio del transporte), pues la supuesta existencia de tales daños no se demuestra suficientemente; además –dice la sentencia–, no cabe compensación, al no existir crédito del remitente frente al transportista (Fto. 4.º, *in fine)*.

En definitiva, no puede dejar de efectuarse el pago de los portes alegando que la mercancía resultó dañada durante su transporte, pues ello permitiría que personas con pocos escrúpulos hicieran toda clase de alegaciones infundadas con tal de evitar dicho pago.

7   Examen de la mercancía en origen

He aquí unas interesantes previsiones del Convenio CMR que en la práctica, por desgracia, no siempre se cumplen.

El art. 8.º del Convenio CMR impone al transportista, en el momento de la toma en carga, revisar los datos de la carta de porte relativos al número de bultos, sus marcas y números, y el estado aparente de la mercancía y su embalaje, para poner reservas escritas en la carta de porte si advirtiera alguna anomalía; puesto que, en ausencia de tales reservas –dice el art. 9.2– se presumirá que tal mercancía y su embalaje eran correctos en origen (y, si no lo son en destino, el transportista tendrá que responder de la pérdida o el deterioro).

Es sabido que, en la práctica, tal verificación muchas veces no se realiza, por falta de tiempo u otras razones. Sin embargo, después, y por desgracia, la presunción es aplicada por los tribunales. Como ha hecho el Tribunal Supremo.

En *sentencia de 31 de julio de 1996* (Aranzadi 6609), decidiendo sobre un transporte de mercancía a temperatura controlada (pescado) de Montevideo a Irún, vía Le Havre, en que aparecieron daños a la mercancía transportada, el tribunal considera que, por parte del transportista que actuó en último lugar, «faltó la mínima diligencia profesional exigida en el artículo 8.1 del Convenio CMR» respecto a su obligación de revisar la carga en el momento de recibirla, para en su caso poner reservas, «debiendo aplicarse la presunción del artículo 9.2 y tenerle por responsable», a dicho transportista (Fto. 2.º, *in fine*).

Un supuesto de daños a la mercancía transportada debidos a mala sujeción de esta, habiendo realizado la estiba el cargador, es el que contempla la *sentencia de 5 de mayo de 2008* (Aranzadi 2824), en este caso, en viaje de Zamudio a Múnich. Más adelante volveremos a citarla, a propósito del alcance de la exoneración de responsabilidad del transportista. Por lo que ahora interesa, esta sentencia establece que el transportista no incumplió el deber de revisar la estiba en origen y en su caso poner reservas, pues tal cosa no la exige el art. 8.º del Convenio CMR, que habla solo de verificar el estado de la mercancía y de su embalaje, y además ello constituye una presunción *iuris tantum,* capaz de ser desvirtuada mediante una prueba en contra, como aquí ha sucedido (Fto. 3.º).

8   La responsabilidad del transportista y su exoneración

Uno de los ámbitos a que el Convenio CMR dedica mayor atención –y uno de sus mayores logros en la unificación internacional de reglas– es el concerniente a la responsabilidad contractual del transportista. En concreto, todo su amplio capítulo IV (véanse los arts. 17 a 29, ambos inclusive), además de otras previsiones aisladas, en otros artículos.

La responsabilidad del transportista nace cuando, existiendo su culpa, falla en cumplir su obligación fundamental de hacer llegar la mercancía al destinatario en buen estado, íntegra y dentro de plazo.

La filosofía básica del sistema de responsabilidad del Convenio CMR radica en que el transportista, con el contrato, adquiere una obligación de resultado –no de mera actividad– sobre la operación. No hay una mera obligación de medios –no basta con probar que el transportista ha empleado toda su diligencia, habitual o razonable–, sino de resultado –al transportista se le paga para que entregue efectivamente la mercancía en destino, no para que intente entregarla–.

Si la mercancía no es entregada en destino íntegra y en buenas condiciones, se presume que hay incumplimiento por parte del transportista. Este, para exonerarse de esa responsabilidad, tendrá que demostrar la existencia de una causa o circunstancia concreta, de entre las que en lista taxativa enumera el Convenio CMR en el art. 17, apdos. 2.º y 4.º.

8.1   *La prueba de causa exoneratoria es deber del transportista*

Conforme a lo que acabamos de recordar, es el transportista quien debe probar la concurrencia de una causa de exoneración de responsabilidad si se quiere librar de ella, y no el cliente, que ya ha visto cómo su mercancía se ha perdido, dañado, o llega con retraso.

Así lo dice claramente el art. 18.1 del Convenio CMR, y así lo ha declarado con igual rotundidad el Tribunal Supremo.

De este modo, en *sentencia de 20 de diciembre de 1985* (Aranzadi 6605), en un supuesto de robo de la mercancía transportada, el transportista consiguió probar ante el tribunal las circunstancias en que el robo se produjo, y cómo estas suponían que ese robo había sido inevitable, por lo que el tribunal exoneró de responsabilidad al transportista (Fto. 2.º). Más adelante haremos una nueva referencia a esta decisión con relación a tales circunstancias del robo.

También en la citada *sentencia de 18 de junio de 1991* (Aranzadi 4520), referida a un transporte bajo temperatura controlada de alimentos (pepinillos) que llegaron a destino en mal estado, el tribunal declara que es el transportista quien debe aportar la prueba de que concurre alguna de las causas de exoneración de su responsabilidad previstas en el Convenio CMR; por lo que, no habiéndolo hecho, condena al transportista a pagar la indemnización (Fto. 2.º, *in fine).*

En el mismo sentido, la *sentencia de 25 de octubre de 2004* (Aranzadi 6315), concerniente a un transporte de Elche a Moscú en que se produjo la pérdida de la mercancía, el transportista reclamado no fue capaz de probar las posibles circunstancias exoneratorias que alegó que concurrían, por lo que fue condenado a indemnizar su valor (Fto. 2.º), incluso sin ser aplicado el límite máximo de responsabilidad previsto en el art. 23.3 del Convenio (Fto. 3.º).

En cambio, declara la *sentencia de 16 de abril de 2008* (Aranzadi 5217), no es necesario que el derechohabiente pruebe la pérdida de la mercancía transportada cuando simplemente acontece la desaparición del camión que la transportaba, pues actúa la presunción prevista en el art. 20.1 del Convenio (Fto. 3.º).

8.2   La prueba de mala estiba es deber del transportista

Igualmente, corresponde al transportista probar la existencia de circunstancias concretas exoneratorias de responsabilidad, como la culpa del usuario por inadecuada estiba (véase el art. 17.4,*c*) del Convenio CMR).

En *sentencia de 20 de junio de 1989* (Aranzadi 4705) sobre un caso de daños a la mercancía (fruta) transportada en régimen de temperatura controlada, el tribunal establece que incumbe al transportista probar la inadecuada estiba (mala colocación de cajas de fruta en el interior del camión) por los empleados del remitente, y también que –conforme al art. 18.4 del Convenio CMR– adoptó cuantas medidas de diligencia estaban a su alcance. No habiéndolo hecho así, condena al transportista como responsable de tales daños (Fto. 2.º).

Es esta por desgracia una situación que ocurre en la práctica con frecuencia en el transporte frigorífico: el remitente carga demasiada mercancía al objeto de aprovechar al máximo la capacidad de la caja del vehículo, pero con ello impide la circulación del aire frío entre esas mercancías, lo que provoca su deterioro y las consiguientes reclamaciones y litigios; aparte de poder provocar un accidente de circulación, o una sanción administrativa por sobrepeso del vehículo.

En la sentencia referida, el transportista hubiera quedado exonerado de responsabilidad, según el art. 17.4,*c*) del Convenio, puesto que la carga y estiba fueron realizadas por el remitente.

Pero, conforme al art. 18.4 –sigue diciendo–, si el transporte es efectuado por medio de un vehículo preparado para sustraer la mercancía a la influencia del calor, el transportista no puede invocar el beneficio del art. 17.4,*d*) –presunción de causa a efecto, con resultado exoneratorio de su responsabilidad– a no ser que pruebe que, teniendo en cuenta las circunstancias, adoptó todas las posibles medidas de diligencia.

La sentencia se basa en el criterio de profesionalidad del transportista, que conoce sus medios y debe utilizarlos con el máximo cuidado, «pues –dice– resulta razonable pensar que unos simples cargadores o mozos de cuerda no sean ni tengan por qué ser las personas más idóneas para saber el sistema de emisión de frío, situación de los conductos de aire, espacios necesarios para la aireación, entrada de la ventilación exterior, etc., de que van dotados los vehículos isotermos (al contrario que) el dueño del vehículo o sus empleados especialistas» (Fto. 2.º).

Lo curioso en esta sentencia –y criticable, en opinión de los autores– es que aplica la letra *d*) del art. 17.4 –naturaleza de las mercancías normalmente expuestas a pérdida o daños– (letra *d*), única a que se refiere el art. 18.4: si el transporte es efectuado por medio de un vehículo a temperatura controlada, el transportista solo puede invocar el beneficio del art.17.4,*d*) si demuestra haber adoptado las medidas que le incumbían en relación con la elección, el mantenimiento y el empleo del equipamiento del vehículo).

Pero, en este caso (como reconoce la sentencia –Fto. 2.º, al comienzo–), el transportista no había invocado dicha letra *d*), sino la defectuosa colocación de las cajas de fruta en el camión frigorífico por los empleados del remitente, lo que corresponde a otra letra: la letra *c*) (manipulación, carga y estiba por el remitente) de dicho artículo y apartado. No es lo mismo la letra *c*) que la letra *d*), del art. 17.4. El art. 18.4 solo se refiere a la *d*). Por lo que –en opinión de los autores– la excepción a que se refiere el art. 18.4 no tendría que haberse aplicado por el tribunal.

Es más, aunque en efecto fuese aplicable esa letra *d*), las medidas cuya adopción el transportista no probó no son cualesquiera, sino las que concretamente cita el art. 18.4, *in fine:* aquellas «que le incumbían en relación con la elección, mantenimiento y empleo del equipamiento del vehículo, y que se ha sometido a las instrucciones especiales que en su caso le hayan sido dadas». Y, en el caso sentenciado, ni se planteó que el vehículo y su equipamiento fueran adecuados o no y su mantenimiento fuera correcto o no, ni aparece que el transportista recibiera instrucción alguna.

En otro caso de mala estiba, realizado por el propio transportista, desde luego este es declarado responsable.

Nos referimos a la *sentencia de 10 de diciembre de 1975* (Aranzadi 4452), que trata sobre un servicio de transporte internacional, aunque no cita el Convenio CMR, como no pudo hacer por razón de fecha. El CMR fue publicado solo un año antes de la sentencia, en el BOE de 1974, lo que imposibilitó la cita de sus artículos en ninguna de las instancias –primera instancia y apelación– sobre las que debe decidir el Tribunal Supremo en casación.

Era este un caso de mala estiba de la mercancía (carne) en el vehículo frigorífico –mercancía que se colocó no colgada, sino amontonada, sin permitir el paso de aire frío–, por lo que se condena al transportista como responsable de los daños en la misma.

La *sentencia de 22 de septiembre de 2006* (Aranzadi 6394) estudia la reclamación contra un transportista por daños a la mercancía debidos a su caída del camión por falta de sujeción, habiendo realizado la operación de carga el remitente, como alegó el transportista (véase el art. 17.4,*c*) del Convenio); pero –dice el Tribunal Supremo– dejando el transportista de cumplir su obligación de sujetarla al vehículo, como alegó el reclamante (véase el art. 18.2, ídem). Por ello, declara concurrencia de culpas (véase el art. 17.5, ídem) con consiguiente reducción proporcional en la cuantía de la indemnización pretendida (Fto. 3.º).

Otro supuesto de daños a la mercancía transportada debidos a mala sujeción de esta, habiendo realizado la estiba el cargador, es el que contempla la ya referida *sentencia de 5 de mayo de 2008* (Aranzadi 2824). Igual que en primera instancia y en apelación, el alto tribunal declara a los transportistas –contractual y efectivo– exonerados de responsabilidad (Fto. 5.º); pues, aunque el art. 17.4,*c*) del Convenio CMR no menciona expresamente la estiba, ha de entenderse como operación complementaria a la de carga (Fto. 2.º).

8.3   El transportista responde por actos de sus empleados y de los transportistas subcontratados

Se ha trasladado a esta sección de responsabilidad del transportista (véanse los arts. 17 y ss. del Convenio CMR), por afinidad de la materia, una cuestión que el Convenio trata en un lugar muy anterior (en su art. 3.º): cuál es la responsabilidad del transportista por actos de sus empleados y de aquellas otras personas a cuyos servicios acuda para la ejecución de su cometido.

Es algo que ofrece pocas dudas, pese al habitual intento de culpar a otro. Desde luego, el transportista responde de los actos y omisiones de sus empleados.

Así lo establece la *sentencia de 30 de diciembre de 1986* (Aranzadi 7836), decidiendo un caso de transporte bajo temperatura dirigida de mercancía perecedera (plantas de fresa) que llegó a destino con daños, y allí fue examinada solo por el perito designado por el usuario. Sin embargo, «se dio plena conformidad –dice– en el hecho constatado (daño) y, al firmar el acta, los conductores asumieron todo cuanto en el documento antecedía a su firma…», siendo que el Convenio CMR «obliga al transportista a responder de los actos de sus empleados […], lo que ha de aplicarse a la conformidad prestada por sus conductores»; por lo que el transportista es condenado a indemnizar el valor de la mercancía dañada (Fto. 2.º).

En igual sentido, la referida *sentencia de 18 de junio de 1991* (Aranzadi 4520) concierne a un servicio de transporte de alimentos (pepinillos) que llegaron a destino con daños exteriormente visibles, y allí fueron comprobados por un perito, en presencia pasiva del «conductor del camión en que el transporte es realizado […], cuyos actos vinculan a la entidad transportista de conformidad con lo dispuesto en el artículo 3 del expresado Convenio» (Fto. 2.º), para en consecuencia considerar la verificación hecha bilateralmente, y correcta según el art. 30.1 del propio Convenio CMR.

También el Tribunal Supremo ha interpretado con amplitud la expresión *en el ejercicio de sus funciones,* que incluye el art. 3.º del Convenio CMR como requisito de actuación vinculante para el transportista.

En la *sentencia de 9 de febrero de 1999* (Aranzadi 1054), decidiendo un caso en que el conductor varió la ruta que se le marcó y su vehículo quedó atascado en un paso a nivel ferroviario y fue alcanzado por el tren, con pérdida de su vida y grave daño a la mercancía, el tribunal establece que «el conductor estaba transportando por orden y cuenta de su empresa y ello es estar en el ejercicio de sus funciones; que en él haya cometido actos generadores del daño y omitido elemental diligencia no le sustrae del ámbito de sus funciones ni a su empresa le releva de responder por los actos y omisiones de sus empleados» (Fto. 4.º).

Una vez se planteó el caso respecto a un vehículo articulado que sufrió accidente: el dueño del semirremolque argumentaba que poca intervención pudo haber tenido en el mismo. Sin embargo, el Tribunal Supremo también le hizo responsable.

La *sentencia de 15 de junio de 1988* (Aranzadi 4932), aunque no cita el Convenio CMR, examina un supuesto de transporte internacional bajo temperatura controlada en el que resultaron daños a la mercancía (alimentos) por accidente del camión en que era transportada, debido a negligencia de su conductor (exceso de velocidad). La decisión fue de condena solidaria al tractorista y al dueño del semirremolque.

Quizá el Tribunal Supremo pretendió una máxima garantía de satisfacción a la víctima. Pero insistimos en que no invoca ni aplica artículo concreto del Convenio CMR.

Lo que dice el art. 3.º exactamente es que el transportista responde no solo de sus empleados, sino también de las demás personas a quienes él haya elegido. Y esto se ha aplicado desde luego a la relación entre transportista contratante y transportistas subcontratados.

En su *sentencia de 14 de julio de 1987* (Aranzadi 5489), el Tribunal Supremo condena al transportista contratante (apreciando su relación consensual, pese a que su nombre no consta en la carta de porte –pues convino con el remitente las condiciones del contrato de transporte, procuró su efectiva realización y cobró su precio, obtuvo beneficio e incluso siguió el curso del examen de los daños–) y también condena al segundo transportista, cuyo nombre sí aparece en la carta de porte, por pérdida de la mercancía causada por accidente (vuelco) del camión debida a negligencia solo de un tercer transportista efectivo, a quien exonera de responsabilidad (Fto. 3.º, *in fine)*, pues declara que ese porteador efectivo es ajeno al contrato con el remitente, por cuanto no existe «un solo contrato con sucesivos transportistas» en el sentido del art. 34 del Convenio CMR (Fto. 4.º).

Esta sentencia ha sido criticada por su desviación respecto al art. 36 del Convenio CMR (el transportista emisor de la carta de porte no debió ser condenado por cuanto no reúne la condición de primer transportista; el efectivo causante del daño no debió ser absuelto, por esa misma razón y por ser el último de los transportistas de la serie), crítica compartida por los autores.

La *sentencia de 9 de julio de 1987* (Aranzadi 3876) estudia una reclamación contra el transportista por pérdida total de la mercancía. Y declara que, aunque ese transportista fuera en realidad o se comportara como un comisionista de transporte, este también responde por los actos de los transportistas efectivos con quienes subcontrató la realización del servicio (Fto. 4.º). Después volveremos a considerar esta sentencia en cuanto al fondo del asunto.

En cambio, después, en su *sentencia de 15 de febrero de 2001* (Aranzadi 3965), relativa a un servicio de Karlstadt a Valencia, el propio Tribunal Supremo sostuvo lo contrario: que el comisionista no responde de los hechos del transportista efectivo (Fto. 3.º). Contradicciones francamente lamentables, porque no contribuyen a garantizar la deseable seguridad jurídica.

Más complejo puede ser el caso de la *sentencia de 12 de febrero de 2008* (Aranzadi 5492), que trata sobre una reclamación del asegurador del destinatario contractual contra los transportistas efectivos por destrucción de la mercancía. Empieza por declarar correcto el contrato de seguro suscrito por el transportista contractual como tomador y por cuenta de terceros –sus clientes, a quienes en efecto entregó la indemnización del seguro– (Fto. 4.º). El Tribunal Supremo establece además que quien se obligó a transportar –dicho transportista contractual– adquiere ante el derechohabiente la misma posición que quien transporta en efecto (Fto. 2.º). Y concluye que ese mismo principio se aplica al demandado –enfrentado con el transportista contractual– aunque el transportista efectivo y supuesto autor del daño haya sido un tercero, en situación procesal de rebeldía (Fto. 3.º).

8.4   *El transportista responde por fallos del vehículo*

Otra cuestión que a veces invoca el transportista es que él no ha tenido culpa, sino que se ha producido un fallo del vehículo. Pues bien, de los defectos y fallos mecánicos del vehículo, en general, también responde el transportista. El art. 17.3 del Convenio CMR es claro al respecto y su previsión ha sido aplicada por el Tribunal Supremo.

Así, en referida *sentencia de 15 de noviembre de 1993* (Aranzadi 8913), dictada en un caso de accidente producido por un fallo en el sistema de frenado del vehículo porteador de la mercancía, que como consecuencia resultó dañada, el tribunal considera que los defectos en el vehículo con que se realiza el transporte no exoneran de responsabilidad al transportista (Fto. 1.º).

La citada *sentencia de 18 de junio de 1991* (Aranzadi 4520), en un supuesto de transporte de alimentos (pepinillos) bajo temperatura controlada, declara que el transportista responde de las consecuencias de los fallos mecánicos de los aparatos frigoríficos instalados en sus vehículos, como malas condiciones de las cámaras frigoríficas o deficiente funcionamiento de los compresores o termostatos (Fto. 1.º en relación con el 2.º, *in fine)*.

En fin, en su *sentencia de 25 de marzo de 2008* (Aranzadi 4061), ya referida, en que se formula reclamación contra el transportista por daños a la mercancía debidos a incendio del camión porteador, el Tribunal Supremo establece que no es fuerza mayor porque ese incendio tuvo como origen que el sistema eléctrico del vehículo se hallaba en malas condiciones (Fto. 4.º, ap. II y 6.º).

8.5   *No se responde por robo «inevitable» de la mercancía*

Antes nos hemos referido a la culpa del remitente como causa exoneratoria de responsabilidad del transportista. Otras de las causas de más frecuente invocación –de entre las contempladas en el art. 17.2 del Convenio CMR– son aquellas circunstancias que el transportista no pudo evitar y cuyas consecuencias no pudo impedir. Es decir, lo que en derecho suele llamarse *fuerza mayor.*

Son supuestos evidentes de fuerza mayor las catástrofes naturales, por ejemplo: inundación, caída de rayo, gran tempestad, terremoto, etc. También los desastres humanos: guerra o revolución, atentado (que produce explosión, incendio, roturas), accidente nuclear, etc.

Pero otros casos no siempre están tan claros –incendios, accidentes de tráfico, huelgas, vandalismo, bloqueo de fronteras o de carreteras, etc.–, sino que en ellos la responsabilidad o no del transportista dependerá de las circunstancias concretas de cada supuesto. Uno de estos casos, para los que no caben reglas generales, es el robo o hurto de la mercancía transportada.

Siempre se considera fuerza mayor exoneratoria el robo con violencia: en cuadrilla (grupo), a mano armada, con simulación –accidente ajeno, orden de detención por falso policía disfrazado–, etc.; en general, bajo cualquier forma de violencia o engaño, en las personas o en las cosas.

Pero, en otros casos de robo o hurto, habrá que valorar circunstancias; por ejemplo, si se produjo a plena luz del día (o entrada la noche); en el centro de la ciudad u otro lugar habitado (o en un descampado); con presencia próxima de policía (o no); si se hubo dejado el vehículo por breve tiempo (o durante muchas horas o días) para algo necesario como tomar alimento o despachar en aduana (o para actividades ajenas al servicio); si permaneció el vehículo en aparcamiento vigilado (o en lugar abierto de fácil acceso); si estaba este cerrado con llave (o no); si fueron accionados sus medios de seguridad antirrobo, como alarmas, sistemas de bloqueo de dirección o interruptores del paso de corriente eléctrica o de carburante, u otros (o no); si, cuando el conductor o la policía encontraron el vehículo, resultó que los mandos de control o la cerradura habían sido forzados (o no); si el conductor había estado durmiendo dentro del vehículo, etc.

En definitiva, se trata de examinar el grado de diligencia y racionalidad de la actitud del conductor encargado del vehículo, en cada uno de los momentos anteriores, simultáneos y posteriores al robo.

Sobre la base de este análisis, fue muy grato para nuestro despacho obtener una sentencia del Tribunal Supremo de sentido exoneratorio de responsabilidad para el transportista.

Se trata de la *sentencia de 20 de diciembre de 1985* (Aranzadi 6605), que considera el robo de la mercancía transportada como un supuesto de fuerza mayor exoneratorio de responsabilidad contractual del transportista, dada las circunstancias en que este robo se produjo: en horas poco propicias (final de la tarde); en lugar habitado y supuestamente vigilado por la policía; en ausencia del chófer solo para tomar su cena, y tras haber cerrado la puerta del vehículo. El robo se produjo en Italia, y en el pleito fue demandante un asegurador, subrogado en la posición del destinatario, tras haber indemnizado a este.

Pues bien –declara la sentencia–, «ningún reproche puede hacerse al conductor del camión, atendidos los expuestos antecedentes, y, por tanto, debe afirmarse que la sustracción temporal del camión y definitiva de la mercancía se debió a circunstancias que el conductor no pudo evitar [..., es decir], a fuerza mayor excluyente de la responsabilidad». En consecuencia, absuelve al transportista (Fto. 2.º, *in fine*).

Hay otra decisión, la *sentencia de 21 de enero de 2000* (Aranzadi 224), también del Tribunal Supremo y ganada por nuestro despacho, referida a robo en transporte internacional por carretera y favorable al transportista, aunque bajo otro enfoque: predominantemente procesal.

El transportista contractual, A, recibió el encargo de trasladar una mercancía de alto valor (relojes de péndulo) de Italia a España, servicio que subcontrató con un segundo transportista (una empresa pequeña) al que llamaremos B, en cuyo vehículo fue cargada la mercancía y conducida hasta su lugar de destino: Burgos. Pero allí, antes de ser entregada a su legítimo destinatario, unos conductores (empleados de B) poco escrupulosos decidieron aumentar su patrimonio ilícitamente y se quedaron con tan golosa mercancía.

El dueño de la mercancía, Z, formuló denuncia penal por apropiación indebida contra los conductores (también por falsa denuncia, pues en su astucia simularon ante la policía haber sido ellos mismos robados) y también dirigió su acción contra los transportistas, lo que dio origen a un proceso jurisdiccional de naturaleza penal o criminal. Pero en ese proceso penal el abogado del reclamante olvidó hacer la reserva expresa de acción civil que exige el art. 112 de la Ley de Enjuiciamiento Criminal para cuando se desea dejar para un proceso judicial posterior, distinto e independiente, la reclamación comercial. El proceso penal continuó y terminó por sentencia en que se condenó a los conductores como autores de delito a penas privativas de libertad, y, como responsable civil, deudor del precio de la mercancía faltante, únicamente al segundo transportista, B (su patrono), que fue declarado insolvente. Pero nada dijo respecto a responsabilidad del transportista primero o contractual, A. Sentencia penal que, tras su apelación desestimada, quedó firme.

Pues bien, empezado un proceso civil del dueño de la mercancía, Z, contra el primer transportista, A, el despacho jurídico alegó en su defensa que todas las responsabilidades habían sido ya decididas en el juicio penal, y a él ninguna había sido atribuida. Y esta idea prosperó: fue admitida por el juez de primera instancia; después, en apelación por la Audiencia provincial, y, finalmente, en casación, confirmada por el Tribunal Supremo al establecer que, al no haber hecho el denunciante penal reserva expresa de acciones civiles, «todas las responsabilidades surgidas por razón del delito, causa del incumplimiento contractual, han quedado juzgadas en firme en la sentencia penal» (Fto. 2.º).

Otro caso de robo de la mercancía transportada (menaje de cocina) es el que estudia la *sentencia de 13 de mayo de 2008* (Aranzadi 3066), producido el robo mientras el conductor cenaba en un restaurante. El asegurador del cargador reclamaba no contra el transitario, sino directamente contra el transportista efectivo y el asegurador de este. Estando el transportista en rebeldía, es condenado al pago su asegurador, aunque aplica el límite de responsabilidad al no apreciar la concurrencia de dolo. Volveremos sobre esta sentencia más adelante, a propósito del dolo o culpa grave.

9 Cuantificación del valor de la mercancía indemnizable

Naturalmente, el valor de la mercancía transportada, a efectos de su indemnización cuando ha sido perdida o dañada, suele ser causa de enfrentamiento entre las partes contratantes del transporte y después litigantes: una parte intenta que este valor sea el mayor posible; la otra, que sea el menor.

El Convenio CMR contiene reglas sobre cómo cuantificar ese valor: su art. 23 dice que será «el que corresponda al momento y lugar en que el transportista se hizo cargo de la mercancía», y conforme a su cotización en Bolsa o, subsidiariamente, a su precio corriente de mercado.

La *sentencia de 20 de junio de 1989* (Aranzadi 4705), juzgando un caso de daños en la mercancía (fruta) transportada bajo temperatura controlada, en que la responsabilidad del transportista era clara, establece que, no existiendo declaración expresa a efectos de indemnización, su valor al lugar y momento de la toma en carga puede determinarse según certificado de cámara oficial de comercio, en forma de máximos y mínimos entre los que el juzgador puede libremente decidir (Fto 3.º), «sin que pueda tenerse en cuenta un valor superior al límite legalmente establecido, ni entrar en juego cualquier dictamen pericial posterior» (Fto. 1.º).

Desde luego, no existiendo declaración expresa de valor en la carta de porte –conforme permite el art. 24 del Convenio CMR–, la indemnización no puede superar los límites que marca el art. 23.3 (redactado según el protocolo de 7 de julio de 1978).

En cualquier caso, declarar el valor de la mercancía es una opción que puede elegir el cliente, pero nunca una obligación para el mismo.

Así lo ha establecido la *sentencia de 19 de abril de 1990* (Aranzadi 2732), que estudia un caso de transporte internacional de mercancías por carretera citando el Convenio CMR en cuanto a su limitación de responsabilidad (no hay un artículo concreto, aunque probablemente está pensado en los arts. 23.3 y 24). Según el alto tribunal, no existe obligación por el remitente de declarar el valor de la mercancía entregada al transporte (Fto. 2.º), por lo que la sentencia rechaza la alegación por el transportista de que el usuario fue negligente al no haber efectuado esta declaración.

La ya referida *sentencia de 9 de julio de 2007* (Aranzadi 3876) contempla una reclamación contra el transportista (sobre la base del art. 17 del Convenio CMR) por pérdida total de la mercancía, y establece la imposibilidad de invocar el límite de responsabilidad (véase el art. 23.3 del Convenio) por primera vez ante el Tribunal Supremo, por ser lo que en técnica jurídica procesal se conoce como una *cuestión nueva,* no admisible en el recurso de casación; además –sigue diciendo–, podría haber existido dolo o culpa grave (véase el art. 29 del Convenio), lo que mermaría las posibilidades de argumentar de la contraparte con perjuicio para esta (Fto. 5.º). Condena así al transportista a pagar el valor íntegro de la mercancía perdida.

Otro tema interesante y que también ha suscitado polémica trata sobre cómo hacer –cuando se haga– esta declaración de valor: ¿basta con hacerla verbalmente, o en cualquier clase de comunicación (un télex, un fax)? En absoluto. El art. 24 del Convenio CMR es bien claro al respecto: el valor de la mercancía se declarará precisa y necesariamente en la carta de porte (y con pago de una sobreprima). El Tribunal Supremo ha confirmado esta exigencia.

En *sentencia de 20 de junio de 1989* (Aranzadi 4705), sobre un caso de daños a la mercancía (fruta) transportada en régimen de temperatura controlada, el tribunal establece que la declaración de valor superior al límite máximo previsto en el art. 23.3 del Convenio debe constar necesariamente en la carta de porte, o no tendrá efecto: «sin que pueda tenerse en cuenta –dice– un valor superior al límite legalmente establecido [...] que no aparezca reflejado en la carta de porte» (Fto. 1.º, *in fine).*

«Con la correlativa contraprestación de la sobreprima que determina la ley», dice el Tribunal Supremo en igual lugar. *Sobreprima* es la palabra que usa la sentencia, tomada de la deficiente traducción oficial española del art. 24 del Convenio CMR, cuando dice que el remitente podrá declarar el valor de la mercancía «contra el pago de una sobreprima [sic]». La traducción es inexacta porque confunde *sobreprima* y *sobreporte.* El precio del transporte –que es lo que aumenta– se llama *porte* (la palabra *prima* designa el precio de un contrato de seguro, ajeno al contrato de transporte, único este en vincular a remitente y transportista). Se trata, simplemente, de un sobreprecio o suplemento al precio del transporte, como el propio artículo dice; por tanto, debe entenderse *sobreporte* y no *sobreprima.*

10 El dolo o culpa equiparable, y sus consecuencias

En el Convenio CMR, como en todos los demás cuerpos jurídicos reguladores del contrato de transporte por cualesquiera modos, se prevé que el dolo («malicia», «intencionalidad») del transportista tiene graves efectos, como la no aplicación del límite cuantitativo máximo de responsabilidad por kilogramo que actuaría en caso de simple culpa. Así lo prevé en concreto su art. 29. Otra consecuencia importante es que prolonga el triple el plazo de prescripción (véase el art. 32.1, *in fine).*

No obstante, como corresponde a tan severas previsiones, también es un principio general que la existencia efectiva de dolo ha de ser probada por quien la alega. Así lo ha declarado el Tribunal Supremo.

La *sentencia de 24 de febrero de 1995* (Aranzadi 1111) contempla un caso de pérdida parcial de la mercancía transportada, de alto valor (residuos de metales preciosos), porque, de los catorce palés en que iba conformada, el transportista deshizo dos para acomodar la mercancía en el vehículo, junto con otro cargamento de otro usuario, con lo que resultaron perdidos estos dos palés. El tribunal afirma que «la prueba del dolo corresponde al litigante que lo alega», lo cual aquí no ha sucedido (Fto. 3.º).

Quizá con ello sale al paso de posibles invocaciones a dolo hechas con ligereza y sin soporte probatorio bastante.

Hay en el mismo citado art. 29 del Convenio CMR una previsión cuya vaguedad causa dudas e inquietud. Se trata de la llamada *culpa equivalente a dolo.*

El Tribunal Supremo español, en su citada *sentencia de 24 de febrero de 1995* (Aranzadi 1111), estableció que el caso concreto enjuiciado no constituye una culpa equivalente a dolo que pueda prolongar el plazo de prescripción o impedir la aplicación de exclusiones o límites de responsabilidad (Fto. 5.º).

No obstante, el transportista hará bien –dicho en expresión coloquial– en no bajar la guardia, pues ante las especialísimas circunstancias de un supuesto dado, un juez o un tribunal pueden considerar que lo que aparentemente es una simple negligencia en realidad constituye una culpa grave de consecuencias equiparables a las del dolo.

La *sentencia de 9 de febrero de 1999* (Aranzadi 1054) decide un caso en que el conductor varió la ruta que se le marcó, cruzó un paso a nivel de ferrocarril por lugar tan poco adecuado que su vehículo quedó atascado y rozando los cables de las instalaciones, y fue alcanzado por el tren. Con ello, el tribunal considera que hay culpa grave de consecuencias equiparables a las del dolo y deniega la aplicación del límite de responsabilidad contractual del transportista por los daños causados a la mercancía (Fto. 2.º).

En cambio, la ya referida *sentencia de 13 de mayo de 2008* (Aranzadi 3066), que contempla un caso de robo de la mercancía mientras el conductor cenaba en un restaurante, establece que no hay dolo, pues la falta de prueba por el transportista sobre las circunstancias de la pérdida no desvirtúan la presunción de culpa –no de dolo– que pesa sobre este (Fto. 5.º). Por tanto –declara además–, el plazo de prescripción es de un año, no de tres (véase el art. 32.2 del Convenio CMR). Más adelante citaremos de nuevo esta sentencia, a propósito de este instituto prescriptivo.

11   El pacto de entrega contra reembolso

Muchas veces, por razones de comodidad, se establece un acuerdo adicional y accesorio al contrato de transporte (si bien distinto de este, que sigue siendo el básico o principal –referido al desplazamiento de la mercancía–) en virtud del cual el transportista se compromete a entregar la mercancía en destino solo contra reembolso (cobro) de una cantidad que debe ser especificada en la carta de porte. Dicha cuantía habitualmente coincidirá con el precio de la mercancía; no obstante, esto no es obligatorio ni vincula al transportista como valor que deberá indemnizar en caso de pérdida.

El acuerdo de entrega contra reembolso consiste, pues, en un contrato –de comisión o gestión de cobro– que conlleva una retribución específica –generalmente, en forma de porcentaje– y diferente del precio del servicio de transporte y los gastos de este.

Pues bien, habiendo tal pacto y retribución específica, como es lógico, el transportista responderá ante el remitente si deja de cumplir tal acuerdo. Así está previsto en el art. 21 del Convenio CMR, que prevé una indemnización al remitente hasta la cuantía total del reembolso, sin perjuicio del derecho del transportista a repetir contra el destinatario.

A veces, lo que el conductor debe recoger al destinatario no es dinero en efectivo –razones de seguridad desaconsejan llevar consigo grandes sumas en metálico–, sino otros medios de pago (cheques, letras de cambio) o documentos justificativos del pago. Se plantea entonces la cuestión de si, en tal caso, el citado precepto –con sus efectos indemnizatorios– debe aplicarse de igual modo. El Tribunal Supremo así lo ha confirmado.

La *sentencia de 25 de marzo de 1993* (Aranzadi 2238) contempla un pacto de entrega de la mercancía transportada contra documento comprobante de pago irrevocable de su precio o garantía bancaria equivalente, contenido en carta de porte, al modo que prevé el art. 21 del Convenio CMR como reembolso de cantidad. Incumplido ese pacto por el transportista de manera negligente, el tribunal le condena a indemnizar al remitente (Fto. 1.º) y le reconoce el derecho a ejercer segunda reclamación («repetición» o «recobro» –*vulgo* «repercutir»–) contra el destinatario, cuya alegación de indemnización indebida por daños en la mercancía a la llegada es desestimada por falta de reservas en la carta de porte o reclamaciones posteriores (Fto. 2.º).

12   La peritación en destino de la mercancía dañada debe ser bilateral

El Convenio CMR, en su art. 30.1, exige, cuando la mercancía es entregada en destino dañada o incompleta, que se inscriba una reserva en la carta de porte, o, alternativamente, que se haga una verificación o peritación del estado de dicha mercancía; en otro caso, se presume correcta la entrega.

Si se opta por la comprobación, esta ha de ser bilateral, esto es: con la participación no solo del destinatario, sino también del transportista (o de peritos nombrados por ambas partes), como es lógico y acorde con el carácter bilateral del propio contrato de transporte.

Sin embargo, la jurisprudencia se ha pronunciado audazmente en casos de actuación inadecuada o indolente por el conductor y la ha hecho equivaler a su participación activa; por tanto, ha dado validez legal a la peritación en tales casos. Incluso el Tribunal Supremo español.

La ya citada *sentencia de 30 de diciembre de 1986* (Aranzadi 7836), decidiendo un caso de transporte bajo temperatura dirigida de mercancía perecedera (plantas de fresa) que llegó a destino con daños y allí fue examinada solo por perito designado por el usuario, establece sin embargo que el conductor que firma acta pericial hace al transportista asumir su contenido. «Se dio plena conformidad –dice– en el hecho constatado [daño] y, al firmar el acta, los conductores asumieron todo cuanto en el documento antecedía a su firma», siendo que el Convenio CMR «obliga al transportista a responder de los actos de sus empleados [...], lo que ha de aplicarse a la conformidad prestada por sus conductores». Por todo ello, «no puede hablarse de actuación [peritación] unilateral», sino válida, conforme al art. 30.1 del Convenio, por lo que el transportista es condenado a indemnizar el valor de la mercancía dañada (Fto. 2.º).

Aún va más lejos la ya varias veces referida *sentencia de 18 de junio de 1991* (Aranzadi 4520), dictada en un caso de transporte bajo temperatura controlada de alimentos (pepinillos) que llegaron a destino con daños exteriormente visibles y allí fueron comprobados por perito designado por el usuario, sin que el conductor se preocupase de intentar buscar otro perito para que interviniese por cuenta de su empresa, o de procurar que esta lo nombrase. En este caso, el tribunal declara que basta con la presencia pasiva del conductor para considerar la verificación hecha contradictoriamente, conforme prevé el Convenio CMR (Fto. 2.º).

13   Jurisdicción competente

Equivocarse en la elección del tribunal ante el cual se presenta una reclamación derivada de un transporte internacional puede hacer fracasar dicha reclamación, aunque se lleve toda la razón en el fondo del asunto. De ahí el interés práctico también de esta materia.

El Convenio CMR, en su art. 31.1, contiene reglas bastante claras sobre qué tribunal es el competente. Las partes pueden pactar uno concreto, el que deseen (de país miembro del Convenio), y, cuando ningún tribunal pactan –como es lo habitual–, entonces el demandante podrá elegir entre los que correspondan al domicilio del demandado, al lugar de origen del transporte o al lugar de destino, «no pudiendo –subraya el Convenio– escogerse más que estas jurisdicciones».

Como acabamos de recordar, la primera regla es la posibilidad de sumisión expresa a un tribunal. Se dice expresamente que esta jurisdicción debe ser «designada de común acuerdo por las partes», esto es, bilateralmente.

Pues bien, siguiendo esta idea, el Tribunal Supremo ha rechazado la imposición unilateral de una jurisdicción, por la sencilla razón de que no supone un común acuerdo.

La *sentencia de 21 de enero de 1986* (Aranzadi 108) determinó que «la sumisión expresa no se cumple en los casos en que solo se somete a la jurisdicción o competencia una sola de las partes». En el presente caso, «el supuesto pacto sumisorio está suscrito únicamente por la parte demandante [transportista], pero no por la demandada [usuario]», por lo que, al no cumplirse el mutuo acuerdo que prevé el art. 31.1 del Convenio CMR, el demandante puede ejercer las opciones que le permite ese artículo (Fto. 1.º).

En el caso referido, se trataba de un tribunal extranjero, pero entendemos que el Tribunal Supremo igualmente se hubiera pronunciado respecto a un tribunal español: lo inadmisible como pacto es la falta de común acuerdo.

Fuera de esta sumisión acordada, hemos visto que el art. 31 permite la elección del tribunal correspondiente al domicilio del demandado. Esto es lo que el Tribunal Supremo recuerda.

Así, en *sentencia de 12 de julio de 1986* (Aranzadi 4506), el Tribunal Supremo, en una reclamación por daños a la mercancía transportada, establece que la competencia jurisdiccional es la que corresponde al domicilio del porteador-demandado, no al del remitente-demandante (Fto. 2.º).

Esta misma sentencia contiene otra declaración interesante: pese a la regla 1.ª del art. 62 –lugar de cumplimiento de la obligación– establecida en la Ley de Enjuiciamiento Civil de 1881 –equivalente al art. 51.1 de la actual Ley 1/2000, de 7 de enero–, nunca es competente un tribunal extranjero –en este caso, de Alemania, lugar de destino del transporte– cuando ambos litigantes son españoles (Fto. 2.º).

Este pronunciamiento parte de la base de falta de sumisión expresa, que «no consta en lo actuado» (Fto. 2.º, *in fine);* entonces, se siguen las referidas reglas (domicilio del demandado, etc.), pues, si hubiera sumisión bilateral, podría ser perfectamente competente un tribunal extranjero, aunque ambos litigantes fueran españoles.

Otro aspecto de interés –que suscitó dudas– es el relativo al órgano jurisdiccional concreto que debe decidir. Supongamos que un transportista de Sevilla recibe encargo de un industrial de Barcelona para trasladar una mercancía de Madrid a París, y que no hay acuerdo de sumisión jurisdiccional. El transporte se efectúa correctamente, pero los portes no son pagados, por lo que el transportista se ve obligado a reclamar judicialmente contra su cliente. Según el art. 31,*b*) del Convenio CMR, el demandante puede elegir como jurisdicción competente la de «el lugar en que el transportista se hizo cargo de la mercancía»; ¿sería este lugar Madrid, donde tomó la mercancía?

En absoluto, porque, en el art. 31 del Convenio CMR, *lugar* quiere decir «país», no «localidad-sede judicial» concreta. La jurisdicción elegida sería, desde luego, España. Pero, dentro de España, el sitio exacto se determinaría según la Ley de Enjuiciamiento Civil (véase el art. 62, regla 1.ª –lo mismo que en la actual Ley 1/2000, de 7 de enero, art. 51–), que establece, tras el lugar de cumplimiento de la obligación (que debe descartarse en este caso, pues se encuentra fuera de España), el domicilio del demandado; por tanto, la jurisdicción correspondiente sería Barcelona.

A esta situación –respecto a lugares distintos de los del ejemplo– se enfrentó el Tribunal Supremo, decidiendo en la forma que se ha indicado.

La *sentencia de 22 de diciembre de 1990* (Aranzadi 10593) dice que el art. 31.1 del Convenio CMR «se limita a establecer las reglas para determinar los distintos países a cuyos órganos jurisdiccionales pueden acudir las partes para dirimir sus controversias surgidas con motivo de un transporte internacional de mercancías por carretera, pero no contiene norma alguna para determinar la competencia territorial entre los órganos jurisdiccionales del país elegido, que es de lo que aquí se trata, una vez que la jurisdicción elegida por el demandante ha sido la de los tribunales españoles. Por tanto, la determinación de la competencia territorial [...] ha de venir dada por la Ley de Enjuiciamiento Civil» (Fto. 1.º).

En otras palabras, el Convenio CMR solo permite al demandante elegir el país o estado cuya jurisdicción deba conocer el litigio; dentro de dicho país, el tribunal territorial concreto actuante será determinado por las leyes procesales internas del país elegido.

14   Prescripción de reclamaciones e interrupción o suspensión de estas

Otro capítulo de gran interés práctico es el de la prescripción de reclamaciones, cuya aplicación puede hacer ganar o perder un pleito sin que el tribunal llegue a entrar en el estudio de su fondo o materia discutida.

Las leyes suelen establecer, respecto a cada clase de contratos u otros actos jurídicos, un plazo de tiempo, transcurrido el cual ya no es posible reclamar por un supuesto incumplimiento. De tal manera, la reclamación sería automáticamente desestimada y archivada por el tribunal, tan pronto como esta circunstancia fuera alegada y probada por el litigante a quien favoreciese. Es el llamado *plazo de prescripción*, cuyo establecimiento obedece, como todos los demás plazos legales, a razones de seguridad jurídica: no es posible permanecer indefinidamente pendiente de que alguien, en cualquier momento, pueda hacer variar las situaciones de derecho, como las relativas al transporte.

El Convenio CMR regula esta materia de la prescripción fundamentalmente en su art. 32, que será objeto de inmediato estudio. Dicho artículo regula la duración de su plazo (apdo. 1.º), las causas generales de su interrupción y suspensión (apdo. 3.º), la causa especial de interrupción o suspensión (apdo. 2.º) y alguna previsión complementaria (apdo. 4.º).

Las acciones a que puedan dar lugar los transportes regulados por el Convenio CMR prescriben (salvo dolo, lo que es infrecuente) en el plazo de un año; si bien, para los diferentes casos, el inicio de su cómputo puede posponerse. Esto es válido para cualquier reclamación, sea cual fuere su origen (el transportista o el usuario) y sea cual fuere el motivo en que se base (pérdidas, daños, retrasos, impago de portes, etc.).

La *sentencia de 6 de junio de 2007* (Aranzadi 5423) establece que el pago de portes al transportista reclamado por este tiene como plazo de prescripción un año más tres meses, por aplicación del apdo. 1,*c*) de ese art. 32 del Convenio CMR (Ftos. 2.º y 3.º).

No obstante, este plazo de un año se puede interrumpir, con lo cual ya no sigue corriendo. Ahora bien, ¿de qué manera?, ¿vale cualquier comunicación?, ¿es necesaria alguna formalidad concreta? La cuestión nada tiene de teórico: declarar o no jurídicamente válido un medio de reclamación, a efectos de interrumpir la prescripción, supone dejar abierta o cerrar la vía judicial. El Convenio CMR, en su art. 32.3, remite en este aspecto al derecho nacional del tribunal actuante.

Quienes han pretendido cerrar esta vía judicial han puesto un sinnúmero de obstáculos y requisitos (más o menos fundamentados, o ficticios) a esta clase de medios. Otros, sin embargo, con criterio más sustancialista, han defendido que basta con acreditar –como prueba, una simple carta de reclamación– que el ejercicio del derecho no cayó en el olvido. Esta última postura es la que el Tribunal Supremo ha acogido como más razonable.

La *sentencia de 21 de enero de 1986* (Aranzadi 108), dictada en un pleito sobre pago del precio de servicios de transporte, declara la reclamación no prescrita, dado que la prescripción había sido interrumpida por varias vías: carta (contestada, sin negar la existencia de la deuda), seguida de requerimientos notariales, y, finalmente, acto de conciliación (Fto. 2.º, *in fine)*. Por ello, no estando prescrita la demanda, y habiendo acreditado el transportista la realidad de su crédito, condena al usuario al pago de los portes debidos.

La ya citada *sentencia de 15 de noviembre de 1993* (Aranzadi 8913), sobre daños a la mercancía transportada por accidente del vehículo, aún se ajusta más al Convenio

CMR al reconocer que el plazo de prescripción se interrumpe por una simple reclamación escrita (Fto. 1.º y Fto. 2.º, *in fine)*.

La también referida *sentencia de 24 de febrero de 1995* (Aranzadi 1111) se pronuncia en igual sentido. En este caso, se trataba de pérdida parcial de la mercancía transportada, al deshacer dos palés para acomodar la mercancía en el vehículo. A efectos de prescripción, el tribunal declara que basta para interrumpirla con una carta de reclamación por parte del usuario (Fto. 1.º, *in fine)* y que esa interrupción no cesa hasta que el transportista contesta (Fto. 4.º).

Si –como se ha dicho– el Tribunal Supremo admite como válida al efecto de interrumpir la prescripción una simple carta privada, también admite, como es lógico, el efecto de seguir interrumpida la prescripción cuando interviene un órgano oficial con capacidad decisoria, como en España eran las llamadas Juntas de Detasas.

La intervención de aquellas Juntas de Detasas se venía considerando equivalente a la de un acto de conciliación, previsto en el art. 479 de la Ley de Enjuiciamiento Civil (redacción por Ley 34/1984, de 6 de agosto), como medio para interrumpir el plazo de prescripción, y tenía naturaleza de interpelación judicial en sentido del art. 944 del Código de Comercio respecto a reclamaciones derivadas de cualesquiera contratos mercantiles, y, por tanto, también en el contrato de transporte de mercancías por carretera.

La *sentencia de 28 de marzo de 1984* (Aranzadi 1465), juzgando un caso de transporte internacional sujeto al Convenio CMR (que cita en su Cdo. 2.º), establece que la intervención de las Juntas de Detasas equivale a un acto de conciliación, específico en materia de transportes, pero dice que esta intervención no es obligatoria –como, en general, era hasta ese momento– como trámite previo a comenzar el proceso jurisdiccional, por lo que la demanda debe ir acompañada de certificación de la junta donde conste que ante ella no se logró avenencia (Cdo. 1.º).

Es la *sentencia de 10 de junio de 1985* (Aranzadi 3103) la que, con relación a un contrato de transporte internacional por carretera sujeto al Convenio CMR, en que se produjeron daños a la mercancía transportada, declara no prescrita la reclamación cuando, a dos cartas enviadas por correo certificado, siguió una reclamación ante la Junta de Detasas (Cdo. 1.º).

La *sentencia de 14 de julio de 1987* (Aranzadi 5489), por su parte, juzgando la demanda del remitente por daños a la mercancía causados por accidente del vehículo que la transportaba, rechaza el argumento defensivo de prescripción al considerar correcto el cómputo de tiempo, y por cuanto pedir la intervención de la Junta de Detasas es contrario a la «idea de abandono o inactividad», que se castiga con prescripción. El alto tribunal cuenta el tiempo transcurrido antes de que el remitente haya acudido a la junta, que se suma al posterior a la actuación de esta, por lo que no está prescrita la reclamación posterior ante el juez si la suma de ambos referidos períodos resulta inferior a un año, como en este caso sucedía en efecto (Fto. 5.º).

En 2011, la versión moderna de las Juntas de Detasas son las llamadas Juntas Arbitrales de Transporte, presididas por un jurista alto funcionario de la Administración de Transportes y cuyos miembros, expertos en esta actividad, son designados por las asociaciones de transportistas y de usuarios, reguladas en LOTT arts. 37 y 38; ROTT arts. 6.º a 12.

El Convenio CMR contiene además una regla especial: en su art. 32.2, dice: «Una reclamación escrita suspende la prescripción hasta el día en que el transportista rechace por escrito dicha reclamación y devuelva los documentos que acompañan a la misma». Esto significa que el transportista que recibe una reclamación puede hacer que el plazo de prescripción se reanude y prosiga, para así hacer que se cumpla en su integridad y, con ello, impedir la reclamación por su adversario ante los tribunales.

El Convenio –como hemos visto– exige el requisito: «y devuelva los documentos que acompañan a la reclamación». Esta frase ha suscitado dudas: ¿se está sobreentendiendo o exigiendo que toda reclamación, para tener validez suspensiva de la prescripción, deba necesariamente estar acompañada de documentos?, ¿tiene tal validez la reclamación que no los adjunta? Las posturas en cada proceso, como es de imaginar, suelen ser interesadas en que fracase la parte adversa.

El Tribunal Supremo se ha pronunciado de la forma –en opinión de los autores– más razonable: para su validez jurídica suspensiva de la prescripción, no importa si la carta de reclamación lleva o no documentos anexos.

La *sentencia de 10 de junio de 1985* (Aranzadi 3103), dictada en un caso de transporte bajo temperatura controlada de alimentos (fruta) que llegaron dañados a destino, declaró que, por virtud del art. 32.2 del Convenio CMR, la prescripción se suspende aun si la reclamación extrajudicial no acompaña documentos, pues –dice– «la norma en cuestión no establece como preceptivo al hacer la reclamación escrita que se acompañen documentos, siendo lo esencial y verdadera *ratio legis* la reclamación extrajudicial por escrito, y no que se adjunte a la misma documento alguno» (Cdo. 2.º).

La ya citada *sentencia de 24 de febrero de 1995* (Aranzadi 1111), de igual sentido, examinó un caso de pérdida parcial de la mercancía transportada, al deshacer el transportista dos palés para acomodar la mercancía en el vehículo. Respecto a la prescripción, estableció que, conforme al art. 32.2 del Convenio CMR, la carta suspensiva de prescripción es válida aun si no adjunta documentos: «Si a la interrupción no acompañan documentos –dice–, es improcedente esperar su devolución, sin que la misma norma declare ineficaz tal interrupción cuando no se acompañan documentos» (Fto. 4.º).

La *sentencia de 10 de junio de 1985* (Aranzadi 3103) también aplica el concepto de «suspensión» por mandato del Convenio CMR, aunque reconoce que ni el Código Civil ni –en aquella época– demás legislación sustantiva española recogen tal concepto de «suspensión», sino solo el de «interrupción», que supone empezar a contar el plazo íntegro (Cdo. 3.º).

La ya varias veces citada *sentencia de 24 de febrero de 1995* (Aranzadi 1111), juzgando un caso de pérdida parcial de la mercancía transportada, también reconoce que la suspensión de la prescripción no está regulada en el Código Civil español (Fto. 4.º).

Como ya se dijo, según el art. 32.2 del Convenio CMR, una comunicación del transportista al cliente, en la que rehúsa la reclamación, reanuda el plazo de prescripción hasta poder llegar a agotarlo, con decaimiento de la acción. Pero ¿cómo tiene que ser esa segunda comunicación de respuesta?, ¿basta con un acuse de recibo de la reclamación?, ¿qué hay que decir en ella?

Recordemos el precepto: «Una reclamación escrita interrumpe la prescripción hasta el día en que el transportista rechace por escrito dicha reclamación». Se exige, pues, rechazar, rehusar, repeler o rebatir: una expresión clara e inequívoca de repudio o rehúsa. Cualquier otra contestación que carezca de este propósito y objeto no sirve para reanudar la prescripción. Así lo ha establecido el Tribunal Supremo.

En la *sentencia de 29 de junio de 1998* (Aranzadi 5282), el tribunal declara que, para entender reanudado el plazo de prescripción, la carta de contestación remitida por el transportista ha de consistir en un claro rechazo; no basta con una carta de su abogado al reclamante en la que pida datos y documentos. Por tanto, el plazo de prescripción sigue en suspenso, y la reclamación por el usuario, incluso después de transcurrido un año, es válida (Fto. 4.º).

Resulta innecesario precisar las desagradables sorpresas a las que puede dar lugar la situación en que un transportista, creyendo que la reclamación está prescrita –por haber «contestado» a la reclamación de su cliente–, comprueba después que en realidad no lo estaba y, al entrar a examinar el fondo de la reclamación, el proceso judicial prospera.

La ya referida *sentencia de 13 de mayo de 2008* (Aranzadi 3066), sobre prescripción y su interrupción o suspensión, contempla un caso de robo de la mercancía mientras el conductor cenaba en un restaurante. Como ya se dijo, establece que no hay dolo, y, por tanto, el plazo de prescripción es de un año, no de tres (véase el art. 32.2 del Convenio CMR –Fto. 5.º–). Pues bien, añade el alto tribunal que la reclamación escrita contra el transportista suspende ese plazo anual, que se reanuda con la respuesta de rechazo por el transportista. En este caso –dice–, sumados ambos períodos, el plazo no llega a un año, por lo que la reclamación no está prescrita (Fto. 4.º). Además, establece que la reclamación escrita dirigida solo al transportista suspende la prescripción también para el asegurador de este (Fto. 4.º).

15 Transportes sucesivos

El apartado final de que consta el presente estudio es también el último de los bloques temáticos del Convenio CMR, referido a la regulación sustantiva del contrato de transporte, esto es, los transportes sucesivos, entendidos como aquellos servicios efectuados por varios transportistas de manera consecutiva, todos ellos por carretera. Dicha fórmula, bastante utilizada en la práctica, está regulada en los arts. 34 a 40 del Convenio.

Recordemos, en síntesis, la normativa:

– Primero: se establece la responsabilidad solidaria entre los transportistas, por lo que cada uno responde del conjunto.
– Segundo: la reclamación se puede dirigir únicamente contra el primer transportista, el último o aquel que efectuó el tramo en que se produjo el evento perjudicial (o contra varios de estos). Esta es la regla de la llamada *legitimación pasiva*.
– Tercero: el transportista que indemniza puede después repetir en segunda reclamación («repetición» o «recobro» –*vulgo* «repercutir»–) contra aquel a quien considere verdadero culpable, de modo que, si aparece claro que un transportista concreto es el único causante del daño, este será el único que soporte la indemnización; si son dos, lo harán en proporción a su parte de culpa, o a la cuantía del precio de transporte que a cada uno correspondió; si uno de los transportistas es insolvente, su parte de indemnización será soportada por sus compañeros, en proporción a la respectiva remuneración.
– Finalmente, el transportista contra el que se dirija una segunda reclamación, si la indemnización fue fijada por sentencia judicial, no podrá discutir el fondo de la reclamación si es que conoció la existencia del primer proceso y pudo intervenir en el mismo.

Es este un resumen muy sencillo y rápido –casi «telegráfico»–, pero con el que creemos que basta para encuadrar la jurisprudencia del Tribunal Supremo español en la materia.

Hay un supuesto en el que el tribunal –pese a la apariencia– no considera la existencia de transportistas sucesivos. En efecto, al hablar de la responsabilidad del transportista contratante por los actos de otros transportistas, ya se ha mencionado la *sentencia de 14 de julio de 1987* (Aranzadi 5489), en que el alto tribunal condena al transportista contratante (apreciando su relación consensual, pese a que su nombre no consta en la carta de porte –pues convino con el remitente las condiciones del contrato de transporte, procuró su efectiva realización y cobró su precio, obtuvo beneficio e incluso siguió el curso del examen de los daños–) y también al segundo transportista –cuyo nombre sí aparece en la carta de porte– por pérdida de la mercancía causada por accidente (vuelco) del camión debida a negligencia solo de un tercer transportista efectivo, a quien exonera de responsabilidad (Fto. 3.º, *in fine*) al declarar que es ajeno al contrato con el remitente por cuanto no existe «un solo contrato con sucesivos transportistas» en el sentido del art. 34 del Convenio CMR (Fto. 4.º).

Esta sentencia ha sido criticada por su desajuste al art. 36 del Convenio CMR: el transportista emisor de la carta de porte no debió ser condenado, por cuanto no reúne la condición de primer transportista, y el efectivo causante del daño no debió ser absuelto, por esa misma razón y por ser el último de los transportistas de la serie.

En otros casos, el Tribunal Supremo ha considerado la solidaria responsabilidad entre otros intervinientes en la operación.

Por ejemplo, entre tractorista y titular de la plataforma: en la *sentencia de 15 de noviembre de 1993* (Aranzadi 8913), el tribunal declara responsable solidario del transporte al propietario del remolque, que lo había arrendado previamente al transportista contractual y efectivo, basándose en que la matrícula de ese remolque constaba en la carta de porte (Fto. 2.º).

También establece la solidaridad en un transporte plural pero no «sucesivo», en sentido del art. 34 del Convenio CMR, pues en su realización participó el modo marítimo.

Así, en la *sentencia de 31 de julio de 1996* (Aranzadi 6609), referida a un caso de transporte combinado mar-carretera de Montevideo a Irún, vía Le Havre, bajo temperatura controlada, en que resultaron daños a la mercancía transportada (pescado) por deficiencias en los contenedores suministrados por el naviero; al no poderse determinar el grado de contribución a los daños por las respectivas omisiones de diligencia –del naviero, por los defectos en los contenedores, así como del transportista terrestre, por no haber hecho comprobación alguna en el momento de su carga en el camión–, el tribunal estableció la responsabilidad solidaria del transportista terrestre que ejecutó el tramo final (Fto. 3.º).

Esta decisión ya fue comentada en otro lugar del presente estudio, al hablar de transportes por superposición, y allí se indicó cómo el Tribunal Supremo aplica el criterio del Convenio CMR sobre transportes sucesivos, donde sí se establece la solidaridad (véase el art. 34, que la sentencia expresamente cita –Fto. 3.º, al comienzo–). En opinión de los autores, dicha aplicación es incorrecta, pues el tribunal se equivoca al considerar sucesivos a los dos transportistas (marítimo y terrestre), ya que transportistas sucesivos son solo aquellos que actúan todos ellos por carretera, de manera consecutiva, lo que no ocurre en el presente caso. En resumen, la sentencia no parece haber tenido muy en cuenta la forma en que se realizó el servicio concreto origen del litigio.

En fin, en su ya citada *sentencia de 12 de febrero de 2008* (Aranzadi 5492), que estudia una reclamación del asegurador del destinatario contractual contra los transportistas efectivos por destrucción de la mercancía, y en cuyo caso hubo una cadena de subcontrataciones, el alto tribunal declara no aplicable el art. 37 del Convenio CMR porque los dos transportistas que siguieron al contractual no son sucesivos en el sentido de «consecutivos», ya que no hubo un contrato sino varios: uno por cada subcontratación. Por ello, condena a los transportistas demandado y efectivo a pagar el valor de la mercancía (Fto. 3.º).

16   Relación cronológica de sentencias citadas

- Sentencia de 28 de marzo de 1984 (Aranzadi 1465)
- Sentencia de 10 de junio de 1985 (Aranzadi 3103)
- Sentencia de 26 de octubre de 1985 (Aranzadi 4955)
- Sentencia de 20 de diciembre de 1985 (Aranzadi 6605)

- Sentencia de 21 de enero de 1986 (Aranzadi 108)
- Sentencia de 29 de abril de 1986 (Aranzadi 2040)
- Sentencia de 12 de julio de 1986 (Aranzadi 4506)
- Sentencia de 30 de diciembre de 1986 (Aranzadi 7836)
- Sentencia de 14 de julio de 1987 (Aranzadi 5489)
- Sentencia de 15 de junio de 1988 (Aranzadi 4932)
- Sentencia de 18 de noviembre de 1988 (Aranzadi 8606)
- Sentencia de 20 de junio de 1989 (Aranzadi 4705)
- Sentencia de 19 de abril de 1990 (Aranzadi 2732)
- Sentencia de 2 de junio de 1990 (Aranzadi 4724)
- Sentencia de 22 de diciembre de 1990 (Aranzadi 10593)
- Sentencia de 18 de junio de 1991 (Aranzadi 4520)
- Sentencia de 25 de marzo de 1993 (Aranzadi 2238)
- Sentencia de 15 de noviembre de 1993 (Aranzadi 8913)
- Sentencia de 24 de febrero de 1995 (Aranzadi 1111)
- Sentencia de 31 de julio de 1996 (Aranzadi 6609)
- Sentencia de 29 de junio de 1998 (Aranzadi 5282)
- Sentencia de 9 de febrero de 1999 (Aranzadi 1054)
- Sentencia de 21 de enero de 2000 (Aranzadi 224)
- Sentencia de 15 de febrero de 2001 (Aranzadi 3965)
- Sentencia de 16 de junio de 2001 (Aranzadi 4341)
- Sentencia de 25 de octubre de 2004 (Aranzadi 6315)
- Sentencia de 22 de septiembre de 2006 (Aranzadi 6394)
- Sentencia de 6 de junio de 2007 (Aranzadi 5423)
- Sentencia de 29 de julio de 2007 (Aranzadi 3876)
- Sentencia de 12 de febrero de 2008 (Aranzadi 5492)
- Sentencia de 25 de marzo de 2008 (Aranzadi 4061)
- Sentencia de 16 de abril de 2008 (Aranzadi 5217)
- Sentencia de 5 de mayo de 2008 (Aranzadi 2824)
- Sentencia de 13 de mayo de 2008 (Aranzadi 3066)

Capítulo 4

Modelos de carta de porte CMR

Francisco Sánchez-Gamborino

1 Modelo de la Unión Internacional de los Transportes por Carretera (IRU) de 1976

1.1 Importancia y circuito documental

El Convenio CMR regula la carta de porte de manera específica en su capítulo III, «Conclusión y ejecución del contrato de transporte», concreta y fundamentalmente en los arts. 4.º a 9.º. Ya se ha tratado la importancia de la carta de porte CMR en el «Comentario al Convenio CMR»,[1] por lo que en este apartado se estudiará únicamente su aspecto formal, no sin antes hacer una breve referencia a su función en el contrato de transporte.

La carta de porte CMR cumple dos funciones principales (véase el art. 9 del Convenio): es prueba fehaciente, salvo prueba en contrario, de las condiciones del contrato y de la recepción de la mercancía por el transportista. Así pues, aunque es válido el contrato verbal (pero administrativamente sancionable),[2] ambas partes –remitente y transportista– tienen interés en formalizar, de la forma más correcta posible, una carta de porte CMR, ya que, ante cualquier reclamación posterior entre las partes, la carta de porte prueba las condiciones del contrato de transporte.

Además, el ejemplar 1 (rojo) que se queda el remitente prueba la recepción de las mercancías por el transportista y, ante ausencia de reservas sobre su estado, se presupone que este se corresponde con su descripción en la carta de porte, y así le serán reclamadas

---

[1] Véase el capítulo 2 de este libro.

[2] La Orden FOM 238/2003 de 31 de enero (BOE de 13 de febrero) especifica, en su art. 1.º, que los contratos de transporte nacional de mercancías por carretera deben registrarse en un documento de control que ha de incluir determinados datos, y declara exentos, entre otros, a los «transportes internacionales documentados en una carta de porte ajustada al Convenio de 19 de mayo de 1956, relativo al Contrato de Transporte Internacional de Mercancías por Carretera (CMR), la cual deberá, no obstante, conservarse en los términos señalados en este artículo» (un año).

por el destinatario al finalizar el transporte. Por tanto, la correcta formalización de la carta de porte es un aspecto clave del contrato de transporte.

La tercera función consiste en el registro de las vicisitudes del transporte y su cumplimiento, adecuado o no, por cualquiera de los contratantes. Se ha hecho referencia a las posibles reservas anotadas por el transportista en el momento de la toma en carga en el lugar de origen; pues bien, si la mercancía llega con daños o pérdidas, paralelas reservas pueden ser puestas a la descarga en el lugar de destino; el destinatario firmará el documento para acreditar que la entrega ha sido correcta, etc.

El Convenio CMR no establece ningún modelo, documento, formulario o formato específico para emitir la carta de porte, sino que se limita a determinar, en su art. 6.º, los datos que debe o puede contener e indica que las partes pueden incluir otros –correspondientes a acuerdos– no mencionados en el precepto. Sin embargo, con el objetivo de normalizar el formato de un documento tan importante, la IRU[3] estableció en 1976 un modelo de carta de porte CMR que ha sido, con variantes,[4] ampliamente admitido e implantado por los usuarios y que se presenta al final de este apartado.

En cuanto al circuito documental (contemplado principalmente en los arts. 5.º y 13), la carta de porte CMR se suele formalizar en el momento de la toma en carga de la mercancía en origen. El formato más extendido consta de cuatro ejemplares (el Convenio CMR habla de tres) cumplimentados simultáneamente y que incluyen, una vez revisadas las mercancías y comprobadas las condiciones y los datos de la carta de porte, las firmas de remitente y transportista.

Los ejemplares tienen diferentes destinatarios:

- Ejemplar 1 (rojo), para el remitente/expedidor.
- Ejemplar 2 (azul), para el destinatario.
- Ejemplar 3 (verde), para el transportista.
- Ejemplar 4 (negro) y siguientes (si los hay), para usos administrativos.

Así pues, una vez cargada la mercancía en el vehículo y revisados los datos de la carta de porte, remitente y transportista firman los ejemplares de esta (en su caso, el transportista debe incluir las reservas que estime oportunas antes de la firma) y el remitente se queda con el ejemplar 1 (rojo). Los restantes viajan con la mercancía hasta destino, donde son firmados por el destinatario (que incluye, en su caso, las reservas que procedan).

El segundo ejemplar (azul) queda, junto con la mercancía, en poder del destinatario; el tercero (verde) y restantes (negro) son para el transportista (es habitual que el cuarto

---

[3] Más información en: www.iru.org.

[4] En el mercado se utilizan diversos modelos de carta de porte CMR con mayor o menor similitud al de la IRU de 1976. Incluso existen formatos polivalentes que se pueden utilizar tanto para transporte internacional como nacional (cumplen los requisitos de la Orden FOM 238/2003).

se envíe, como prueba del cumplimiento del servicio, junto a la factura del transporte al obligado a su pago). Existen juegos de hasta cinco copias con el objetivo de poder entregar un original al intermediario que eventualmente haya intervenido en la operación (agencia, transitario, etc.), aunque en la actualidad se suelen sustituir por el envío electrónico del tercer ejemplar escaneado.

Remitente y transportista pueden exigirse una carta de porte para cada vehículo, si son dos o más los utilizados, o cuando se trate de diferentes clases de mercancías o de lotes. Se considera necesario extender una carta de porte por cada envío, entendido este como la mercancía que se entrega al transportista para su transporte y entrega a un único destinatario, desde un único lugar de carga a un único lugar de destino. Téngase en cuenta que cada envío requiere una firma del remitente en origen y otra de su destinatario a su entrega. Por tanto, si un vehículo transporta, por ejemplo, tres envíos de un mismo remitente para tres destinatarios, se necesitará formalizar tres cartas de porte. También es lógica la necesidad de una carta de porte CMR para cada vehículo en los casos en que un envío se transporte en varios, pues uno de ellos puede sufrir una circunstancia (pérdida, avería o retraso) que no afecte a las mercancías transportadas en otros vehículos, además de por la exigencia administrativa de la Orden FOM 238/2003 antes comentada.

Previamente a la carta de porte CMR, la solicitud del transporte suele formalizarse mediante la remisión de una orden de carga, de transporte o similar que incluye los datos operativos del servicio (origen, destino, mercancías, precio, etc.) y, en su caso, otra serie de condiciones que las partes acuerdan aplicar al contrato de transporte, como forma, condiciones y plazo de pago, sometimiento a tribunales o junta arbitral de transporte, intercambio de palés, etc. Estas condiciones deben ser revisadas por las partes antes de su aceptación y, a veces, se concretan o repiten de nuevo en la carta de porte CMR. Además, también suele ser habitual que las partes —remitente y transportista— tengan acordado un contrato de transporte de duración continuada que regule las condiciones que las partes acuerdan aplicar a los servicios de transporte internacional que posteriormente se documentan en las cartas de porte CMR. En ambos casos es conveniente incluir en la carta de porte CMR una referencia a la orden de carga o al contrato de duración continuada que sirve de acuerdo marco.

1.2   Formalización de la carta de porte CMR

La formalización documental de la carta de porte CMR se puede llevar a cabo básicamente de dos maneras: usando un cuaderno autocopiativo o mediante su generación en libre edición.

El uso de cuaderno autocopiativo es la opción más común y consiste en cumplimentar los datos relativos a cada operación en un formulario ya preparado al efecto que consta de los ejemplares comentados en el apartado anterior y que presenta para su formalización el transportista o el remitente. Estos formularios suelen comprarse a servicios de impresión o asociaciones profesionales e incorporar datos según las instrucciones del solicitante. La práctica más habitual consiste en su presentación por el transportista al remitente y que, en este caso, lleve ya incorporados nombre, logotipo y demás datos de la empresa de transporte, así como, en ocasiones, determinadas condiciones que el remitente acuerda aplicar al contrato mediante su aceptación. También es posible que el remitente haya comprado sus propios formularios e incluido igualmente sus datos y, en su caso, determinadas cláusulas que el transportista asume mediante su aceptación. Estas cláusulas, a modo de leyenda tipo, suelen referirse a aspectos relativos al seguro, sometimiento a junta arbitral de transporte, etc., y adquieren una importancia capital cuando surgen reclamaciones posteriores, por lo que las partes deben tener la precaución de examinar atentamente los formularios antes de su aceptación, cumplimentación y firma.

La segunda opción consiste en generar en libre edición la carta de porte desde cualquier programa informático de gestión o tratamiento de texto, hoja de cálculo, etc., que suele estar combinado con el programa de gestión integral de la empresa. Esta opción permite, además de ahorrar el coste de los formularios, eliminar el riesgo de admitir formularios de cada transportista con distintas cláusulas ya insertas y particularizar el formato y su contenido para cada operación, aunque siempre es recomendable que la carta de porte CMR se asemeje al aspecto del modelo más implantado y reconocible entre los usuarios.

1.3   Cumplimentación de la carta de porte CMR

Se ofrecen a continuación unas orientaciones generales sobre los datos que se suelen incorporar en cada casilla de la carta de porte CMR en su versión de 1976. Se indica, además, el artículo, apartado o letra en el que el Convenio CMR cita dicho contenido (ya sea como obligatorio u opcional).

- **Cláusula de sometimiento al Convenio CMR (art. 6.1,*k*)**
  Aunque el Convenio CMR es de aplicación imperativa (véase el art. 40.1), la carta de porte suele incluir en su encabezado una cláusula de sometimiento expreso, por mandato de dicho art. 6.1,*k*).

- **Casilla 1. Remitente (art. 6.1,*b*)**
  El remitente, como parte del contrato de transporte junto al transportista, es quien le entrega las mercancías en origen.

- **Casilla 2. Destinatario (art. 6.1,*e*)**
  Datos de la empresa a la que el transportista debe entregar en destino las mercancías (suele tratarse del comprador de las mercancías en el contrato de compraventa).

- **Casilla 3. Lugar de entrega de la mercancía (art. 6.1,*d*)**
  Lugar en que el transportista debe entregar las mercancías en destino (suele coincidir con el domicilio del destinatario).

- **Casilla 4. Lugar y fecha de la toma en carga de la mercancía (art. 6.1,*d*)**
  Lugar en que el transportista recoge y se hace cargo de la mercancía en origen (suele coincidir con el domicilio del remitente, aunque no tiene por qué: a veces el domicilio social u oficial está en una calle céntrica donde hay solo una oficina).

- **Casilla 5. Documentos adjuntos (art. 6.2,*g*)**
  Documentos entregados al transportista del que solo es responsable de su custodia y presentación. Es habitual que se adjunten factura, lista de contenido *(packing list)*, certificados de origen y documentos aduaneros, fitosanitarios, etc.

- **Casillas 6 a 9. Marcas y números, número de bultos, modo de embalaje y naturaleza de la mercancía (arts. 6.1,*f* y 6.1,*g*)**
  El remitente debe identificar todos estos datos del envío. Es habitual indicar las marcas comerciales que lo identifican y que se observan en el embalaje; el número de bultos y el modo de embalaje (por ejemplo, 24 europalés, 768 cajas de cartón), y una descripción suficiente e identificativa de la mercancía. Es importante que el transportista compruebe, antes de firmar, que la descripción coincide con el envío que se carga en el vehículo. Si es mercancía peligrosa, debe detallarse según las indicaciones del Acuerdo Europeo relativo al Transporte Internacional de Mercancías Peligrosas por Carretera (ADR), que regula este tipo de transporte. Además, en esta casilla suelen aparecer indicaciones sobre la gestión de los palés (intercambiados o no, débitos resultantes, etc.).

- **Casilla 10. Número estadístico**
  En caso de rellenarse, se suele indicar el código de nomenclatura combinada o el código TARIC (arancel comunitario) de la mercancía. En la práctica suele quedar en blanco.

- **Casillas 11 y 12. Peso bruto y volumen (art. 6.1,*h*)**
  Se suele indicar el peso bruto (del que depende el límite de indemnización del transportista en caso de pérdida o avería). Es menos común, aunque perfectamente posible, indicar el volumen.

- **Casilla 13. Instrucciones del remitente (arts. 6.1,*j*; 6.2,*a*, *e* y *f*)**
  Se suelen incluir todo tipo de instrucciones relativas a aspectos como formalidades aduaneras, prohibición de trasbordo, seguro de las mercancías, temperatura, horas

de llegada y salida de los almacenes, registro del intercambio de los palés y, cada vez con más frecuencia, el plazo de transporte (a veces, se indican la fecha y el intervalo horario para entregar en destino).

- **Casilla 14. Forma de pago (art. 6.1,*i*)**
Casilla de enorme trascendencia donde debe indicarse claramente el obligado al pago del transporte (el remitente –«porte pagado»– o el destinatario –«porte debido»–). Es usual indicar la norma Incoterms® (EXW, FCA, CPT, DAP, etc.) aplicada a la operación de compraventa, aunque no sea vinculante para el transportista por corresponder a ese otro contrato –de compraventa– del que dicho transportista no forma parte.

- **Casilla 15. Reembolso (art. 6.2,*c*)**
Debe indicarse aquí si al transportista se le encarga, como tarea complementaria al transporte, el cobro al destinatario del precio de la mercancía como condición para la entrega («entrega contra reembolso»).

- **Casillas 16 y 17. Porteador y porteadores sucesivos (art. 6.1,*c*)**
Se incluyen los datos del transportista. Las palabras *transportista* y *porteador* son sinónimas, aunque la primera es mucho más habitual.
    En caso de intermediación o transportistas sucesivos, estos también se deben identificar. Es habitual –aunque no obligatorio– anotar la matrícula de cuantos vehículos intervengan en el transporte.

- **Casilla 18. Reservas y observaciones del porteador**
El transportista puede indicar aquí cualquier reserva sobre las mercancías o las condiciones del contrato. En ella suelen incluirse, en los casos de formularios propuestos por el transportista, condiciones preestablecidas.

- **Casilla 19. Estipulaciones particulares (art. 6.2,*a* y *d*)**
Se suelen incluir cláusulas de sometimiento a jurisdicción (juzgados y tribunales o junta arbitral de transporte), condiciones del seguro, plazo de transporte, etc. Esta es, además, la casilla adecuada para insertar declaraciones de valor o de interés especial en la entrega.

- **Casilla 20. Gastos (art. 6.2,*b*)**
Suele dejarse sin cumplimentar.

- **Casilla 21. Lugar y fecha de emisión (art. 6.1,*a*)**
Se suele repetir el lugar de la casilla 4 indicando la fecha.

- **Casillas 22 y 23. Firma y sello del remitente y del porteador (respectivamente)**
  Con la firma de ambos en el lugar y fecha de emisión, la carta de porte queda formalizada.

- **Casilla 24. Recibo de la mercancía. Firma y sello del destinatario**
  Con su firma se prueba la entrega de la mercancía en destino.

A continuación se presenta un modelo de carta de porte CMR basado en la versión de la IRU de 1976, en el que se incluye el texto de las casillas en castellano (véase la figura 1). En las instrucciones de cumplimentación que incorpora la propia carta de porte en sus laterales, se indica que:

- Las casillas 1 a 15 son para cumplimentar bajo la responsabilidad del expedidor, incluidas las 19, 21 y 22.
- Las casillas enmarcadas con línea gruesa deben ser cumplimentadas por el porteador.
- En el caso de mercancías peligrosas, además de la posible certificación, se deben mencionar, en la última línea del cuadro, la clase, el número y, en su caso, la letra.

2   Comentarios al nuevo modelo de carta de porte CMR de la IRU de 2007. Principales cambios respecto al modelo tradicional

2.1   *Motivos para elaborar el nuevo modelo*

Como es sabido, el Convenio CMR de 19 de mayo de 1956 no contiene (como anexo, ni de otra manera) un modelo de carta de porte, ni previsiones sobre la forma, tamaño o aspecto físico del documento. Únicamente define un conjunto de datos o indicaciones que se deben incluir en el documento que se emita, en cualquier clase de papel y formato (véase el art. 6.º), y referencias aisladas en otros preceptos acerca de su utilización en diversos supuestos o momentos de la ejecución del contrato de transporte: reservas en origen, documentos que deben ser entregados por el remitente al transportista, derecho de disposición, declaración de valor de la mercancía, transportes sucesivos, etc. (véanse los arts. 1.5, 4.º, 5.º, 7.º, 8.º, 9.º; 11.1 y 3; 12, 13, 14, 15.1, 16.2, 17.4,*a*), 20.3, 22.1, 24.1, 26.1, 34 y 35.1).

Sin embargo, por simples razones de comodidad y uniformidad, la IRU estableció, en 1976, un modelo impreso que cumple las exigencias jurídicas del Convenio CMR. Este documento, en tamaño DIN A-4 (hoy, de uso común), contiene frases de inserción necesaria (por ejemplo, sumisión del contrato al Convenio pese a eventuales cláusulas contrarias –véase el art. 6,1.*k*)–) o estipulaciones de inserción posible (por ejemplo, los arts. 6.2 –prohibición de trasbordo, gastos que asume el remitente, entrega contra

1. Remitente (nombre, domicilio, país)
   Expéditeur (nom, adresse, pays)
   Sender (name, adress, country)

CARTA DE PORTE INTERNACIONAL
LETTRE DE VOITURE INTERNATIONALE
INTERNATIONAL CONSIGNMENT NOTE

Este transporte queda sometido, no obstante toda cláusula contraria al Convenio sobre el Contrato de Transporte Internacional de Mercancías por Carretera (CMR)

CMR

Ce transport est soumis, nonobstant toute clause contraire à la Convention relative au contrat de transport international de marchandises par route (CMR).

This carriage is subject, notwithstanding any clause to the contrary, to the Convention on the Contract for the International Carriage of goods by road (CMR).

2. Destinatario (nombre, domicilio, país)
   Destinataire (nom, adresse, pays)
   Consignee (name, address, country)

16. Porteador (nombre de la empresa, domicilio, país)
    Transporteur (nom, adresse, pays)
    Carrier (name, address, country)

3. Lugar de entrega de la mercancía (localidad, país)
   Lieu prévu pour la livraison de la marchandise (lieu, pays)
   Place of delivery of the goods (place, country)

17. Porteadores sucesivos (nombre, domicilio, país)
    Transporteurs successifs (nom, adresse, pays)
    Successive carriers (name, address, country)

4. Lugar y fecha de la toma en carga de la mercancía (localidad, país, fecha)
   Lieu et date de la prise en charge de la marchandise (lieu, pays, date)
   Place and date of taking over the goods (place, country, date)

18. Reservas y observaciones del porteador
    Réserves et observations du transporteur
    Carrier's reservations and observations

5. Documentos adjuntos
   Documents annexés
   Documents attached

6. Marcas y números / Marques et numéros / Marks and Nos
7. N.º de bultos / Nombre de colis / Number of packages
8. Modo de embalaje / Mode d'emballage / Method of packing
9. Naturaleza de la mercancía / Nature de la marchandise / Nature of the goods
10. N.º estadístico / No statistique / Statistical number
11. Peso bruto, kg / Poids brut, kg / Gross weight in kg
12. Volumen m³ / Cubage m³ / Volume in m³

Clase   Número   Letra
Classe   Chiffre   Lettre   (ADR *)
Class   Number   Letter

13. Instrucciones del remitente
    Instructions de l'expéditeur
    Sender's Instructions

19. Estipulaciones particulares
    Conventions particulières
    Special agreements

20. A pagar por A payer par To be paid by	Remitente Expéditeur Sender	Moneda Monnaie Currency	Consignatario Destinataire Consignee
Precio del transporte Prix du transport Carriage charges			
Descuentos Réductions − Deductions			
Neto/Solde/Balance Suplementos Suppléments			
Supplem. charges Otros cargos Frais accessoires + Other charges			
TOTAL			

14. Forma de pago
    Prescriptions d'affranchissement
    Instructions as to payment for carriage

☐ Porte pagado / Franco / Carriage paid
☐ Porte debido / Non franco / Carriage forward

21. Formalizado en   a
    Etablie à   le
    Established in   on

15. Reembolso a cobrar en destino/ Remboursement / Cash on delivery

22.

23.

24. Mercancías recibidas
    Marchandises reçues / Goods received

    Lugar   a
    Lieu   le
    Place   on

Firma y sello del remitente
Signature et timbre de l'expéditeur
Signature and stamp of the sender

Firma y sello del porteador
Signature et timbre du transporteur
Signature and stamp of the carrier

Firma y sello del destinatario
Signature et timbre du destinataire
Signature and stamp of the consignee

Les parties encadrées de lignes grasses doivent être remplies par le transporteur.
The space framed with heavy lines must be filed in by the carrier.
Las casillas enmarcadas con línea gruesa deben ser cumplimentadas por el porteador.

19+21+22.

y compris et
including and
incluyendo las

1 - 15

A remplir sous la responsabilité de l'expéditeur
To be completed on the sender's responsibility
A rellenar bajo la responsabilidad del expedidor

- En cas de marchandises dangereuses indiquer, outre la certification éventuelle, à la dernière ligne du cadre; le chiffre et le cas échéant, la lettre.
- In case of dangerous goods mention, besides the possible certification, on the last line of the column the particulars of the class, the number and the letter, if any.
- En el caso de mercancías peligrosas mencionar, además de la posible certificación, en la última línea del cuadro la clase, el número y, en su caso, la letra.

Figura 1. Carta de porte CMR basada en el modelo de la IRU de 1976.

reembolso, etc.–; 8.2 –reservas en origen–; 35 –nombre de los transportistas sucesivos–, y 22 –para mercancías peligrosas, además de la posible certificación, su clase y, en su caso, número y letra conforme al Acuerdo ADR–).

En ese modelo IRU, la carta de porte es un cuadernillo con cuatro ejemplares iguales, impresos cada uno en un color: rojo (para el remitente), azul (para el destinatario), verde (para el transportista) y negro (ídem, con fines administrativos).

Además, dicho modelo está dividido en casillas numeradas del 1 al 24, lo cual facilita la ubicación más adecuada o la localización rápida de un dato concreto en la hoja, la posible cumplimentación por medios mecánicos, etc.

Quizá el orden no fue perfecto y hubiera debido acercarse más al establecido en el art. 6.º del Convenio CMR, pero ello no parece haber planteado muchos problemas.

Este modelo IRU se suele imprimir (o hacer imprimir) por las asociaciones nacionales de transportistas (como hace en España, por ejemplo, Astic –Setir–), que lo expenden a sus miembros (generalmente, a un precio atractivo, en función del elevado número de ejemplares que se encarguen). Pero no habría inconveniente jurídico alguno en que cada transportista (o usuario del transporte) hiciera confeccionar estas cartas de porte para su empresa, por ejemplo, encargándolas a una imprenta privada, mecanografiándolas o componiéndolas mediante un ordenador dotado de cualquier procesador de textos e imprimiéndolas a continuación, etc., o hasta hipotéticamente –por qué no decirlo– escribiéndolas a mano en cuartillas de papel.

Este modelo uniforme de carta de porte IRU se emplea habitualmente por su utilidad práctica, derivada de su correcta elaboración y su amplio conocimiento por las partes contratantes del transporte y, en general, por todos cuantos pueden verlo o manejarlo, quienes están ya familiarizados incluso con el aspecto físico del documento. Y ha venido funcionando razonablemente bien desde entonces.

En cualquier caso, la IRU decidió actualizar aquel modelo dado que, desde su aprobación –en 1976–, habían transcurrido treinta años, período durante el cual se han producido en el transporte diversos cambios, algunos de ellos trascendentales. Al haberse adquirido una importante experiencia en su uso, han surgido aspectos cuyo relieve no se tuvo en cuenta (o no suficientemente) en aquel momento, e incluso se ha considerado conveniente aclarar la función de algunas de las casillas del documento por tal de fomentar su uso efectivo.

A tal efecto se creó un grupo *ad hoc* –que tuve el honor y el placer de presidir– en el seno de la Comisión de Asuntos Jurídicos de la IRU, compuesto por una decena de juristas de varios países, estudiosos del Convenio CMR –cuya profesión los hace también conocedores de la práctica del transporte–, que tuvieron por misión analizar estas pretendidas mejoras y proponer un nuevo modelo.

Se tomaron en cuenta, además, las variantes que algunos países habían introducido en los modelos de carta de porte CMR de uso habitual en los mismos (se examinaron veinte modelos en total, incluido el español), para aprovechar los aspectos más útiles de estos. Variantes que, lógicamente, no podían hacer entrar en conflicto la nueva carta de porte con el Convenio CMR, que seguía vigente en los mismos términos –igual que aquel también fue respetado por el anterior modelo, de 1976–.

Tras su primera sesión, en Praga (República Checa), en mayo de 2003, este grupo *ad hoc* se reunió varias veces a lo largo de cuatro años y, como resultado de sus deliberaciones, formuló una propuesta: un modelo «casi definitivo» de carta de porte, propuesta para ser estudiada por la comisión jurídica.

Por su parte, la Comisión de Asuntos Jurídicos de la IRU, en su sesión celebrada en Bratislava (Eslovaquia) el 16 de mayo de 2007, adoptó por unanimidad el proyectado nuevo modelo de carta de porte CMR, que debía ser ratificado por la IRU. Finalmente, la Asamblea General de la IRU aprobó este nuevo modelo en 9 de noviembre de 2007, fecha por la que se suele conocer dicho documento: modelo IRU 2007.

En los párrafos que siguen se destacan y comentan las principales características de este nuevo modelo IRU 2007, especialmente en lo que concierne a los cambios respecto al modelo tradicional y las razones para cada uno de ellos.

2.2   *Características generales del nuevo modelo*

1. Mantiene la denominación –«carta de porte para transporte internacional CMR»–, que ocupa el centro de la parte superior del nuevo documento; un lugar, por tanto, más destacado que anteriormente.
2. Cambia la presentación, con lo que se obtiene una casilla más en el ángulo superior derecho del documento, allí donde antes figuraban las letras CMR y la referencia a las reglas del Convenio CMR como derecho aplicable.
3. Esta referencia al Convenio CMR como derecho aplicable (nueva casilla 20) se desplaza a una ubicación más avanzada del documento, antes del lugar y la fecha de establecimiento del mismo y de las firmas, lo que mejor acredita el conocimiento de esta previsión por los contratantes.
4. Se añade la letra del país donde el documento ha sido emitido, en el ángulo superior derecho de este, para mayor control y garantía de autenticidad (no siempre se indica el país en otras casillas); en la práctica, ya se viene poniendo esta letra. En el caso de España, por ejemplo, correspondería la *E*.
5. Mantiene la redacción en las dos lenguas oficiales del Convenio CMR –inglés y francés– y admite además, como tercer idioma, otro correspondiente al de cualquiera de los países firmantes del Convenio (normalmente, el nacional del transportista o del cargador); por ejemplo, el español.
6. Mantiene el formato ISO DIN A-4 (página de 210 × 297 mm), por su comodidad y habitualidad en el uso.
7. El nuevo modelo respeta las reglas uniformes de las Naciones Unidas para documentos comerciales (documento EC/TRADE/137, adoptado en 1981 por las Naciones Unidas y, en 1985, por ISO –el cual, por razón de fecha, difícilmente

pudo ser tenido en cuenta cuando se aprobó el anterior modelo, en 1976–), una suerte de estructura-marco que obliga a esta clase de documentos a cumplir ciertos requisitos formales: guardar un espacio en blanco de 10 mm para la cabecera (por motivos prácticos, como garantizar su legibilidad si se sujeta en un bloc con pinza) y de 20 mm para el margen izquierdo (ídem en el frecuente caso de encuadernación o archivo del documento –incluso cuando hay una pequeña zona lateral que queda en blanco al fotocopiar, en muchas máquinas–); respetar cierto tamaño en la configuración de las casillas, etc. Estas reglas uniformes de las Naciones Unidas se han aplicado igualmente a numerosos documentos de uso internacional, como la carta de porte ferroviaria CIM, las declaraciones aduaneras, el cuaderno o carné TIR, facturas de compraventa, etc.

8. Se añade al pie del documento, tras las firmas, un espacio libre y sin numerar que corresponde –y así irá indicado expresamente– a su carácter no contractual, donde el transportista puede anotar –si lo desea– cualesquiera indicaciones o referencias de su interés (puestos aduaneros por utilizar, distancias que recorrer, etc.), siempre y solo en la medida en que a este interesen, y sin carácter vinculante ante nadie.

9. Mantiene la presentación de casillas numeradas –sistema muy práctico para localizar rápidamente los datos en el documento– e incluso las conserva en número –veinticuatro–. No obstante, la mayor parte de las nuevas casillas cambian de número, que corresponderá al lugar que ocuparán en el documento modificado tras las adiciones, supresiones y cambios de orden propuestos. Estos últimos, en general, tienen como objetivo la correspondencia de la numeración de las casillas con el proceso cronológico normal de la operación de transporte. Precisamente de ello trata con algún detalle el siguiente epígrafe.

10. Finalmente, el nuevo modelo presenta modificaciones en la redacción o el contenido de muchas de las casillas, antes con frecuencia desaprovechadas, dejadas en blanco o mal rellenadas –por falta de suficiente claridad respecto a su exacto propósito–, para así hacer más útil el documento. También a ello se dedica el siguiente epígrafe.

2.3   Cambios en las casillas concretas del nuevo modelo

Según los cambios de número, lugar y contenido (descripción de su finalidad, o sea, datos que deben incluirse), se detallan a continuación las características de las casillas modificadas, así como los motivos de cualesquiera variaciones.

Por razones sistemáticas, y para no suscitar dudas en el lector acerca de una accidental omisión en la referencia a alguna casilla, aparecen mencionadas todas, incluso aquellas que no cambian o que lo hacen solo de número y lugar.

Para una mejor comprensión, dos o más casillas pueden aparecer explicadas juntas cuando están estrechamente relacionadas.

- **Nuevas casillas 1 y 2**

  Mantienen número y descripción del modelo de 1976. La casilla 1 identifica al remitente; la 2, al destinatario.

- **Nuevas casillas 3 y 4**

  Permutan su número, respecto a las casillas 3 y 4 del modelo de 1976, para seguir el orden cronológico habitual de la operación de transporte: primero, como nueva casilla 3, la del lugar y la fecha de la toma en carga –origen del viaje–; y, después, como nueva casilla 4, la del lugar de entrega –destino del viaje–.

- **Nueva casilla 3**

  En ella se añade, en beneficio del transportista, la referencia a la hora de llegada y de nueva salida; es decir, la hora a la que el vehículo llega al lugar de carga y la hora a la que, una vez cargado, el vehículo emprende viaje. Esta modificación pretende dar cuenta de los tiempos de desplazamiento, tan ajustados en la actualidad, puesto que una diferencia excesiva entre ambas horas –o, lo que es igual, un tiempo de espera demasiado prolongado– puede dar lugar al devengo de paralizaciones, esto es, a una indemnización por el remitente al transportista.

  Más adelante veremos, al hablar de la casilla 24, la misma previsión respecto al lugar de destino si, al llegar la mercancía, el destinatario no está dispuesto para la descarga a esa hora concreta.

  Así pues, el doble dato responsabilizaría al culpable de las consecuencias negativas para el transportista, y lo obligaría a la correspondiente indemnización por paralización o inmovilización del vehículo.

- **Nueva casilla 4**

  En ella se añade, dada su utilidad efectiva, la mención «Hora de apertura de las instalaciones del destinatario», dato que puede evitar al transportista encontrar cerrado el local y tener que esperar al día siguiente para descargar, con las consecuencias que ello conlleva.

  Estas indicaciones horarias se han añadido, además, por cuanto Francia las exige en su *document de suivi* (documento de control). En el grupo *ad hoc* anteriormente citado, el representante francés solicitó encarecidamente su inclusión desde el primer momento, y, lejos de ver inconveniente en ello, dicha propuesta fue considerada de interés general para todos los transportistas y sus clientes.

- **Nueva casilla 5**

  En la nueva casilla 5 –número 13 en el modelo de 1976– es donde el remitente debe inscribir sus instrucciones. Se refiere a los datos expresados en el art. 6.º del

Convenio CMR: apdos. 1,*j*) (para aduanas y otros), 2,*a*) (prohibición de trasbordo) y 2,*e*) (seguro de la mercancía).

Varía el número de la casilla, pero no su contenido.

- **Nueva casilla 6**

La nueva casilla 6 –número 16 en el modelo de 1976– contiene la identificación del transportista. En ella se añade la expresión *otras referencias,* por si se desea inscribir datos; por ejemplo, el número de autorización administrativa como transportista (lo cual transmite, además, mayor seriedad profesional), etc.

- **Nueva casilla 7**

En la nueva casilla 7 –número 17 en el modelo de 1976– se recogen los nombres de los posibles transportistas sucesivos.

Se añade la referencia a mercancía recibida y aceptada, seguida de la fecha y firma, pues ello comporta la entrada formal en el contrato de tales transportistas, a todo efecto (véase el art. 35 del Convenio CMR). Así, estos descargan de responsabilidad, en su caso, al primer transportista.

Entre las nuevas casillas 6 y 7 se añade, además, una línea de separación para establecer más claramente la diferencia con que actúan el transportista primero o principal y los transportistas sucesivos (las anteriores casillas 16 y 17 estaban unidas).

- **Nueva casilla 8**

En la nueva casilla 8 –número 18 del modelo de 1976– se inscriben las reservas del transportista.

En su nueva redacción se especifica que se trata de las reservas puestas «en el momento de la toma en carga de la mercancía» (como prevé el art. 8.º del Convenio CMR), mención que aclara el propósito de dicha casilla.

- **Nueva casilla 9**

En la nueva casilla 9 –número 5 del modelo de 1976– se especifican los documentos anexos a la carta de porte.

Se añade que se trata únicamente de documentos «entregados por el remitente al transportista» (en lugar de la anterior mención «anexos»), con lo que se aclara la función de esta casilla a la vez que se subraya que únicamente el remitente o cargador puede entregar documentos que vinculen al transportista.

- **Nuevas casillas 10, 11, 12 y 13**

Corresponden a las casillas 6, 7, 8 y 9, respectivamente, del modelo de 1976, sobre descripción de la mercancía.

Varía el número de las casillas, pero no su contenido.

Se suprime la referencia, en la casilla 10 del modelo de 1976, a un desusado número estadístico cuya utilidad y propósito ni el transportista ni otros intervinientes en el transporte suelen conocer. Desde luego, ninguno de los miembros del grupo *ad hoc* sabía exactamente para qué se incluyó esta referencia en el modelo de 1976, ni para qué sirve. Es más, de hecho, esta casilla queda en blanco en las muchas cartas de porte vistas por los autores a lo largo de muchos años.

Otra novedad: los datos para mercancías peligrosas, que deben anotarse ahora en el propio recuadro que agrupa los números del 10 al 13, se hacen corresponder más exactamente al Acuerdo ADR: nombre, número de etiqueta, número de las Naciones Unidas y grupo de embalaje.

- **Nuevas casillas 14 y 15**

  Corresponden a las casillas 11 y 12, respectivamente, del modelo de 1976, sobre cantidad de la mercancía, expresada en peso bruto o de otra manera –en metros cúbicos– (véase el art. 6.1,*h*) del Convenio CMR.

  Varía el número de las casillas, pero no su contenido.

- **Nueva casilla 16**

  La nueva casilla 16 –número 19 en el modelo de 1976– tiene por objeto incluir los acuerdos o estipulaciones particulares.

  Añade que se trata de pactos únicamente «entre el remitente y el transportista», con lo que se aclara la función de esta casilla a la vez que se subraya que es el remitente o cargador el único que puede vincular al transportista, si este acepta el pacto que aquel le propone, o viceversa. Es decir, se trata de indicaciones que necesitan el consentimiento del transportista y del remitente.

  Esta nueva casilla puede contener posibles pactos como:

  - valor declarado de la mercancía;
  - interés especial en la entrega de esta;
  - plazo de entrega de la mercancía en destino;
  - uso de palés;
  - quién debe efectuar las operaciones de carga y descarga;
  - aceptación del transporte en *ferry,* etc.;
  - indemnización (cuantía) por volumen;
  - indemnización (cuantía) por paralizaciones;
  - jurisdicción competente;
  - sumisión a las Juntas Arbitrales de Transporte (o a una concreta); etc.

- **Nueva casilla 17**

  La nueva casilla 17, referida a la atribución de portes o precio del transporte, corresponde a las anteriores casillas 14 y 20 en el modelo de 1976.

Estas antiguas casillas se han unificado, pues no se veía la necesidad de su duplicidad para un contenido casi idéntico. La expresión *porte pagado* –en la anterior casilla 14– puede inducir al error de pensar que, en efecto, está pagado, cuando en realidad no lo está: lo único que quiere decir es que corresponde pagarlo al remitente.

Por su parte, la expresión *porte debido* –también en la anterior casilla 14– es ambigua, pues no especifica por quién es debido (¿por el remitente?, ¿por el destinatario?). Por todo ello, se prefirió la actual expresión *a pagar por.*

Se procedió, además, a una simplificación de la casilla mediante la supresión de la referencia a la moneda (puede perfectamente expresarse en abreviatura –por ejemplo, *EUR*– a continuación de la cantidad) y de la referencia a descuentos por el transportista al cliente (los cuales, al tratarse de un acuerdo comercial privado, a nadie incumben).

En cambio, se añade el concepto «derechos de aduana», que obedece a su importante caracterización y a su previsión de inclusión obligatoria por el art. 6.1,*i*) del Convenio CMR.

En el nuevo epígrafe «Otros conceptos» –último renglón de la casilla– puede añadirse cualquier otro que en cada caso interese, incluso el de paralizaciones (a quién corresponde pagarlo, etc.).

- **Nueva casilla 18**
  La nueva casilla 18 –no existente en el modelo de 1976– tiene por objeto registrar otras indicaciones útiles (exigencia prevista por el art. 6.3 del Convenio CMR).

  Debe entenderse que no se trata de instrucciones del remitente (que deberán inscribirse en la nueva casilla 5) ni de acuerdos entre remitente y transportista (que deberán inscribirse en la nueva casilla 16), sino de otros datos cuya inscripción, no obstante, también puede ser útil; por ejemplo:

  - matrícula del vehículo;
  - su peso útil;
  - otros requisitos (según clase de mercancía, etc.), etc.

  Varía el número de la casilla, pero no su contenido.

- **Nueva casilla 19**
  Reproduce la casilla 15 del modelo de 1976 evitando el innecesario rayado, que dificultaba la lectura de los datos.
  Varía el número de la casilla, pero no su contenido.

- **Nueva casilla 20**
  La referencia al Convenio CMR como normativa aplicable pese a cualquier posible cláusula contraria –prevista como mención necesaria en el art. 6.1,*k*) del pro-

pio Convenio–, que en el modelo de 1976 ocupaba el ángulo superior derecho, se ubica ahora en un emplazamiento más adecuado: antes del lugar y la fecha de establecimiento del documento –nueva casilla 21– y de las firmas de remitente y transportista –nuevas casillas 22 y 23–. Con ello, dada la importancia de esta previsión, se acredita mejor el conocimiento y la conformidad con la misma por los contratantes.

- **Nueva casilla 21**

Referida al lugar y la fecha de establecimiento del contrato de transporte, mantiene el contenido de la casilla de igual número en el modelo de 1976.

- **Nueva casilla 22**

La nueva casilla 22 –firma y sello del remitente– asume el contenido de la de igual número en el modelo de 1976.

No obstante, al igual que en la 23, en su redacción se ha cambiado la conjunción copulativa *y* por la alternativa *o* («firma o sello»). Con ello se desea evitar lo que ocurre en Francia, donde se han impuesto elevadas multas a los propios transportistas franceses y también a los de otros países –por ejemplo, españoles– cuyas cartas de porte CMR no están selladas, sino únicamente firmadas.

Dichas sanciones carecen, desde luego, de base legal, pues el Convenio CMR –en su art. 5.1– exige únicamente la firma y no, además, el sello (es más: permite sustituir la firma del remitente por un sello). Aun así, esta incoherente exigencia no evita tener que proceder a presentar descargos, pagar la multa por anticipado y padecer todas las molestias que cualquier procedimiento sancionador conlleva: buscar y pagar abogados, etc.

Con esta nueva redacción propuesta, la mera firma sería suficiente.

- **Nueva casilla 23**

La nueva casilla 23 –firma y sello del transportista– asume el contenido de la de igual número en el modelo de 1976.

No obstante, al igual que en la 22, en su redacción se ha cambiado la conjunción copulativa *y* por la alternativa *o* («firma o sello»), por coherencia y de acuerdo con lo inmediatamente explicado a propósito de la casilla 22 –cuyos motivos damos aquí por reiterados–.

Esta modificación ha tenido lugar, asimismo, para mantener el equilibrio de previsiones respecto a las dos partes del contrato de transporte –el remitente y el transportista–. Recuérdese que dicho contrato es bilateral, por lo que consta únicamente de estas dos partes, y que no incumbe al destinatario, que es un tercero, por más que del contrato deriven para él derechos.

- **Nueva casilla 24**

  La nueva casilla 24, última del documento —firma y sello del destinatario, más fecha de recepción de la mercancía—, asume el contenido de la de igual número en el modelo de 1976.

  Por otra parte, en su redacción se añaden la hora de llegada —es decir, la efectiva— y la hora de salida, de cuya excesiva diferencia podrían deducirse indemnizaciones o —según la denominación más habitual— pago de paralizaciones.

  En este caso permanece la conjunción *y* («firma y sello»), pues el destinatario no es parte del contrato ni para él nacen derechos hasta que la mercancía llega a destino y el transportista la pone a su disposición. Como ya se dijo, el contrato de transporte es bilateral y se perfecciona por la concurrencia de voluntad de dos únicas personas (remitente y transportista).

  Además, lo frecuente es que el transportista conozca al remitente, que es su cliente «natural», pero no al destinatario, que suele ser uno distinto cada vez; es por esto por lo que la necesidad de mayor garantía se impone en el caso del destinatario.

  Como se indicó anteriormente, el número de casillas no varía respecto al del modelo de 1976: siguen siendo veinticuatro.

2.4 *Recomendaciones de uso del nuevo modelo*

Tras la aprobación, en 2007, del nuevo documento (véase la figura 2), la recomendación de la IRU —y la de quienes firman el presente comentario— es que las empresas transportistas y sus clientes ajusten a este nuevo modelo todas las futuras cartas de porte CMR que emitan. Evidentemente, sin perjuicio de seguir usando las cartas de porte ya impresas, como suele decirse en el comercio, «hasta agotar existencias».

Las precisiones anteriores se refieren a la carta de porte CMR en soporte papel; asimismo, como ya se ha dicho, estas pueden servir de base para la configuración de una carta de porte CMR electrónica, que podrá o no sustituir enteramente a la de papel (aún es pronto para decirlo), de manera que las empresas que contraten el transporte por vía electrónica ya utilicen en sus programas y comunicaciones esta nueva numeración de casillas y descripción de su contenido respectivo.

3 Comentarios al Protocolo de Carta de Porte Electrónica CMR

En las últimas décadas del siglo xx y las primeras del xxi, las tecnologías de la información y la comunicación han transformado los procesos y métodos mediante los que organizaciones, empresas y particulares se comunican y relacionan; esto es así también

CARTA DE PORTE INTERNACIONAL	**CMR**	LETTRE DE VOITURE INTERNATIONALE INTERNATIONAL CONSIGNMENT NOTE País/Pays/Country **N.°**...........

1. Remitente (nombre, domicilio, país)
   Expéditeur (nom, adresse, pays)
   Sender (name, adress, country)

6. Transportista (nombre, domicilio, país, otras referencias)
   Transporteur (nom, adresse, pays, autres références)
   Carrier (name, address, country, other references)

2. Destinatario (nombre, domicilio, país)
   Destinataire (nom, adresse, pays)
   Consignee (name, address, country)

7. Transportistas sucesivos / Transporteurs successifs / Successive carriers
   Nombre / Nom / Name
   Domicilio / Adresse / Adress

   País / Pays / Country

   Recibo y aceptación   Fecha   Firma
   Reçu et acceptation
   Receipt and Acceptance   Date   Signature

3. Carga de la mercancía / Prise en charge de la marchandise / Taking over the goods:

   Lugar / Lieu / Place
   País / Pays / Country

   Fecha / Date
   Hora de llegada   Hora de salida
   Heure d'arrivée / Time of arrival   Heure de départ / Time of departure

4. Entrega de la mercancía / Livraison de la marchandise / Delivery of the goods:

   Lugar / Lieu / Place
   País / Pays / Country

   Horario de apertura de las instalaciones
   Heure d'ouverture du dépôt / Warehouse opening hours

8. Reservas y observaciones del porteador
   Réserves et observations du transporteur
   Carrier's reservations and observations

5. Instrucciones del remitente
   Instructions de l'expéditeur
   Sender's instructions

9. Documentos entregados al transportista por el remitente
   Documents remis au transporteur par l'expéditeur
   Documents handed to the carrier by the sender

10. Marcas y números Marques et numéros Marks and Nos	11. Número de bultos Nombre de colis Number of packages	12. Clase de embalaje Mode d'emballage Method of packing	13. Naturaleza de la mercancía Nature de la marchandise Nature of the goods	14. Peso bruto, kg Poids brut, kg Gross weight in kg	15. Volumen, m³ Cubage m³ Volume in m³

Número N.U.   Nombre: ver casilla 13   Número de etiqueta   Grupo de embalaje   (ADR)*
Numéro NU   Nom: voir 13   Numéro d'étiquette   Groupe d'emballage   (ADR)*
UN Number   Name: see 13   Label Number   Packing Group   (ADR)*

16. Otros acuerdos entre el remitente y el transportista
    Conventions particulières entre l'expéditeur et le transporteur
    Special agreements between the sender and the carrier

17. A pagar por A payer par To be paid by	Remitente Expéditeur Sender	Consignatario Destinataire Consignee
Precio del transporte Prix du transport Carriage charges		
Gastos accesorios Frais accessoires Supplementary charges		
Derechos de aduana Droits de douane Customs duties		
Otros gastos Autres frais Other charges		

18. Otras indicaciones útiles
    Autres indications utiles
    Other useful particulars

19. Entrega contra reembolso
    Remboursement
    Cash on delivery

20. **Este transporte queda sometido, pese a cualquier cláusula contraria, al Convenio regulador del Contrato de Transporte Internacional de Mercancías por Carretera (CMR)**
    Ce transport est soumis, nonobstant toute clause contraire, à la Convention relative au contrat de transport international de marchandises par route (CMR)
    This carriage is subject, notwithstanding any clause to the contrary, to the Convention on the Contract for international Carriage of Goods by Road (CMR)

21. Establecido en   el día   20..
    Etablie à   le   20..
    Established in   on   20..

22.

23.

24. Recibo de la mercancía
    Marchandises reçues / Goods received

    Hora de llegada   Hora de salida
    Heure d'arrivée   Heure de départ
    Time of arrival   Time of departure

    Lugar   el día   20...
    Lieu   le   20...
    Place   on   20...

Firma o sello del remitente
Signature ou timbre de l'expéditeur
Signature or stamp of the sender

Firma o sello del transportista
Signature ou timbre du transporteur
Signature or stamp of the carrier

Firma y sello del destinatario
Signature et timbre du destinataire
Signature and stamp of the consignee

Parte no contractual reservada al transportista / Partie non contractuelle réservée au transporteur / Non-contractual part reserved for the carrier

(Texto lateral izquierdo:)
Las casillas con recuadro grueso deben ser rellenadas por el transportista
Les parties encadrées de lignes grasses doivent être remplies par le transporteur
The spaces framed with heavy lines must be filled in by the carrier

A rellenar bajo la responsabilidad del remitente
A remplir sous la responsabilité de l'expéditeur
To be completed on the sender's responsibility

1 - 5, 9 - 16, 18 + 22

(Texto lateral derecho:)
- En caso de mercancías peligrosas, indicar, en la línea inferior de la casilla: su número según N.U., para mercancías de clases 1 y 7, requisitos concretos de documentación según ADR, capítulo 5, número de etiqueta y grupo de embalaje.
* (ADR) - En cas de marchandises dangereuses indiquer, à la dernière ligne du cadre: Numéro ONU; Marchandises des classes 1 et 7: voir demande spéciale dans ADR, Chapitre 5; Numéro d'étiquette et Groupe d'emballage.
- In case of dangerous goods mention the last line of the column: UN number, Goods from class 1 and 7: see special documentation demands in ADR, Part 5; The label number and Packing Group.

Figura 2. Carta de porte CMR: modelo de la IRU de 2007.

en el ámbito jurídico, en el que se incluyen las correspondencias contractuales (por ejemplo, el comercio electrónico, las relaciones con las administraciones públicas y muchos otros trámites).

Es lógico e irreversible que los procedimientos y formatos electrónicos sean la forma habitual en que progresivamente se formalicen los contratos de todo tipo, entre ellos los de transporte. No en vano todos los convenios[5] y las normas recientes o contemporáneas que regulan los contratos de transporte nacional o internacional de mercancías por cualquier medio o modo incluyen una referencia clara a la posibilidad, nunca imperativa, de que las partes acuerden el uso de un documento, contrato o carta de porte en formato electrónico.

El Convenio CMR de 1956 requería, por tanto, una actualización en este sentido, pues solo aludía a una carta de porte en papel, a la que dedicaba fundamentalmente sus artículos 4.º a 9.º. Dicha actualización ha cristalizado, fruto de la labor desde 1998 del Comité de Transporte Interior de la Comisión Económica para Europa de las Naciones Unidas (Cepe), en el Protocolo Adicional al Convenio relativo al Contrato de Transporte Internacional de Mercancías por Carretera (CMR), relativo a la Carta de Porte Electrónica, hecho en Ginebra el 20 de febrero de 2008 –en adelante, Protocolo–, cuyo texto está incluido en el capítulo 1 de este libro.

Debe citarse, en primer lugar, que el Protocolo añade nuevos artículos al Convenio CMR, pero no lo modifica (solo se ha modificado una vez, en 1978, para adoptar el DEG del FMI como unidad de cuenta para el cálculo de las indemnizaciones). De los dieciséis artículos de que consta el Protocolo, los seis primeros regulan lo sustancial de la novedad que aporta el mismo –es decir, la carta de porte en formato electrónico–, mientras que los últimos diez tratan, dentro de las disposiciones finales, los aspectos comunes, adjetivos o procedimentales, de cualesquiera convenios y normas internacionales (firma, ratificación y adhesión, entrada en vigor, denuncia, enmiendas, depósito, etc.).

El Protocolo establece básicamente dos aspectos clave:

1. La carta de porte CMR (así como otros documentos relacionados con la misma) podrá realizarse por comunicación electrónica y conservará, en este formato, plena validez jurídica siempre que se ajuste a los requisitos especificados en el Protocolo.

---

[5] Véanse, a modo de ejemplo, el art. 15 de la Ley 15/2009, de 11 de noviembre, del Contrato de Transporte Terrestre de Mercancías (transporte nacional de mercancías por carretera); el art. 6.9 del Convenio CIM (transporte internacional por ferrocarril, actualizado por el Protocolo de Vilna de 1999); la definición 2.6 de las Reglas de la Conferencia de las Naciones Unidas para el Comercio y el Desarrollo (Unctad) y la Cámara de Comercio Internacional (CCI) (Reglas Unctad/CCI), de 1991 (relativas a los documentos de transporte multimodal), o el capítulo 3.º del Convenio de las Naciones Unidas sobre el Contrato de Transporte Internacional de Mercancías Total o Parcialmente Marítimo (Reglas de Róterdam, de 2008).

2. La regulación de la carta de porte en el Convenio CMR se extiende a su formato electrónico, en el que conserva idéntica fuerza como prueba del contrato de transporte y sus exactos términos y condiciones, y dispone de las mismas posibilidades (sus indicaciones podrán completarse o modificarse en los casos permitidos en el Convenio) que en su tradicional formato en papel.

El art. 3.º del Protocolo recoge los requisitos de la firma electrónica, que en España se regula mediante la Ley 59/2003, de 19 de diciembre, de Firma Electrónica (BOE de 20 de diciembre), actualizada por la Ley 56/2007, de 28 de diciembre, de Medidas de Impulso de la Sociedad de la Información (BOE de 29 de diciembre). Es de suponer que los requisitos de firma electrónica son bastante uniformes, al menos en los países de la Unión Europea, pues la ley nacional española citada tiene su origen en la Directiva 1999/93/CE de 13 de diciembre de 1999, por la que se establece un marco comunitario para la firma electrónica.

Son indudables los beneficios que, *a priori,* presenta la formalización electrónica de la carta de porte CMR en los ámbitos de la seguridad, la rapidez, el coste y la sostenibilidad ambiental.

En primer lugar, se consigue una mayor seguridad al reducirse –casi podría decirse que se elimina– la posibilidad de fraude o falsificación de datos en la carta de porte, que requiere de una firma electrónica y es, por tanto, más segura que la manuscrita, con lo que se refuerza la comprobación del estado inicial de la carta de porte, su legibilidad y sus posibles modificaciones posteriores (véase el art. 4.2 del Protocolo). Se considera que será más fácil identificar a las partes de un contrato y clarificar la intervención de transportistas subcontratados que actúen como transportistas efectivos, pues firmarán electrónicamente la carta de porte. De igual manera, se reducen las posibilidades de redactar la carta de porte con imperfecciones o errores, así como de extraviar el propio documento. Además, las modificaciones posteriores –como la intervención de porteadores sucesivos, o las reservas del transportista a la recepción de la mercancía o del destinatario a la entrega de la misma– quedarán perfectamente identificadas, registradas y accesibles (diferenciadas de la redacción original) para todos los intervinientes en la carta de porte, pues se realizarán por medios electrónicos con los requisitos que el Protocolo establece.

En segundo lugar se puede citar la rapidez en su formalización y comunicación entre las partes involucradas en un contrato de transporte internacional por carretera, lo que puede ofrecer aspectos positivos a las mismas. Por ejemplo, una vez formalizado en origen, el documento puede ser transmitido electrónicamente al destinatario para que conozca de antemano los detalles del envío que está en ruta hacia sus instalaciones. Otro efecto importante es que, una vez firmada por el destinatario, como prueba de la recepción de las mercancías, el transportista puede remitir la carta de porte electrónica inmediatamente y sin coste al remitente, en el caso –muy habitual– de que este sea el obligado al pago del servicio de transporte (portes pagados). De esta forma se agiliza dicho cobro y se eliminan el coste (de burocracia, gestión y envío postal) y el tiempo de la tradicional remisión por correo junto a la factura, ambas en papel, una vez que el conductor ha devuelto el ejemplar tercero a su empresa a la finalización y retorno del servicio. Téngase en cuenta que la recepción física de dicho documento junto a la factura por el obligado al pago del servicio suele marcar el inicio del cómputo del plazo de pago del mismo, por lo que la inmediatez de su envío electrónico lo acortaría, en la práctica, sensiblemente. En última instancia, debe decirse que también se facilitan las comunicaciones y los partes de siniestro con las compañías aseguradoras, a las cuales se puede suministrar instantáneamente una copia en formato electrónico de la carta de porte.

Este ahorro de coste se puede adicionar al que supone la propia compra de los talonarios de cartas de porte CMR a los tradicionales proveedores (imprentas, etc.), lo cual, aunque puede resultar irrisorio, implica una forma de abaratar costes que, en un sector tan competitivo como el del transporte por carretera, no debe despreciarse. Además, debe valorarse el hecho de prescindir de estos formularios, que a veces incluían erratas o inexactitudes (cláusulas cuya redacción era mala o defectuosa, datos de la empresa transportista no actualizados, etc.) y que se completaban en muchas ocasiones manualmente, lo que conllevaba problemas de ilegibilidad. Si estos posibles errores materiales se eliminan en la formalización de la carta de porte electrónica, se incrementa la seguridad jurídica de las partes en la contratación del transporte.

Por otra parte, para un sector tachado tradicionalmente de poco respetuoso con el medio ambiente –contaminación atmosférica y acústica causada por los camiones–, el hecho de sustituir el papel por comunicaciones electrónicas supondrá una aportación positiva, al no requerirse papel para formalizar las miles de cartas de porte CMR que se expiden a diario.

Finalmente, otra ventaja que sin duda presenta la carta de porte electrónica es su mayor facilidad para coordinarse con las tecnologías de la información (GPS, SMS, etc.) que permiten la localización y el seguimiento de los envíos. Este es un aspecto muy demandado por los clientes, y un factor de diferenciación de los transportistas en el actual entorno de logística de flujo tenso, caracterizado por pequeños envíos de forma continua en función de la demanda del mercado con el objetivo de minimizar los costes de almacenamiento.

Por contra, surgen dudas respecto a la implementación y coordinación de este Protocolo con otras normas vigentes en la actualidad en España, como la Orden FOM 238/2003, de 31 de enero, por la que se establecen normas de control en relación con los transportes públicos de mercancías por carretera (BOE de 13 de febrero). Siquiera ello sea una exigencia de carácter administrativo –o sea, de derecho público– (para mero control, y evitar la infracción y sanción por carencia de documentación obligatoria a que se refiere la Ley 16/1987, de 30 julio, LOTT, en su art. 141.19), ámbito distinto al del contrato de transporte y demás relaciones jurídico-mercantiles –es decir, de derecho privado–.

Esta orden del Ministerio de Fomento establece y regula el «documento de control» en que deben materializarse todos los contratos de transporte nacional de mercancías por carretera, entre los que recoge, como uno de sus transportes teóricamente exentos, los «transportes internacionales documentados en una carta de porte ajustada al Convenio de 19 de mayo de 1956, relativo al Contrato de Transporte Internacional de Mercancías por Carretera (CMR), la cual deberá, no obstante, conservarse en los términos señalados en este artículo». Se precisa *teóricamente* porque, en realidad, la orden no exime a los transportes internacionales de emitir el documento, simplemente dice que basta con el que ya tienen –la carta de porte CMR–; pero, por tanto, sí impone esta como obligatoria.

Debido a que la inspección en carretera suele requerir un documento físico (carta de porte CMR) en papel para aplicar tal exención y que la aplicación del Protocolo es voluntaria por las partes y no imperativa, es deducible que, mientras no se regule de forma más concreta su aplicación, se seguirá emitiendo –sobre papel– al menos un ejemplar para la posible inspección en ruta del envío.

Tampoco es seguro que un juez o tribunal de justicia, al estudiar un caso de incumplimiento de un contrato de transporte, no eche de menos, como prueba, que se le aporte un documento –la tradicional carta de porte impresa sobre papel–, según es costumbre. De hecho, no se conoce ninguna sentencia –no ya del Tribunal Supremo, sino tampoco de cualquier otro órgano jurisdiccional español– que considere prueba una carta de porte solo electrónica.

Por otra parte, la Ley 15/2009, de 11 de noviembre, que regula el contrato de transporte nacional por carretera en España, ya recoge la carta de porte electrónica en su artículo 15. Las nuevas Condiciones Generales de Contratación de los Transportes de Mercancías por Carretera –que vía orden ministerial deben sustituir a las de 25 de abril de 1997, con el objetivo de adecuarse y detallar aspectos de dicha ley– incluirán un tratamiento más detallado de la carta de porte electrónica que serán aplicables, se entiende, a la carta de porte CMR en formato electrónico.

Además, para que el formato electrónico se implemente de forma masiva se necesita que la mayoría de las empresas –cargadores-remitentes y transportistas– estén registradas e identificadas –posibilidad que ya se ofrece en el mercado–[6] en sistemas que cumplan los requisitos del Protocolo, y que se articulen los procedimientos e instrumentos (tarjetas identificativas de conductores, empresas, bases de datos seguras y accesibles a las partes, tecnología criptográfica, etc.) para su real puesta en práctica. Las empresas más grandes es posible que apuesten pronto por la implantación de estos sistemas; sin embargo, en pequeñas empresas, sobre todo en el caso de transportistas autónomos, probablemente la incorporación al sistema tardará más al encontrarse con las barreras de coste y formación en estas tecnologías.

---

[6] A modo de ejemplo se puede consultar el sitio web www.e-cmr.eu, que ya ofrece la posibilidad de que transportistas y clientes se registren en su sistema para la utilización de la carta de porte CMR electrónica.

Así pues, es casi seguro que durante un tiempo se utilicen simultáneamente ambos sistemas –el tradicional en papel y el novedoso formato electrónico–, aprovechando las ventajas y utilidades de cada uno. Esta duplicidad puede consistir, por una parte, en que, una vez emitida la carta de porte electrónica, se impriman además en papel uno o más ejemplares; y, por otra, en que, si no se ha acordado como condición del contrato (por ejemplo, en una orden de carga previa) que la carta de porte se emita en formato electrónico, el transportista no presente en el momento de su emisión los requisitos para que esta sea electrónica. En este caso se debería recurrir exclusivamente al tradicional sistema de emisión en papel. Es de esperar que, conforme los operadores vayan integrando y utilizando la opción electrónica, se produzca un efecto de arrastre hacia el resto de los operadores. Lo impondrá el propio mercado.

De hecho, y teniendo en cuenta que el Convenio CMR tiene carácter consensual y no formal (no se requiere carta de porte para que exista un contrato de transporte, aunque su correcta formalización es muy recomendable), es práctica habitual desde hace años que las órdenes de carga o de transporte (que, en cuanto son aceptadas, constituyen un contrato, pues implican la voluntad de las partes de contratar) se transmitan mediante correo electrónico, el cual, si incluye firma digital, constituye ya una práctica adaptada a los términos y requisitos del propio Protocolo. Esto es así dado que el mismo no se limita a la carta de porte, sino que indica en su artículo 2.º que «cualquier solicitud, declaración, instrucción, orden, reserva u otra comunicación relativa a la ejecución de un contrato de transporte al que sea de aplicación el Convenio podrá realizarse por comunicación electrónica».

En cuanto a su entrada en vigor,[7] se requería que cinco países firmantes lo ratificaran. Así lo hicieron Holanda, Suiza, Letonia, Bulgaria y Lituania (en fecha de 7 de marzo), con lo que entró en vigor noventa días después, el 5 de junio de 2011. España lo ratificó en séptimo lugar (en fecha de 11 de mayo), por lo que entró en vigor en este país el 9 de agosto de 2011. Esta rápida ratificación y entrada en vigor, unida a la intención manifiesta de ratificación por parte de otros estados, augura que este Protocolo será ratificado con cierta prontitud por todos los países miembros del Convenio CMR (cincuenta y cinco en 2011).

Por todo ello, es de esperar, con plena confianza, que con el paso del tiempo este Protocolo y las posibilidades que su aplicación ofrece acaben imponiéndose como manera habitual de formalizar la carta de porte CMR. En la medida en que las empresas cargadoras y transportistas analicen y valoren sus ventajas y acaben extendiéndolas en el mercado, se logrará una transformación natural que, en el fondo, consiste «simplemente» en aplicar las ventajas de las tecnologías de la información y la comunicación a la contratación del transporte internacional de mercancías.

---

[7] En el sitio web de la Cepe (www.unece.org) se puede consultar el proceso de firma y ratificación del Protocolo en el siguiente enlace: http://live.unece.org/trans/conventn/legalinst_27_OLIRT_e-CMR.html.

Capítulo 5

Tabla comparativa del Convenio CMR y la Ley 15/2009 del Contrato de Transporte Terrestre de Mercancías

Los autores han considerado de utilidad para el lector presentar la siguiente tabla, en la que se compara el Convenio CMR con la Ley 15/2009, de 11 de noviembre, que regula el contrato de transporte nacional por carretera en España.

Norma analizada *Aspecto comparado*	*Convenio CMR*	*Ley 15/2009*	*Observaciones*
Referencia legal y carácter de la norma	Convenio de 19 de mayo de 1956, relativo al Contrato de Transporte Internacional de Mercancías por Carretera (BOE n.º 109 de 7/5/74) Corrección de errores 15/6/95 Modificado por el Protocolo de Ginebra de 5/7/78 (BOE n.º 303 de 18/12/82) que instaura el DEG para el cálculo de las indemnizaciones	Ley 15/2009, de 11 de noviembre, del Contrato de Transporte Terrestre de Mercancías (BOE de 12/11/09) Corrección de errores de BOE de 16/2/10	El Convenio CMR es de carácter imperativo en aplicación de su art. 41, mientras que la Ley 15/2009 es de carácter dispositivo, en aplicación de su art. 3.º, excepto en cuanto a responsabilidad del porteador (capítulo V) y prescripción de las acciones (capítulo IX), respecto de los cuales resulta imperativa
Contrato de transporte con superposición de modos	Art. 2.º	Art. 70	Texto con similar significado
Personas por las cuales responde el transportista	Art. 3.º	Arts. 6.1 y 47.3	Texto con similar significado

Continúa

Continuación

Documento de formalización del contrato (carta de porte)	Carta de porte CMR (arts. 4.º a 9.º)	Carta de porte (arts. 10 y ss.) Documento de control	Respecto a la carta de porte CMR, en el mercado se ha impuesto el modelo propuesto por la IRU en 1976 y actualizado en 2007. Respecto a la carta de porte nacional, es de aplicación la Orden FOM 238/2003 (BOE de 13 de febrero), mediante la cual la Administración regula la formalización de los contratos de transporte
Responsabilidad del remitente por defectos en el embalaje	Art. 10	Art. 21.3	Texto con similar significado
Documentación que debe entregarse al transportista	Art. 11	Art. 23	Texto con similar significado
Derecho de disposición	Art. 12.1	Art. 29.1	Texto con similar significado
Extinción del derecho de disposición	Art. 12.2	Art. 30.3	Texto con similar significado
Cesión al destinatario del derecho de disposición	Art. 12.3	Art. 29.2, 1.ª fra.	Texto con similar significado
El derecho de disposición solo se puede ejercitar una vez	Art. 12.4	Art. 29.2, final	Texto con similar significado
Condiciones para el ejercicio del derecho de disposición	Art. 12.5	Art. 30.1	Texto con similar significado
Responsabilidad del transportista por el incumplimiento del derecho de disposición	Art. 12.7	Art. 30.2	Texto con similar significado
Documentación de la entrega en destino	Art. 13.1	Art. 12	Texto con similar significado
Derechos del destinatario	Art. 13.2	Art. 35.2	Texto con similar significado
Impedimentos al transporte	Art. 14	Art. 31	Texto con similar significado

Continuación

Carta de porte electrónica	Protocolo Adicional al Convenio relativo al Contrato de Transporte Internacional de Mercancías por Carretera (CMR), relativo a la Carta de Porte Electrónica, hecho en Ginebra el 20 de febrero de 2008	Art. 15	Debe mencionarse la necesaria coordinación de la regulación de la carta de porte electrónica con la Orden FOM 238/2003 El Protocolo Adicional al Convenio CMR no modifica artículos, sino que añade otros nuevos
Supuestos de responsabilidad del transportista	Art. 17.1	Art. 47.1, 1.er párr.	Texto con similar significado
Causas de exoneración	Art. 17.2	Art. 48.1	Texto con similar significado
Los defectos en los vehículos no son causa de exoneración	Art. 17.3	Art. 48.2	Texto con similar significado
Presunciones de exoneración	Art. 17.4	Art. 49.1	Texto con similar significado
Responsabilidad del transportista en función de su contribución al daño	Art. 17.5	Art. 48.3	Texto con similar significado
Prueba en contra de la presunción de exoneración	Art. 18.2, *in fine*	Art. 49.2	Texto con similar significado
Transporte con vehículos especialmente acondicionados	Art. 18.4	Art. 51	Texto con similar significado
Transporte de animales vivos	Art. 18.5	Art. 50	Texto con similar significado
Plazo del transporte	Art. 19	Art. 33.1	Texto con similar significado
Recuperación de las mercancías perdidas	Art. 20.2 a 4	Art. 59.1 a 3	Texto con similar significado
Entrega contra reembolso	Art. 21	Art. 42	Texto con similar significado, aunque con mayor detalle en la ley nacional española (plazo de entrega del reembolso y posibilidad de aplicación tanto en porte que debe ser pagado por cargador como por destinatario)

Continuación

Cálculo de la indemnización por pérdidas	Art. 23.1	Art. 52	Texto con similar significado
Valor de las mercancías	Art. 23.2	Art. 55	Texto similar, aunque en el caso de la Ley 15/2009 se presume, en los casos de transporte posterior a una venta, el precio de la factura de la misma como valor de mercado de las mercancías (deducido el transporte)
Límites de indemnización por responsabilidad del porteador ante pérdida o avería	Arts. 23.3, 23.7 y 25 8,33 DEG por kilogramo del peso bruto que falte o resulte averiado	Art. 57.1 Un tercio del IPREM diario por kilogramo bruto	CMR: La cotización del DEG frente al euro se puede consultar en el sitio web del FMI en el siguiente enlace: http://www.imf.org/external/np/fin/data/rms_mth.aspx?SelectDate=2011-07-31&reportType=CVSDR La cotización suele arrojar un límite de indemnización de entre 9 y 11 € por kilogramo bruto de mercancía perdida o averiada A 15 de julio de 2011, el DEG equivalía a 1,124220 €; por tanto, el límite se sitúa en unos 9,36 €/kg bruto) Ley 15/2009: el IPREM (indicador público de renta de efectos múltiples) se publica para cada año en la Ley de Presupuestos Generales del Estado. El IPREM diario en 2010 y 2011 se situó en 17,75 €, lo que supone un límite de 5,91 €/kg bruto de mercancía perdida o faltante
Reembolso de otros gastos	Art. 23.4	Art. 58	Texto similar, aunque más detallado en el caso de la Ley 15/2009, que incluye los gastos de salvamento si han sido razonables y proporcionados
Límites de indemnización por responsabilidad del porteador ante retraso	Art. 23.5	Art. 57.2	En ambas normas se estipula el precio del transporte como límite de indemnización

Continuación

Declaración de valor de las mercancías	Art. 24	Art. 61.1	Texto similar, aunque se refiere a límites de responsabilidad distintos en cuantía y unidad de cuenta
Declaración de interés especial en la entrega	Art. 26	Art. 61.2	Texto con similar significado
Responsabilidad extracontractual	Art. 28	Art. 63	Texto con similar significado, aunque más detallado en el caso del Convenio CMR
Pérdida del beneficio de limitación	Art. 29	Art. 62	Texto similar en alusión al dolo; sin embargo, la Ley 15/2009 añade como causa la «infracción consciente y voluntaria del deber jurídico asumido que produzca daños que, sin ser directamente queridos, sean consecuencia necesaria de la acción», supuesto dado a la subjetividad y a una difícil interpretación
Plazo para la reserva (reclamación) por pérdida o avería	Art. 30.1	Art. 60	CMR: pérdidas y averías aparentes en el momento de la entrega Pérdidas y averías no aparentes dentro de los siguientes 7 días desde la entrega sin contar domingos y festivos Ley 15/2009: pérdidas y averías manifiestas en el momento de la entrega Pérdidas y averías no manifiestas dentro de los siguientes 7 días naturales a la entrega
Plazo para la reserva (reclamación) por retraso	Art. 30.3	Art. 60.3	CMR: 21 días desde la puesta de la mercancía a disposición del destinatario Ley 15/2009: 21 días desde el siguiente al de la entrega de las mercancías al destinatario
Plazo de prescripción de las acciones	Art. 32.1	Art. 79.1	CMR: un año. En caso de dolo del transportista, 3 años Ley 15/2009: un año. En caso de dolo del porteador, 2 años

Continuación

Interrupción de la prescripción	Art. 32.2	Art. 79.3	En el caso de la ley 15/2009 se alude como causas de interrupción a las de los contratos mercantiles y se «crea» la «suspensión» de la prescripción. Véase comentario al respecto en la nota adjunta a esta tabla
Contrato con transportistas sucesivos	Art. 34	Art. 64.1	Texto similar en cuanto a la responsabilidad solidaria de los transportistas o porteadores sucesivos, pero el detalle de la redacción de los artículos varía
Aceptación y reservas entre transportistas sucesivos	Art. 35	Art. 64.2 a 3	Texto con similar significado
Ejercicio de reclamaciones ante transportistas sucesivos	Art. 36	Art. 65	Texto diferente, aunque coincidente en la determinación de los transportistas frente a los que se puede presentar la reclamación: primero, último o aquel que ejecutó la fase del transporte donde se produjo el hecho que se reclama. También coincide en la posibilidad de reclamar contra varios a la vez
Acción de repetición entre transportistas sucesivos	Art. 37	Art. 66.1,*a*)-*c*)	Texto con similar significado
Caso de insolvencia de un transportista sucesivo	Art. 38	Art. 66.1,*d*)	Texto con similar significado
No protesta ante acción de repetición contra transportista sucesivo	Art. 39	Art. 66.2	Texto con similar significado

Nota:
La Ley 15/2009 es una síntesis de:

- Convenio CMR;
- condiciones generales aprobadas por el Ministerio de Fomento por Orden de 25 de abril de 1997;
- medidas de garantía para el transportista, acordadas en junio de 2008,
- más algunas previsiones modernas y cambios de concepto.

Esas medidas de junio de 2008 consisten en unos acuerdos pactados entre el Comité Nacional de Transporte por Carretera (órgano consultivo de la Administración pública en que están representadas las asociaciones de transportistas) y el Ministerio de Fomento, fundamentalmente como ayudas a la actividad de transporte por carretera, algunas de las cuales consisten en medidas tendentes a garantizar el pago del precio del transporte.

Esos acuerdos de 11 de junio de 2008 –un conjunto de 57 medidas heterogéneas–, publicados en el BOE del 14 siguiente, concernían en su mayor parte al propio Ministerio de Fomento, pero también a otros departamentos (Economía, Trabajo, Educación, Interior, Justicia e Industria), y varios de ellos ya han sido concretados en normas de diversa índole y puestos en aplicación –en la Orden FOM/2184/2008 de 22 de julio–, como las medidas 1.1, 1.2, 1.3 e incluso la 6.1, concerniente al Ministerio de Justicia.

Esta 6.1, dirigida al Ministerio de Justicia, consistía precisamente en la aprobación por el Gobierno español del proyecto de esta Ley 15/2009 de 11 de noviembre del Contrato de Transporte Terrestre de Mercancias (LCT) y después, ya en forma de ley, por el Parlamento.

Aunque –como no podría ser de otra manera– el ámbito de esta Ley 15/2009 se limita al transporte nacional dentro de España, puede ser de aplicación también al internacional, como cuando el Convenio CMR remite a la legislación nacional, es decir:

- art. 5.1, sobre posible sustitución en la carta de porte de la firma manuscrita por un sello;
- art. 16.5, sobre procedimiento de venta de la mercancía conflictiva;
- art. 20.4, sobre derecho de disposición del porteador sobre las mercancías que se creyeron perdidas y después reaparecieron;
- art. 29.1, sobre no aplicación de límite de responsabilidad en caso de dolo o culpa grave;
- art. 32.1, sobre aumento del plazo de prescripción en caso de dolo o culpa grave, y
- art. 32.3, sobre vías de interrupción y suspensión del plazo de prescripción.

Así lo prevé el art. 2.2 de la ley, con su referencia a los tratados internacionales vigentes en España. El cual, en opinión de los autores, incluye (aunque no lo diga expresamente) también los convenios, ya existentes o futuros, que versen sobre el transporte multimodal, las mudanzas y cualesquiera otras materias de que la ley trata.

En cuanto a lo que se ha llamado en estas líneas *previsiones modernas y cambios de concepto,* suponen actualizaciones o variaciones, tanto respecto al Código de Comercio como al Convenio CMR (de 1956), no tan antiguo como el código español, pero ya con más de cincuenta años; lo cual, a criterio del legislador español, recomendaba pensar un poco más en el futuro. Es el caso de la contratación del transporte por vía electrónica (véase el art. 15) o los contratos de duración continuada (véanse los arts. 8.º, 16, 38.3, 39.3 y 43).

Como otro de tales cambios, en su art. 79.3, párrafo 2.º, de esta ley, su redactor, quizá en un alarde de valentía, creó un concepto jurídico inexistente hasta entonces en España: el de «suspensión» de la prescripción para reclamar (cuyo curso puede reanudarse). En este país existía solo la «interrupción» –art. 1973 del Código Civil y art. 944 del Código de Comercio–, que es concepto distinto (el acto de «interrupción» hace comenzar un nuevo plazo íntegro).

Respecto al Convenio CMR, esta Ley 15/2009:

1. Sigue el Convenio CMR, aún más que las ya referidas condiciones generales de 1997, en aspectos fundamentales de este, como:

   – documentación del contrato de transporte (arts. 10-14);
   – derecho de disposición sobre la mercancía (arts. 29 y 30);
   – transportes sucesivos (arts. 64-66);
   – régimen de responsabilidad del transportista (arts. 47-63), aunque el límite de indemnización es distinto (art. 57.1), y
   – prescripción y su interrupción y suspensión (art. 79).

2. Añade cuestiones nuevas, como:

   – definición de contrato de transporte (art. 2.1);
   – carga y descarga: quién debe realizar estas operaciones (art. 20, –ex-LOTT, art. 22–);
   – manera de calcular la indemnización por exceso de tiempo en realizarlas (art. 22);
   – precio del transporte: cómo varía en función del precio del gasóleo (art. 38);
   – pago de intereses por quien tarde más de treinta días en pagar los portes (art. 41);
   – carta de porte electrónica: posibilidad legal de usarla (art. 15);
   – transporte multimodal (arts. 67-69), y
   – mudanzas (arts. 71-77).

3. Se separa del Convenio CMR en otros aspectos, como:

   – naturaleza dispositiva de la ley (art. 3.º, salvo en materias de responsabilidad –art. 46.1– y prescripción –art. 78–), y
   – contratos de duración continuada: posibilidad legal de establecerlos y régimen (arts. 8.º, 16, 38.3, 39.3 y 43).

Capítulo 6

Convenio CMR en inglés

(El inglés y el francés son las lenguas oficiales del Convenio)

Se presenta el Convenio CMR de 1956 actualizado por el protocolo de 1978 y, a continuación, el Protocolo Adicional de Carta de Porte Electrónica.

**Convention on the Contract for the International Carriage
of Goods by Road (CMR)**

Preamble

THE CONTRACTING PARTIES, HAVING RECOGNIZED the desirability of standardizing the conditions governing the contract for the international carriage of goods by road, particularly with respect to the documents used for such carriage and to the carrier's liability, HAVE AGREED as follows:

CHAPTER I. Scope of application

Article 1

1. This Convention shall apply to every contract for the carriage of goods by road in vehicles for reward, when the place of taking over of the goods and the place designated for delivery, as specified in the contract, are situated in two different countries, of which at least one is a Contracting country, irrespective of the place of residence and the nationality of the parties.

2. For the purpose of this Convention, "vehicles" means motor vehicles, articulated vehicles, trailers and semi-trailers as defined in article 4 of the Convention on Road Traffic dated 19 September 1949.

3. This Convention shall apply also where carriage coming within its scope is carried out by States or by governmental institutions or organizations.

4. This Convention shall not apply:

(a) To carriage performed under the terms of any international postal convention;
(b) To funeral consignments;
(c) To furniture removal.

5. The Contracting Parties agree not to vary any of the provisions of this Convention by special agreements between two or more of them, except to make it inapplicable to their frontier traffic or to authorize the use in transport operations entirely confined to their territory of consignment notes representing a title to the goods.

Article 2

1. Where the vehicle containing the goods is carried over part of the journey by sea, rail, inland waterways or air, and, except where the provisions of article 14 are applicable, the goods are not unloaded from the vehicle, this Convention shall nevertheless apply to the whole of the carriage. Provided that to the extent it is proved that any loss, damage or delay in delivery of the goods which occurs during the carriage by the other means of transport was not caused by act or omission of the carrier by road, but by some event which could only have occurred in the course of and by reason of the carriage by that other means of transport, the liability of the carrier by road shall be determined not by this Convention but in the manner in which the liability of the carrier by the other means of transport would have been determined if a contract for the carriage of the goods alone had been made by the sender with the carrier by the other means of transport in accordance with the conditions prescribed by law for the carriage of goods by that means of transport. If, however, there are no such prescribed conditions, the liability of the carrier by road shall be determined by this Convention.

2. If the carrier by road is also himself the carrier by the other means of transport, his liability shall also be determined in accordance with the provisions of paragraph 1 of this article, but as if, in his capacities as carrier by road and carrier by the other means of transport, he were two separate persons.

CHAPTER II. Persons for whom the carrier is responsible

Article 3

For the purposes of this Convention the carrier shall be responsible for the acts and omissions of his agents and servants and of any other persons of whose services he makes use for the performance of the carriage, when such agents, servants or other persons are acting within the scope of their employment, as if such acts or omissions were his own.

Chapter III. Conclusion and performance of the contract of carriage

Article 4

The contract of carriage shall be confirmed by the making out of a consignment note. The absence, irregularity or loss of the consignment note shall not affect the existence or the validity of the contract of carriage which shall remain subject to the provisions of this Convention.

Article 5

1. The consignment note shall be made out in three original copies signed by the sender and by the carrier. These signatures may be printed or replaced by the stamps of the sender and the carrier if the law of the country in which the consignment note has been made out so permits. The first copy shall be handed to the sender, the second shall accompany the goods and the third shall be retained by the carrier.

2. When the goods which are to be carried have to be loaded in different vehicles, or are of different kinds or are divided into different lots, the sender or the carrier shall have the right to require a separate consignment note to be made out for each vehicle used, or for each kind or lot of goods.

Article 6

1. The consignment note shall contain the following particulars:

(a) The date of the consignment note and the place at which it is made out;
(b) The name and address of the sender;
(c) The name and address of the carrier;
(d) The place and the date of taking over of the goods and the place designated for delivery;
(e) The name and address of the consignee;
(f) The description in common use of the nature of the goods and the method of packing, and, in the case of dangerous goods, their generally recognized description;
(g) The number of packages and their special marks and numbers;
(h) The gross weight of the goods or their quantity otherwise expressed;
(i) Charges relating to the carriage (carriage charges, supplementary charges, customs duties and other charges incurred from the making of the contract to the time of delivery);
(j) The requisite instructions for Customs and other formalities;
(k) A statement that the carriage is subject, notwithstanding any clause to the contrary, to the provisions of this Convention.

2. Where applicable, the consignment note shall also contain the following particulars:

(a) A statement that transshipment is not allowed;
(b) The charges which the sender undertakes to pay;
(c) The amount of "cash on delivery" charges;
(d) A declaration of the value of the goods and the amount representing special interest in delivery;
(e) The sender's instructions to the carrier regarding insurance of the goods;
(f) The agreed time limit within which the carriage is to be carried out;
(g) A list of the documents handed to the carrier.

3. The parties may enter in the consignment note any other particulars which they may deem useful.

Article 7

1. The sender shall be responsible for all expenses, loss and damage sustained by the carrier by reason of the inaccuracy or inadequacy of:

(a) The particulars specified in article 6, paragraph 1, (b), (d), (e), (f), (g), (h) and (j);
(b) The particulars specified in article 6, paragraph 2;
(c) Any other particulars or instructions given by him to enable the consignment note to be made out or for the purpose of their being entered therein.

2. If, at the request of the sender, the carrier enters in the consignment note the particulars referred to in paragraph 1 of this article, he shall be deemed, unless the contrary is proved, to have done so on behalf of the sender.

3. If the consignment note does not contain the statement specified in article 6, paragraph 1 (k), the carrier shall be liable for all expenses, loss and damage sustained through such omission by the person entitled to dispose of the goods.

Article 8

1. On taking over the goods, the carrier shall check:

(a) The accuracy of the statements in the consignment note as to the number of packages and their marks and numbers, and
(b) The apparent condition of the goods and their packaging.

2. Where the carrier has no reasonable means of checking the accuracy of the statements referred to in paragraph 1 (a) of this article, he shall enter his reservations in the consignment note together with the grounds on which they are based. He shall likewise specify the grounds for any reservations which he makes with regard to the apparent condition of the goods and their packaging. Such reservations shall not bind the sender unless he has expressly agreed to be bound by them in the consignment note.

3. The sender shall be entitled to require the carrier to check the gross weight of the goods or their quantity otherwise expressed. He may also require the contents of the packages to be checked. The carrier shall be entitled to claim the cost of such checking. The result of the checks shall be entered in the consignment note.

Article 9

1. The consignment note shall be prima facie evidence of the making of the contract of carriage, the conditions of the contract and the receipt of the goods by the carrier.

2. If the consignment note contains no specific reservations by the carrier, it shall be presumed, unless the contrary is proved, that the goods and their packaging appeared to be in good condition when the carrier took them over and that the number of packages, their marks and numbers corresponded with the statements in the consignment note.

Article 10

The sender shall be liable to the carrier for damage to persons, equipment or other goods, and for any expenses due to defective packing of the goods, unless the defect was apparent or known to the carrier at the time when he took over the goods and he made no reservations concerning it.

Article 11

1. For the purposes of the Customs or other formalities which have to be completed before delivery of the goods, the sender shall attach the necessary documents to the consignment note or place them at the disposal of the carrier and shall furnish him with all the information which he requires.

2. The carrier shall not be under any duty to inquire into either the accuracy or the adequacy of such documents and information. The sender shall be liable to the carrier for any damage caused by the absence, inadequacy or irregularity of such documents and information, except in the case of some wrongful act or neglect on the part of the carrier.

3. The liability of the carrier for the consequences arising from the loss or incorrect use of the documents specified in and accompanying the consignment note or deposited with the carrier shall be that of an agent, provided that the compensation payable by the carrier shall not exceed that payable in the event of loss of the goods.

Article 12

1. The sender has the right to dispose of the goods, in particular by asking the carrier to stop the goods in transit, to change the place at which delivery is to take place or to deliver the goods to a consignee other than the consignee indicated in the consignment note.

2. This right shall cease to exist when the second copy of the consignment note is handed to the consignee or when the consignee exercises his right under article 13, paragraph 1; from that time onwards the carrier shall obey the orders of the consignee.

3. The consignee shall, however, have the right of disposal from the time when the consignment note is drawn up, if the sender makes an entry to that effect in the consignment note.

4. If in exercising his right of disposal the consignee has ordered the delivery of the goods to another person, that other person shall not be entitled to name other consignees.

5. The exercise of the right of disposal shall be subject to the following conditions:

(a) That the sender or, in the case referred to in paragraph 3 of this article, the consignee who wishes to exercise the right produces the first copy of the consignment note on which the new instructions to the carrier have been entered and indemnifies the carrier against all expenses, loss and damage involved in carrying out such instructions;

(b) That the carrying out of such instructions is possible at the time when the instructions reach the person who is to carry them out and does not either interfere with the normal working of the carriers' undertaking or prejudice the senders or consignees of other consignments;

(c) That the instructions do not result in a division of the consignment.

6. When, by reason of the provisions of paragraph 5 (b) of this article, the carrier cannot carry out the instructions which he receives, he shall immediately notify the person who gave him such instructions.

7. A carrier who has not carried out the instructions given under the conditions provided for in this article or who has carried them out without requiring the first copy of the consignment note to be produced, shall be liable to the person entitled to make a claim for any loss or damage caused thereby.

Article 13

1. After arrival of the goods at the place designated for delivery, the consignee shall be entitled to require the carrier to deliver to him, against a receipt, the second copy of the consignment note and the goods. If the loss of the goods is established or if the goods have not arrived after the expiry of the period provided for in article 19, the consignee shall be entitled to enforce in his own name against the carrier any rights arising from the contract of carriage.

2. The consignee who avails himself of the rights granted to him under paragraph 1 of this article shall pay the charges shown to be due on the consignment note, but in the event of dispute on this matter the carrier shall not be required to deliver the goods unless security has been furnished by the consignee.

Article 14

1. If for any reason it is or becomes impossible to carry out the contract in accordance with the terms laid down in the consignment note before the goods reach the place

designated for delivery, the carrier shall ask for instructions from the person entitled to dispose of the goods in accordance with the provisions of article 12.

2. Nevertheless, if circumstances are such as to allow the carriage to be carried out under conditions differing from those laid down in the consignment note and if the carrier has been unable to obtain instructions in reasonable time from the person entitled to dispose of the goods in accordance with the provisions of article 12, he shall take such steps as seem to him to be in the best interests of the person entitled to dispose of the goods

Article 15

1. Where circumstances prevent delivery of the goods after their arrival at the place designated for delivery, the carrier shall ask the sender for his instructions. If the consignee refuses the goods the sender shall be entitled to dispose of them without being obliged to produce the first copy of the consignment note.

2. Even if he has refused the goods, the consignee may nevertheless require delivery so long as the carrier has not received instructions to the contrary from the sender.

3. When circumstances preventing delivery of the goods arise after the consignee, in exercise of his rights under article 12, paragraph 3, has given an order for the goods to be delivered to another person, paragraphs 1 and 2 of this article shall apply as if the consignee were the sender and that other person were the consignee.

Article 16

1. The carrier shall be entitled to recover the cost of his request for instructions and any expenses entailed in carrying out such instructions, unless such expenses were caused by the wrongful act or neglect of the carrier.

2. In the cases referred to in article 14, paragraph 1, and in article 15, the carrier may immediately unload the goods for account of the person entitled to dispose of them and thereupon the carriage shall be deemed to be at an end. The carrier shall then hold the goods on behalf of the person so entitled. He may, however, entrust them to a third party, and in that case he shall not be under any liability except for the exercise of reasonable care in the choice of such third party. The charges due under the consignment note and all other expenses shall remain chargeable against the goods.

3. The carrier may sell the goods, without awaiting instructions from the person entitled to dispose of them, if the goods are perishable or their condition warrants such a course, or when the storage expenses would be out of proportion to the value of the goods. He may also proceed to the sale of the goods in other cases if after the expiry of a reasonable period he has not received from the person entitled to dispose of the goods instructions to the contrary which he may reasonably be required to carry out.

4. If the goods have been sold pursuant to this article, the proceeds of sale, after deduction of the expenses chargeable against the goods, shall be placed at the disposal

of the person entitled to dispose of the goods. If these charges exceed the proceeds of sale, the carrier shall be entitled to the difference.

5. The procedure in the case of sale shall be determined by the law or custom of the place where the goods are situated.

Chapter IV. Liability of the carrier

Article 17

1. The carrier shall be liable for the total or partial loss of the goods and for damage thereto occurring between the time when he takes over the goods and the time of delivery, as well as for any delay in delivery.

2. The carrier shall, however, be relieved of liability if the loss, damage or delay was caused by the wrongful act or neglect of the claimant, by the instructions of the claimant given otherwise than as the result of a wrongful act or neglect on the part of the carrier, by inherent vice of the goods or through circumstances which the carrier could not avoid and the consequences of which he was unable to prevent.

3. The carrier shall not be relieved of liability by reason of the defective condition of the vehicle used by him in order to perform the carriage, or by reason of the wrongful act or neglect of the person from whom he may have hired the vehicle or of the agents or servants of the latter.

4. Subject to article 18, paragraphs 2 to 5, the carrier shall be relieved of liability when the loss or damage arises from the special risks inherent in one more of the following circumstances:

(a) use of open unsheeted vehicles, when their use has been expressly agreed and specified in the consignment note;
(b) the lack of, or defective condition of packing in the case of goods which, by their nature, are liable to wastage or to be damaged when not packed or when not properly packed;
(c) handling, loading, stowage or unloading of the goods by the sender, the consignee or person acting on behalf of the sender or the consignee;
(d) the nature of certain kinds of goods which particularly exposes them to total or partial loss or to damage, especially through breakage, rust, decay, desiccation, leakage, normal wastage, or the action of moth or vermin;
(e) insufficiency or inadequacy of marks or numbers on the packages;
(f) the carriage of livestock.

5. Where under this article the carrier is not under any liability in respect of some of the factors causing the loss, damage or delay, he shall only be liable to the extent that those factors for which he is liable under this article have contributed to the loss, damage or delay.

Article 18

1. The burden of proving that loss, damage or delay was due to one of the causes specified in article 17, paragraph 2, shall rest upon the carrier.

2. When the carrier establishes that in the circumstances of the case, the loss or damage could be attributed to one or more of the special risks referred to in article 17, paragraph 4, it shall be presumed that it was so caused. The claimant shall, however, be entitled to prove that the loss or damage was not, in fact, attributable either wholly or partly to one of these risks.

3. This presumption shall not apply in the circumstances set out in article 17, paragraph 4 (a), if there has been an abnormal shortage, or a loss of any package.

4. If the carriage is performed in vehicles specially equipped to protect the goods from the effects of heat, cold, variations in temperature or the humidity of the air, the carrier shall not be entitled to claim the benefit of article 17, paragraph 4 (d), unless he proves that all steps incumbent on him in the circumstances with respect to the choice, maintenance and use of such equipment were taken and that he complied with any special instructions issued to him.

5. The carrier shall not be entitled to claim the benefit of article 17, paragraph 4 (f), unless he proves that all steps normally incumbent on him in the circumstances were taken and that he complied with any special instructions issued to him.

Article 19

Delay in delivery shall be said to occur when the goods have not been delivered within the agreed time-limit or when, failing an agreed time-limit, the actual duration of the carriage having regard to the circumstances of the case, and in particular, in the case of partial loads, the time required for making up a complete load in the normal way, exceeds the time it would be reasonable to allow a diligent carrier.

Article 20

1. The fact that goods have not been delivered within thirty days following the expiry of the agreed time-limit, or, if there is no agreed time-limit, within sixty days from the time when the carrier took over the goods, shall be conclusive evidence of the loss of the goods, and the person entitled to make a claim may thereupon treat them as lost.

2. The person so entitled may, on receipt of compensation for the missing goods, request in writing that he shall be notified immediately should the goods be recovered in the course of the year following the payment of compensation. He shall be given a written acknowledgement of such request.

3. Within the thirty days following receipt of such notification, the person entitled as aforesaid may require the goods to be delivered to him against payment of the charges shown to be due on the consignment note and also against refund of the compensation he received less any charges included therein but without prejudice to any claims to compensation for delay in delivery under article 23 and where applicable, article 26.

4. In the absence of the request mentioned in paragraph 2 or of any instructions given within the period of thirty days specified in paragraph 3, or if the goods are not recovered until more than one year after the payment of compensation, the carrier shall be entitled to deal with them in accordance with the law of the place where the goods are situated.

Article 21

Should the goods have been delivered to the consignee without collection of the "cash on delivery" charge which should have been collected by the carrier under the terms of the contract of carriage, the carrier shall be liable to the sender for compensation not exceeding the amount of such charge without prejudice to his right of action against the consignee.

Article 22

1. When the sender hands goods of a dangerous nature to the carrier, he shall inform the carrier of the exact nature of the danger and indicate if necessary, precautions to be taken. If this information has not been entered in the consignment note, the burden of proving, by some other means, that the carrier knew the exact nature of the danger constituted by the carriage of the said goods shall rest upon the sender or the consignee.

2. Goods of a dangerous nature which, in the circumstance referred to in paragraph 1 of this article, the carrier did not know were dangerous, may, at any time or place, be unloaded, destroyed or rendered harmless by the carrier without compensation; further, the sender shall be liable for all expenses, loss or damage arising out of their handing over for carriage or of their carriage.

Article 23

1. When, under the provisions of this Convention, a carrier is liable for compensation in respect of total or partial loss of goods, such compensation shall be calculated by reference to the value of the goods at the place and time at which they were accepted for carriage.

2. The value of the goods shall be fixed according to the commodity exchange price or, if there is no such price, according to the current market price or, if there is no commodity exchange price or current market price, by reference to normal value of goods of the same kind and quality.

3. Compensation shall not, however, exceed 8.33 units of account per kilogram of gross weight short.

4. In addition, the carriage charges, Customs duties and other charges incurred in respect of the carriage of the goods shall be refunded in full in case of total loss and in proportion to the loss sustained in case of partial loss, but no further damage shall be payable.

5. In the case of delay if the claimant proves that damage has resulted therefrom the carrier shall pay compensation for such damage not exceeding the carriage charges.

6. Higher compensation may only be claimed where the value of the goods or a special interest in delivery has been declared in accordance with articles 24 and 26.

7. The unit of account mentioned in this Convention is the Special Drawing Right as defined by the International Monetary Fund. The amount mentioned in paragraph 3 of this article shall be converted into the national currency of the State of the Court seized of the case on the basis of the value of that currency on the date of the judgment or the date agreed upon by the Parties. The value of the national currency, in terms of the Special Drawing Right, of a State which is a member of the International Monetary Fund, shall be calculated in accordance with the method of valuation applied by the International Monetary Fund in effect on the date in question for its operations and transactions. The value of the national currency, in terms of the Special Drawing Right, of a State which is not a member of the International Monetary Fund, shall be calculated in a manner determined by the State.

8. Nevertheless, a State which is not a member of the International Monetary Fund and whose law does not permit the application of the provisions of paragraph 7 of this article may, at the time of ratification of or accession to the Protocol to the CMR or at any time thereafter, declare that the limit of liability provided for in paragraph 3 of this article to be applied in its territory shall be 25 monetary units. The monetary unit referred to in this paragraph corresponds to the 10/31 gram of gold of millesimal fineness nine hundred. The conversion shall be made according to the law of the State concerned.

9. The calculation mentioned in the last sentence of paragraph 7 of this article and the conversion mentioned in paragraph 8 of this article shall be made in such a manner as to express in the national currency of the State as far as possible the same real value for the amount in paragraph 3 of this article as is expressed there in units of account. States shall communicate to the Secretary-General of the United Nations the manner of calculation pursuant to paragraph 7 of this article or the result of the conversion in paragraph 8 of this article as the case may be, when depositing an instrument referred to in Article 3 of the Protocol to the CMR and whenever there is a change in either.

Article 24

The sender may, against payment of a surcharge to be agreed upon, declare in the consignment note a value for the goods exceeding the limit laid down in article 23, paragraph 3, and in that case the amount of the declared value shall be substituted for that limit.

Article 25

1. In case of damage, the carrier shall be liable for the amount by which the goods have diminished in value, calculated by reference to the value of the goods fixed in accordance with article 23, paragraphs 1, 2 and 4.

2. The compensation may not, however, exceed:

(a) If the whole consignment has been damaged, the amount payable in the case of total loss;

(b) If part only of the consignment has been damaged, the amount payable in the case of loss of the part affected.

Article 26

1. The sender may, against payment of a surcharge to be agreed upon, fix the amount of a special interest in delivery in the case of loss or damage or of the agreed time-limit being exceeded, by entering such amount in the consignment note.

2. If a declaration of a special interest in delivery has been made, compensation for the additional loss or damage proved may be claimed, up to the total amount of the interest declared, independently of the compensation provided for in articles 23, 24 and 25.

Article 27

1. The claimant shall be entitled to claim interest on compensation payable. Such interest, calculated at five per centum per annum, shall accrue from the date on which the claim was sent in writing to the carrier or, if no such claim has been made, from the date on which legal proceedings were instituted.

2. When the amounts on which the calculation of the compensation is based are not expressed in the currency of the country in which payment is claimed, conversion shall be at the rate of exchange applicable on the day and at the place of payment of compensation.

Article 28

1. In cases where, under the law applicable, loss, damage or delay arising out of carriage under this Convention gives rise to an extra-contractual claim, the carrier may avail himself of the provisions of this Convention which exclude his liability or which fix or limit the compensation due.

2. In cases where the extra-contractual liability for loss, damage or delay of one of the persons for whom the carrier is responsible under the terms of article 3 is in issue, such person may also avail himself of the provisions of this Convention which exclude the liability of the carrier or which fix or limit the compensation due.

Article 29

1. The carrier shall not be entitled to avail himself of the provisions of this chapter which exclude or limit his liability or which shift the burden of proof if the damage was caused by his wilful misconduct or by such default on his part as, in accordance with the law of the court or tribunal seized of the case, is considered as equivalent to wilful misconduct.

2. The same provision shall apply if the wilful misconduct or default is committed by the agents or servants of the carrier or by any other persons of whose services he makes use for the performance of the carriage, when such agents, servants or other persons are acting within the scope of their employment. Furthermore, in such a case such agents, servants or other persons shall not be entitled to avail themselves, with regard to their personal liability, of the provisions of this chapter referred to in paragraph 1.

CHAPTER V. Claims and actions

Article 30

1. If the consignee takes delivery of the goods without duly checking their condition with the carrier or without sending him reservations giving a general indication of the loss or damage, not later than the time of delivery in the case of apparent loss or damage and within seven days of delivery, Sundays and public holidays excepted, in the case of loss or damage which is not apparent, the fact of this taking delivery shall be prima facie evidence that he has received the goods in the condition described in the consignment note. In the case of loss or damage which is not apparent the reservations referred to shall be made in writing.

2. When the condition of the goods has been duly checked by the consignee and the carrier, evidence contradicting the result of this checking shall only be admissible in the case of loss or damage which is not apparent and provided that the consignee has duly sent reservations in writing to the carrier within seven days, Sundays and public holidays excepted, from the date of checking.

3. No compensation shall be payable for delay in delivery unless a reservation has been sent in writing to the carrier, within twenty-one days from the time that the goods were placed at the disposal of the consignee.

4. In calculating the time-limits provided for in this article the date of delivery, or the date of checking, or the date when the goods were placed at the disposal of the consignee, as the case may be, shall not be included.

5. The carrier and the consignee shall give each other every reasonable facility for making the requisite investigations and checks.

Article 31

1. In legal proceedings arising out of carriage under this Convention, the plaintiff may bring an action in any court or tribunal of a contracting country designated by agreement between the parties and, in addition, in the courts or tribunals of a country within whose territory:

(a) The defendant is ordinarily resident, or has his principal place of business, or the branch or agency through which the contract of carriage was made, or

(b) The place where the goods were taken over by the carrier or the place designated for delivery is situated.

2. Where in respect of a claim referred to in paragraph 1 of this article an action is pending before a court or tribunal competent under that paragraph, or where in respect of such a claim a judgement has been entered by such a court or tribunal no new action shall be started between the same parties on the same grounds unless the judgement of the court or tribunal before which the first action was brought is not enforceable in the country in which the fresh proceedings are brought.

3. When a judgement entered by a court or tribunal of a contracting country in any such action as is referred to in paragraph 1 of this article has become enforceable in that country, it shall also become enforceable in each of the other contracting States, as soon as the formalities required in the country concerned have been complied with. These formalities shall not permit the merits of the case to be reopened.

4. The provisions of paragraph 3 of this article shall apply to judgements after trial, judgements by default and settlements confirmed by an order of the court, but shall not apply to interim judgements or to awards of damages, in addition to costs against a plaintiff who wholly or partly fails in his action.

5. Security for costs shall not be required in proceedings arising out of carriage under this Convention from nationals of contracting countries resident or having their place of business in one of those countries.

Article 32

1. The period of limitation for an action arising out of carriage under this Convention shall be one year. Nevertheless, in the case of wilful misconduct, or such default as in accordance with the law of the court or tribunal seized of the case, is considered as equivalent to wilful misconduct, the period of limitation shall be three years. The period of limitation shall begin to run:

(a) In the case of partial loss, damage or delay in delivery, from the date of delivery;
(b) In the case of total loss, from the thirtieth day after the expiry of the agreed time-limit or where there is no agreed time-limit from the sixtieth day from the date on which the goods were taken over by the carrier;
(c) In all other cases, on the expiry of a period of three months after the making of the contract of carriage.

The day on which the period of limitation begins to run shall not be included in the period.

2. A written claim shall suspend the period of limitation until such date as the carrier rejects the claim by notification in writing and returns the documents attached thereto. If a part of the claim is admitted the period of limitation shall start to run

again only in respect of that part of the claim still in dispute. The burden of proof of the receipt of the claim, or of the reply and of the return of the documents, shall rest with the party relying upon these facts. The running of the period of limitation shall not be suspended by further claims having the same object.

3. Subject to the provisions of paragraph 2 above, the extension of the period of limitation shall be governed by the law of the court or tribunal seized of the case. That law shall also govern the fresh accrual of rights of action.

4. A right of action which has become barred by lapse of time may not be exercised by way of counterclaim or set-off.

Article 33

The contract of carriage may contain a clause conferring competence on an arbitration tribunal if the clause conferring competence on the tribunal provides that the tribunal shall apply this Convention.

CHAPTER VI. Provisions relating to carriage performed by successive carriers

Article 34

If carriage governed by a single contract is performed by successive road carriers, each of them shall be responsible for the performance of the whole operation, the second carrier and each succeeding carrier becoming a party to the contract of carriage, under the terms of the consignment note, by reason of his acceptance of the goods and the consignment note.

Article 35

1. A carrier accepting the goods from a previous carrier shall give the latter a dated and signed receipt. He shall enter his name and address on the second copy of the consignment note. Where applicable, he shall enter on the second copy of the consignment note and on the receipt reservations of the kind provided for in article 8, paragraph 2.

2. The provisions of article 9 shall apply to the relations between successive carriers.

Article 36

Except in the case of a counterclaim or a setoff raised in an action concerning a claim based on the same contract of carriage, legal proceedings in respect of liability for loss, damage or delay may only be brought against the first carrier, the last carrier or the carrier who was performing that portion of the carriage during which the event causing the loss, damage or delay occurred; an action may be brought at the same time against several of these carriers.

Article 37

A carrier who has paid compensation in compliance with the provisions of this Convention, shall be entitled to recover such compensation, together with interest thereon and all costs and expenses incurred by reason of the claim, from the other carriers who have taken part in the carriage, subject to the following provisions:

(a)   The carrier responsible for the loss or damage shall be solely liable for the compensation whether paid by himself or by another carrier;

(b)   When the loss or damage has been caused by the action of two or more carriers, each of them shall pay an amount proportionate to his share of liability; should it be impossible to apportion the liability, each carrier shall be liable in proportion to the share of the payment for the carriage which is due to him;

(c)   If it cannot be ascertained to which carriers liability is attributable for the loss or damage, the amount of the compensation shall be apportioned between all the carriers as laid down in (b) above.

Article 38

If one of the carriers is insolvent, the share of the compensation due from him and unpaid by him shall be divided among the other carriers in proportion to the share of the payment for the carriage due to them.

Article 39

1. No carrier against whom a claim is made under articles 37 and 38 shall be entitled to dispute the validity of the payment made by the carrier making the claim if the amount of the compensation was determined by judicial authority after the first mentioned carrier had been given due notice of the proceedings and afforded an opportunity of entering an appearance.

2. A carrier wishing to take proceedings to enforce his right of recovery may make his claim before the competent court or tribunal of the country in which one of the carriers concerned is ordinarily resident, or has his principal place of business or the branch or agency through which the contract of carriage was made. All the carriers concerned may be made defendants in the same action.

3. The provisions of article 31, paragraphs 3 and 4, shall apply to judgements entered in the proceedings referred to in articles 37 and 38.

4. The provisions of article 32 shall apply to claims between carriers. The period of limitation shall, however, begin to run either on the date of the final judicial decision fixing the amount of compensation payable under the provisions of this Convention, or, if there is no such judicial decision, from the actual date of payment.

Article 40

Carriers shall be free to agree among themselves on provisions other than those laid down in articles 37 and 38.

Chapter VII. Nullity of stipulations contrary to the convention

Article 41

1. Subject to the provisions of article 40, any stipulation which would directly or indirectly derogate from the provisions of this Convention shall be null and void. The nullity of such a stipulation shall not involve the nullity of the other provisions of the contract.

2. In particular, a benefit of insurance in favour of the carrier or any other similar clause, or any clause shifting the burden of proof shall be null and void.

Chapter VIII. Final provisions

Article 42

1. This Convention is open for signature or accession by countries members of the Economic Commission for Europe and countries admitted to the Commission in a consultative capacity under paragraph 8 of the Commission's terms of reference.

2. Such countries as may participate in certain activities of the Economic Commission for Europe in accordance with paragraph 11 of the Commission's terms of reference may become Contracting Parties to this Convention by acceding thereto after its entry into force.

3. The Convention shall be open for signature until 31 August 1956 inclusive. Thereafter, it shall be open for accession.

4. This Convention shall be ratified.

5. Ratification or accession shall be effected by the deposit of an instrument with the Secretary- General of the United Nations.

Article 43

1. This Convention shall come into force on the ninetieth day after five of the countries referred to in article 42, paragraph 1, have deposited their instruments of ratification or accession.

2. For any country ratifying or acceding to it after five countries have deposited their instruments of ratification or accession, this Convention shall enter into force on the ninetieth day after the said country has deposited its instrument of ratification or accession.

Article 44

1. Any Contracting Party may denounce this Convention by so notifying the Secretary-General of the United Nations.

2. Denunciation shall take effect twelve months after the date of receipt by the Secretary-General of the notification of denunciation.

Article 45

If, after the entry into force of this Convention, the number of Contracting Parties is reduced, as a result of denunciations, to less than five, the Convention shall cease to be in force from the date in which the last of such denunciations takes effect.

Article 46

1. Any country may, at the time of depositing its instrument of ratification or accession or at any time thereafter, declare by notification addressed to the Secretary-General of the United Nations that this Convention shall extend to all or any of the territories for the international relations of which it is responsible. The Convention shall extend to the territory or territories named in the notification as from the ninetieth day after its receipt by the Secretary-General or, if on that day the Convention has not yet entered into force, at the time of its entry into force.

2. Any country which has made a declaration under the preceding paragraph extending this Convention to any territory for whose international relations it is responsible may denounce the Convention separately in respect of that territory in accordance with the provisions of article 44.

Article 47

Any dispute between two or more Contracting Parties relating to the interpretation or application of this Convention, which the parties are unable to settle by negotiation or other means may, at the request of any one of the Contracting Parties concerned, be referred for settlement to the International Court of Justice

Article 48

1. Each Contracting Party may, at the time of signing, ratifying, or acceding to, this Convention, declare that it does not consider itself as bound by article 47 of the Convention. Other Contracting Parties shall not be bound by article 47 in respect of any Contracting Party which has entered such a reservation.

2. Any Contracting Party having entered a reservation as provided for in paragraph 1 may at any time withdraw such reservation by notifying the Secretary-General of the United Nations.

3. No other reservation to this Convention shall be permitted.

Article 49

1. After this Convention has been in force for three years, any Contracting Party may, by notification to the Secretary-General of the United Nations, request

that a conference be convened for the purpose of reviewing the Convention. The Secretary-General shall notify all Contracting Parties of the request and a review conference shall be convened by the Secretary-General if, within a period of four months following the date of notification by the Secretary General, not less than one-fourth of the Contracting Parties notify him of their concurrence with the request.

2. If a conference is convened in accordance with the preceding paragraph, the Secretary-General shall notify all the Contracting Parties and invite them to submit within a period of three months such proposals as they may wish the Conference to consider. The Secretary-General shall circulate to all Contracting Parties the provisional agenda for the conference together with the texts of such proposals at least three months before the date on which the conference is to meet.

3. The Secretary-General shall invite to any conference convened in accordance with this article all countries referred to in article 42, paragraph 1, and countries which have become Contracting Parties under article 42, paragraph 2.

Article 50

In addition to the notifications provided for in article 49, the Secretary-General of the United Nations shall notify the countries referred to in article 42, paragraph 1, and the countries which have become Contracting Parties under article 42, paragraph 2, of:

(a) Ratification and accessions under article 42;
(b) The dates of entry into force of this Convention in accordance with article 43;
(c) Denunciations under article 44;
(d) The termination of this Convention in accordance with article 45;
(e) Notifications received in accordance with article 46;
(f) Declarations and notifications received in accordance with article 48, paragraphs 1 and 2.

Article 51

After 31 August 1956, the original of this Convention shall be deposited with the Secretary- General of the United Nations, who shall transmit certified true copies to each of the countries mentioned in article 42, paragraphs 1 and 2.

IN WITNESS WHEREOF, the undersigned, being duly authorized thereto, have signed this Convention.

DONE at Geneva, this nineteenth day of May one thousand nine hundred and fifty-six, in a single copy in the English and French languages, each text being equally authentic.

Additional protocol to the convention on the contract for the international carriage of goods by road (CMR) concerning the electronic consignment note

The parties to this protocol,

BEING PARTIES to the Convention on the Contract for the International Carriage of Goods by Road (CMR), done at Geneva on 19 May 1956,

DESIROUS OF supplementing the Convention in order to facilitate the optional making out of the consignment note by means of procedures used for the electronic recording and handling of data,

HAVE AGREED as follows:

ARTICLE 1
Definitions

For the purposes of this Protocol,

"Convention" means the Convention on the Contract for the International Carriage of Goods by Road (CMR);

"Electronic communication" means information generated, sent, received or stored by electronic, optical, digital or similar means with the result that the information communicated is accessible so as to be usable for subsequent reference;

"Electronic consignment note" means a consignment note issued by electronic communication by the carrier, the sender or any other party interested in the performance of a contract of carriage to which the Convention applies, including particulars logically associated with the electronic communication by attachments or otherwise linked to the electronic communication contemporaneously with or subsequent to its issue, so as to become part of the electronic consignment note;

"Electronic signature" means data in electronic form which are attached to or logically associated with other electronic data and which serve as a method of authentication.

ARTICLE 2
Scope and effect of the electronic consignment note

1. Subject to the provisions of this Protocol, the consignment note referred to in the Convention, as well as any demand, declaration, instruction, request, reservation or other communication relating to the performance of a contract of carriage to which the Convention applies, may be made out by electronic communication.

2. An electronic consignment note that complies with the provisions of this Protocol shall be considered to be equivalent to the consignment note referred to in the Convention and shall therefore have the same evidentiary value and produce the same effects as that consignment note.

ARTICLE 3
Authentication of the electronic consignment note

1. The electronic consignment note shall be authenticated by the parties to the contract of carriage by means of a reliable electronic signature that ensures its link with the electronic consignment note. The reliability of an electronic signature method is presumed, unless otherwise proved, if the electronic signature:

(a) is uniquely linked to the signatory;
(b) is capable of identifying the signatory;
(c) is created using means that the signatory can maintain under his sole control; and
(d) is linked to the data to which it relates in such a manner that any subsequent change of the data is detectable.

2. The electronic consignment note may also be authenticated by any other electronic authentication method permitted by the law of the country in which the electronic consignment note has been made out.

3. The particulars contained in the electronic consignment note shall be accessible to any party entitled thereto.

ARTICLE 4
Conditions for the establishment of the electronic consignment note

1. The electronic consignment note shall contain the same particulars as the consignment note referred to in the Convention.

2. The procedure used to issue the electronic consignment note shall ensure the integrity of the particulars contained therein from the time when it was first generated in its final form. There is integrity when the particulars have remained complete and unaltered, apart from any addition or change which arises in the normal course of communication, storage and display.

3. The particulars contained in the electronic consignment note may be supplemented or amended in the cases authorized by the Convention.

The procedure used for supplementing or amending the electronic consignment note shall make it possible to detect as such any supplement or amendment to the electronic consignment note and shall preserve the particulars originally contained therein.

ARTICLE 5
Implementation of the electronic consignment note

1. The parties interested in the performance of the contract of carriage shall agree on the procedures and their implementation in order to comply with the requirements of this Protocol and the Convention, in particular as regards:

(a) The method for the issuance and the delivery of the electronic consignment note to the entitled party;

(b) An assurance that the electronic consignment note retains its integrity;

(c) The manner in which the party entitled to the rights arising out of the electronic consignment note is able to demonstrate that entitlement;

(d) The way in which confirmation is given that delivery to the consignee has been effected;

(e) The procedures for supplementing or amending the electronic consignment note; and

(f) The procedures for the possible replacement of the electronic consignment note by a consignment note issued by different means.

2. The procedures in paragraph 1 must be referred to in the electronic consignment note and shall be readily ascertainable.

ARTICLE 6
Documents supplementing the electronic consignment note

1. The carrier shall hand over to the sender, at the latter's request, a receipt for the goods and all information necessary for identifying the shipment and for access to the electronic consignment note to which this Protocol refers.

2. The documents referred to in Article 6, paragraph 2 (g) and Article 11 of the Convention may be furnished by the sender to the carrier in the form of an electronic communication if the documents exist in this form and if the parties have agreed to procedures enabling a link to be established between these documents and the electronic consignment note to which this Protocol refers in a manner that assures their integrity.

FINAL PROVISIONS

ARTICLE 7
Signature, ratification, accession

1. This Protocol shall be open for signature by States which are signatories to or Parties to the Convention and are either members of the Economic Commission for Europe or have been admitted to the Commission in a consultative capacity under paragraph 8 of the Commission's terms of reference.

2. This Protocol shall be open for signature at Geneva from 27 to 30 May 2008 inclusive and after this date, at United Nations Headquarters in New York until 30 June 2009 inclusive.

3. This Protocol shall be subject to ratification by signatory States and open for accession by non-signatory States, referred to in paragraph 1 of this article, which are Parties to the Convention.

4. Such States as may participate in certain activities of the Economic Commission for Europe in accordance with paragraph 11 of the Commission's terms of reference and which have acceded to the Convention may become Parties to this Protocol by acceding thereto after its entry into force.

5. Ratification or accession shall be effected by the deposit of an instrument with the Secretary-General of the United Nations.

6. Any instrument of ratification or accession, deposited after the entry into force of an amendment to this Protocol adopted in accordance with the provisions of Article 13 hereafter, shall be deemed to apply to the Protocol as modified by the amendment.

ARTICLE 8
Entry into force

1. This Protocol shall enter into force on the ninetieth day after five of the States referred to in article 7, paragraph 3, of this Protocol, have deposited their instruments of ratification or accession.

2. For any State ratifying or acceding to it after five States have deposited their instruments of ratification or accession, this Protocol shall enter into force on the ninetieth day after the said State has deposited its instrument of ratification or accession.

ARTICLE 9
Denunciation

1. Any Party may denounce this Protocol by so notifying the Secretary-General of the United Nations.

2. Denunciation shall take effect 12 months after the date of receipt by the Secretary-General of the notification of denunciation.

3. Any State which ceases to be Party to the Convention shall on the same date cease to be Party to this Protocol.

ARTICLE 10
Termination

If, after the entry into force of this Protocol, the number of Parties is reduced, as a result of denunciations, to less than five, this Protocol shall cease to be in force from the date on which the last of such denunciations takes effect. It shall also cease to be in force from the date on which the Convention ceases to be in force.

ARTICLE 11
Dispute

Any dispute between two or more Parties relating to the interpretation or application of this Protocol which the Parties are unable to settle by negotiation or other means may, at the request of any one of the Parties concerned, be referred for settlement to the International Court of Justice.

ARTICLE 12
Reservations

1. Any State may, at the time of signing, ratifying, or acceding to this Protocol, declare by a notification addressed to the Secretary-General of the United Nations that it does not consider itself bound by article 11 of this Protocol. Other Parties shall not be bound by article 11 of this Protocol in respect of any Party which has entered such a reservation.

2. The declaration referred to in paragraph 1 of this article may be withdrawn at any time by a notification addressed to the Secretary-General of the United Nations.

3. No other reservation to this Protocol shall be permitted.

ARTICLE 13
Amendments

1. Once this Protocol is in force, it may be amended according to the procedure defined in this article.

2. Any proposed amendment to this Protocol presented by a Party to this Protocol shall be submitted to the Working Party on Road Transport of the United Nations Economic Commission for Europe (Unece) for consideration and decision.

3. The Parties to this Protocol shall make all possible efforts to achieve consensus. If, despite these efforts, consensus is not reached on the proposed amendment, it shall require, as a last resort, for adoption a two-thirds majority of Parties present and voting. A proposed amendment adopted either by consensus or by a two-thirds majority of Parties shall be submitted by the secretariat of the United Nations Economic Commission for Europe to the Secretary-General to be circulated for acceptance to all Parties to this Protocol, as well as to signatory States.

4. Within a period of nine months from the date on which the proposed amendment is communicated by the Secretary-General, any Party may inform the Secretary-General that it has an objection to the amendment proposed.

5. The proposed amendment shall be deemed to have been accepted if, by the end of the period of nine months foreseen in the preceding paragraph, no objection has been notified by a Party to this Protocol. If an objection is stated, the proposed amendment shall be of no effect.

6. In the case of a country which becomes a Contracting Party to this Protocol between the moment of notification of a proposal for amendment and the end of the

nine-month period foreseen in paragraph 4 of this article, the secretariat of the Working Party on Road Transport of the Economic Commission for Europe shall notify the new State Party about the proposed amendment as soon as possible. The latter may inform the Secretary-General before the end of this period of nine months that it has an objection to the proposed amendment.

7. The Secretary-General shall notify, as soon as possible, all the Parties of objections raised in accordance with paragraphs 4 and 6 of this Article as well as of any amendment accepted according to paragraph 5 above.

8. Any amendment deemed to have been accepted shall enter into force six months after the date of notification of such acceptance by the Secretary-General to Parties.

ARTICLE 14
Convening of a diplomatic conference

1. Once this Protocol is in force, any Party may, by notification to the Secretary-General of the United Nations, request that a conference be convened for the purpose of reviewing this Protocol. The Secretary-General shall notify all Parties of the request and a review conference shall be convened by the Secretary-General if, within a period of four months following the date of notification by the Secretary-General, not less than one fourth of the Parties to this Protocol notify him of their concurrence with the request.

2. If a conference is convened in accordance with the preceding paragraph, the Secretary- General shall notify all the Parties and invite them to submit within a period of three months such proposals as they may wish the Conference to consider. The Secretary-General shall circulate to all Parties the provisional agenda for the Conference together with the texts of such proposals at least three months before the date on which the Conference is to meet.

3. The Secretary-General shall invite to any conference convened in accordance with this article all States referred to in Article 7, paragraphs 1, 3 and 4, of this Protocol.

ARTICLE 15
Notifications to States

In addition to the notifications provided for in Articles 13 and 14, the Secretary-General of the United Nations shall notify the States referred to in Article 7, paragraph 1, above, and the States which have become Parties to this Protocol in accordance with paragraphs 3 and 4 of Article 7, of:

(a) Ratifications and accessions under Article 7;
(b) The dates of entry into force of this Protocol in accordance with Article 8;
(c) Denunciations under Article 9;
(d) The termination of this Protocol in accordance with article 10;
(e) Declarations and notifications received in accordance with Article 12, paragraphs 1 and 2.

ARTICLE 16
Depositary

The original of this Protocol shall be deposited with the Secretary-General of the United Nations, who shall send certified true copies thereof to all the States referred to Article 7, paragraphs 1, 3 and 4, of this Protocol.

DONE at Geneva, this twentieth day of February two thousand and eight, in a single copy in the English and French languages, each text being equally authentic.

IN WITNESS WHEREOF, the undersigned, being duly authorized thereto, have signed this Protocol.

Capítulo 7

Condiciones Generales de la IRU para el Contrato de Transporte Internacional de Mercancías por Carretera

Versión vigente, aprobada por la IRU el 3 de noviembre de 2011

1 Establecimiento del Contrato de Transporte Internacional de Mercancías por Carretera[1]

1.1. Todo contrato de transporte internacional de mercancías por carretera establecido entre el transportista y el remitente queda sometido al Convenio regulador del Contrato de Transporte Internacional de Mercancías por Carretera de 19 de mayo de 1956 (Convenio CMR) y a las normas imperativas del ordenamiento jurídico nacional del transportista, incluso si dicho contrato forma parte de la ejecución de un contrato de transporte internacional de mercancías efectuado total o parcialmente por mar.

Se entiende por contrato de transporte el acuerdo mediante el cual el transportista se obliga a desplazar la mercancía en las condiciones que fija el art. 1.º del Convenio CMR. Las presentes Condiciones Generales, para su validez, deben ser aceptadas por el remitente, con expresión de fecha y firma de las partes; esta aceptación puede ser hecha por vía electrónica. Estas prevalecen sobre las condiciones comerciales del remitente u otras, salvo lo que en sentido contrario establezcan las estipulaciones explícitas contenidas por escrito en cada contrato de transporte, en cuyo caso estas últimas tienen prioridad sobre las presentes Condiciones Generales.

---

[1] A efectos de las presentes Condiciones Generales, la denominación *mercancías* comprende igualmente los contenedores, los palés y cualquier otro acondicionamiento o embalaje similar, si son suministrados por el remitente (explicación: esta definición está basada en la contenida en el Convenio de las Naciones Unidas sobre Transporte Multimodal Internacional de Mercancías, aprobado en Ginebra el 24 de mayo de 1980, y es similar a la del Convenio de las Naciones Unidas sobre Transporte Marítimo de Mercancías, aprobado en Hamburgo el 31 de marzo de 1978 [Reglas de Hamburgo]).

1.2. Conforme al Convenio CMR, el Contrato de Transporte Internacional de Mercancías por Carretera tiene carácter consensual, lo cual no puede ser derogado por las partes.

1.3. Las prestaciones accesorias que incluya el contrato de transporte de mercancías (carga, descarga, almacenaje, etc.) deberán ser enumeradas en un presupuesto, que fijará las condiciones de validez de la oferta. Un ejemplo de este presupuesto se incorpora como anexo a las presentes Condiciones Generales.

1.4. Todo contrato de transporte se considera establecido en el momento y el lugar en que el transportista recibe del remitente la aceptación del presupuesto en el plazo acordado.

2   Empleados y subcontratados

2.1. Queda acordado que la(s) persona(s) empleada(s) y la(s) subcontratada(s) actúa(n) en nombre y por cuenta del transportista que encarga sus servicios.

2.2. Los empleados y subcontratados del transportista no pueden aceptar, sin previa autorización del transportista, instrucción o declaración alguna que comprometa a este, fuera de los términos previstos y aceptados en el presupuesto, particularmente en lo que concierne a:

a) valor de la mercancía que pueda servir de referencia en caso de pérdida total o parcial, o de daños (CMR, arts. 23 y 25);
b) instrucciones respecto a entrega de la mercancía contra reembolso o *cash on delivery* (CMR, art. 21);
c) plazo de transporte (CMR, art. 19);
d) declaración de valor de la mercancía (CMR, art. 24) o declaración de interés especial en su entrega (CMR, art. 26);
e) seguro de la mercancía, y
f) otras prestaciones.

2.3. Cuando el transportista sea un operador económico autorizado (OEA) o actúe por cuenta de un remitente u ordenante de servicio que sea OEA, el (los) subcontratado(s) será(n) objeto de las verificaciones previstas en el estatuto del OEA y quedará(n) vinculado(s) mediante un compromiso escrito, regularmente controlado por el transportista, en el cual se describirán las medidas y obligaciones de seguridad exigidas por dicho estatuto.

2.4. El remitente u ordenante de servicio pueden rehusar la ejecución total o parcial del contrato de transporte por un subcontratado que no cumpla tales exigencias.

3 Utilización de la carta de porte electrónica

3.1. Las partes del contrato de transporte acuerdan la posibilidad de emitir y utilizar la carta de porte CMR por medios de comunicación electrónicos, y con firma electrónica autenticada, o por cualquier otro procedimiento autorizado por la legislación del país en que dicho documento haya sido establecido.

3.2. La carta de porte electrónica goza del mismo valor jurídico y comercial, incluso en su fuerza probatoria, e iguales efectos que si hubiera sido establecida en soporte de papel.

4 Obligaciones de declaración por el transportista y el remitente, y transmisión de datos por vía electrónica

4.1. Pese a lo dispuesto en los arts. 6.º, 7.º y 11 del Convenio CMR y el protocolo adicional a dicho Convenio relativo al uso de la carta de porte electrónica cuando sea aplicable, y cuando la legislación aduanera aplicable lo exija, el remitente se compromete a comunicar todo dato relativo a la seguridad que el transportista podría estar obligado a suministrar a las autoridades aduaneras, por sí mismo o por cualquier otra persona en quien delegue esta función bajo su responsabilidad.

En el intercambio o la transmisión de datos por vía electrónica relativos al establecimiento de cartas de porte o a declaraciones aduaneras, las partes se comprometen a respetar entre ellas, y en cuanto a terceros con quienes mantengan vínculos comerciales y autoridades aduaneras, las necesarias reglas de confidencialidad comercial. Todo intercambio o transmisión de datos por vía electrónica será objeto de archivo adecuado. El procedimiento utilizado para completar o modificar la carta de porte o la declaración aduanera debe permitir la detección como tal de todo complemento o modificación, así como garantizar la conservación de las indicaciones originales de la carta de porte y la declaración aduanera.

Cuando el remitente se compromete a comunicar directamente estos datos a las autoridades aduaneras competentes, también debe notificar al transportista el número de la declaración aduanera correspondiente.

4.2. Cuando la mercancía requiera un vehículo especialmente equipado, es responsabilidad exclusiva del remitente informar de ello al transportista previamente y por escrito.

4.3. El remitente debe tener al transportista debidamente informado y al corriente de todas las circunstancias que puedan cambiar la capacidad del transportista para realizar correctamente el transporte.

4.4. El remitente responderá ante el transportista de todos los gastos y perjuicios (penalizaciones, multas, retrasos, inmovilización del vehículo, etc.) resultantes de la ausencia o inexactitud de las informaciones requeridas.

4.5. El remitente responderá ante el transportista de todos los gastos y perjuicios (penalizaciones, multas, retrasos, inmovilización del vehículo, etc.) resultantes de haber entregado a este mercancías falsificadas u objeto de contrabando, de cualquier clase.

5   Seguros

5.1. Si el remitente lo desea, el transportista debe indicarle el nombre de la compañía de seguros y el número de póliza que cubran su responsabilidad contractual.

5.2. Cuando el remitente lo solicite, el transportista debe asegurar, a costa del primero, las mercancías confiadas para su transporte. En tal caso se presume que el remitente no ha contratado ya un seguro que ampare el transporte de estas mismas mercancías. La suma asegurada será la indicada por el remitente en el contrato de transporte. En cualquier caso, este montante no constituye valor declarado de la mercancía en el sentido del art. 24 del Convenio CMR.

6   Toma en carga y entrega

6.1. La toma en carga por el transportista y la entrega de la mercancía se efectuarán sobre el suelo o el muelle de los edificios convenidos, salvo que la ley nacional aplicable disponga otras condiciones o se hubieren pactado otros lugares al respecto.

El itinerario que deberá seguir el vehículo de carretera en fábricas, almacenes, obras y demás lugares será el que indiquen los gestores de tales instalaciones, que actúen en nombre del remitente y bajo responsabilidad de este. No obstante, el transportista podrá negarse a cumplirlo si las condiciones del lugar ponen en riesgo su vehículo o la mercancía.

6.2. Cuando los lugares previstos para carga y entrega estén situados en zona portuaria, las operaciones de carga y descarga se efectuarán conforme a las reglas y usos vigentes en dicho puerto.

7 Reservas o rehúsa del transportista a hacerse cargo de la mercancía

7.1. En el momento de hacerse cargo de la mercancía, el transportista puede inscribir en la carta de porte CMR reservas sobre el estado aparente de esta y de su embalaje, etc.

Si dichas reservas no son aceptadas por el remitente, y la carta de porte queda sin firmar, el transportista puede negarse a efectuar el transporte conforme a lo previsto en los párrafos siguientes.

7.2. Si el transportista no tiene medios para verificar el estado de la mercancía, puede así indicarlo en la carta de porte: por ejemplo, contenedor o caja móvil recibidos cerrados y precintados, imposibilidad de verificar por razón del plazo de entrega fijado, etc.

7.3. El transportista podrá rehusar hacerse cargo de la mercancía:

a) si la mercancía no es entregada por el remitente una vez que el (los) vehículo(s) sea(n) puesto(s) a su disposición en día y lugar convenidos, y siempre que esta rehúsa esté justificada por:

   – otros compromisos que le impidan demorar esta toma en carga, o
   – la imposibilidad de respetar el plazo de entrega fijado en el contrato de transporte;

b) si no tiene medios razonables para efectuar las comprobaciones relativas a la mercancía conforme al art. 8.º del Convenio CMR, o

c) si, en ausencia de instrucciones específicas previas por el remitente, el vehículo puesto a su disposición por el transportista no permite la realización del transporte en condiciones normales de seguridad.

7.4. El transportista rehusará toda instrucción del remitente que implique infracción de la normativa jurídica, social o de seguridad.

8 Negativa por el remitente a suministrar la mercancía

El remitente puede negarse a suministrar la mercancía al transportista:

a) si el (los) vehículo(s) puesto(s) a su disposición por el transportista no es (son) conforme(s) –en tonelaje, capacidad o equipamiento– a lo que se convino y ello hace imposible la ejecución del contrato de transporte en las condiciones pactadas;

b) si el (los) vehículo(s) no es (son) puesto(s) a su disposición el día convenido de manera que el retraso resultante impide al transportista, respetando la normativa sobre tiempos de conducción y sobre velocidad máxima autorizada, cumplir el plazo de transporte fijado en el contrato;

c) si la persona empleada del transportista no dispone de la cualificación o de los certificados requeridos para la ejecución del transporte, y toda la información útil al respecto hubiera sido comunicada por el remitente al transportista, o

d) si la ejecución del transporte implica infracción o infracciones de la normativa jurídica, social o de seguridad.

9 Derechos del remitente sobre la mercancía durante el viaje

9.1. El remitente autoriza al transportista –sin perjuicio de aplicarse el art. 12.1 del Convenio CMR– a devolver la mercancía al lugar de carga cuando su destinatario la rehúse. Esta autorización será considerada como una instrucción en el sentido del art. 15.1 de dicho Convenio.

9.2. No obstante, si otros compromisos del transportista no le permiten realizar esta devolución, puede actuar siguiendo lo previsto en el art. 16.2 y 3 de dicho Convenio.

9.3. El remitente deberá pagar el precio de transporte suplementario, además de los gastos de las eventuales operaciones de descarga y almacenaje, así como todos aquellos derivados de los que el transportista aporte justificante.

10 Embalaje, manipulación, carga, estiba y descarga

Salvo pacto en otro sentido en el contrato de transporte, queda convenido que:

- las operaciones de embalaje, manipulación, carga y estiba serán efectuadas por el remitente, o por cuenta de este y bajo su responsabilidad; en tal caso, el remitente es responsable de la elección de los medios de estiba adecuados, particularmente cuando una parte del viaje sea efectuada, sin ruptura de carga, por un modo de transporte distinto de la carretera, y que
- la operación de descarga será efectuada por el destinatario de la mercancía o por cuenta de este y bajo su responsabilidad.

Cuando tales operaciones deban ser efectuadas por el transportista, ello será objeto de previo acuerdo expreso en el presupuesto, o bien serán explícitamente aceptadas posteriormente, y remuneradas en consecuencia conforme al art. 14.2.

11   Palés[2]

11.1. Salvo pacto en otro sentido, el transportista no asume la obligación, tras haber transportado y entregado la mercancía paletizada, de recuperar del destinatario los palés vacíos y devolverlos a su lugar de carga u otro que el remitente indique.

11.2. Cuando esta recuperación y devolución fuere en efecto pactada, a la misma serán aplicables las reglas siguientes:

a) la recuperación, el transporte de regreso y la devolución de los palés serán remunerados por el remitente;

b) el transportista no estará obligado a recuperar más palés de los que le entregue el destinatario;

c) cuando la naturaleza, la calidad o el número de palés restituidos por el destinatario difieran de los entregados en origen al transportista, este no asumirá responsabilidad alguna al respecto. Si la remuneración del transportista fuese fijada en función de la cantidad de palés restituidos, deberá ser pagada por la cantidad de los efectivamente restituidos;

d) si no se pacta una fecha para la restitución de los palés por el transportista al remitente, esta se efectuará en un plazo razonable, a ser posible de cuatro semanas, y

e) el transportista no será responsable si, por motivos sobrevenidos posteriormente al establecimiento del contrato, no puede cumplir su obligación de devolución de los palés o la fecha para realizarla.

11.3. Cuando el transportista ponga sus propios palés, o palés pertenecientes a terceros, a disposición del remitente, se aplicarán las reglas siguientes:

a) tanto la propia puesta de los palés a disposición del remitente como el traslado de los mismos hasta el lugar de carga de las mercancías en dichos palés serán remunerados por el remitente;

b) corresponde al remitente hacer que el destinatario restituya palés de la misma clase y calidad y en igual número, sea en momento inmediato al retorno del

---

[2] A efectos de las presentes Condiciones Generales, se entiende por *palé* una estructura sobre cuyo piso puede ser agrupada una determinada cantidad de mercancías para constituir una unidad de carga con vistas a su transporte o a su manipulación o estiba con ayuda de aparatos mecánicos. Esta estructura está constituida bien por dos tarimas unidas por travesaños, bien por una tarima que reposa sobre pies. Su altura total debe ser tan reducida como sea posible para permitir la manipulación mediante carretillas elevadoras provistas de horquillas o aparatos transpalés, y puede estar provista o no de una superestructura (explicación: definición basada en el Convenio Europeo sobre Régimen Aduanero de los Palés Utilizados en los Transportes Internacionales, aprobado en Ginebra el 9 de diciembre de 1960).

propio vehículo del transportista en que se haya hecho entrega de la mercancía, sea en un plazo de catorce días en la sede del transportista, y

c) se aplicarán *mutatis mutandis* las condiciones previstas en el apdo. 11.2.

12   Reglas aplicables al transporte durante el viaje

12.1. El remitente autoriza al transportista, si este lo considera necesario, a depositar la mercancía en almacenes, elegidos por dicho transportista, sin necesidad de consentimiento particular por parte del primero. Igualmente, el remitente autoriza al transportista a confiar –para su transporte– la mercancía o los contenedores cargados en el vehículo a compañías de transporte combinado camión-ferrocarril o camión-buque, así como a cambiar el itinerario inicialmente establecido, sin necesidad de consentimiento particular por parte del primero, siempre que los términos originales del contrato sean respetados.

12.2. El almacenaje, la manipulación y cualquier otra operación que se efectúe durante el viaje, en el marco de un contrato de transporte, quedan también sujetos a las presentes condiciones, y particularmente al régimen de responsabilidad tal como queda definido en el Convenio CMR.

12.3. Lo mismo sucederá cuando el transporte resulte interrumpido por razones de imperiosa necesidad.

12.4. Cuando el transportista constate, en cualquier momento del viaje, que el peso de la mercancía es superior al indicado por el remitente y al máximo autorizado para el vehículo, tendrá derecho a descargar inmediatamente la cantidad en exceso, y ello a costa y riesgo del remitente. Cuando este excedente no supere el peso máximo autorizado para el vehículo, su transporte será facturado al doble del precio inicialmente acordado. El remitente queda obligado a reintegrar al transportista el importe de las multas y tasas impuestas a causa de toda incorrecta descripción de la mercancía, incluida la inexactitud en su peso.

12.5. Cuando el remitente, el transportista o el destinatario actúen bajo estatuto de OEA, las disposiciones anteriores serán aplicadas teniendo en cuenta los manuales de seguridad establecidos con vistas a salvaguardar la integridad de la mercancía en toda circunstancia.

13   Reglas especiales para el transporte de mercancías peligrosas

Cuando el transportista constate la presencia en el vehículo o contenedor de mercancías o residuos peligrosos –según lo definido por el Libro Naranja de las Naciones Unidas, el Acuerdo ADR o el Convenio de Basilea– de cuya peligrosidad no ha sido correctamente informado por el remitente antes de la toma en carga de la mercancía, podrá de inmediato efectuar su descarga, o proceder a su depósito o a su destrucción, si fuere necesario, y todo ello a costa del remitente, que responderá de cualesquiera daños y perjuicios derivados de esa falta de información.

Lo mismo sucederá cuando:

– el remitente no haya entregado al transportista toda la documentación necesaria para el transporte de las mercancías peligrosas, incluido –cuando el transporte del vehículo o contenedor se realice parcialmente por mar– el certificado previsto en el apdo. 5.4.2 del Acuerdo ADR u otros documentos exigidos por las compañías marítimas, o cuando
– la clasificación, el embalaje o el etiquetado de las mercancías peligrosas resulten incompatibles con la normativa jurídica aplicable a su transporte.

14   Remuneración del transportista y modalidades de pago

14.1. El precio acordado en el presupuesto es exigible desde el momento de la toma en carga de la mercancía. Su montante devengará, sin necesidad de requerimiento formal, un interés del … % anual, a partir de la fecha de la factura y hasta la del pago, y quedará esta última incluida en el cómputo de tal interés. El precio acordado debe ser abonado en la sede del transportista.

Esta remuneración convenida es exigible pese a toda reclamación contra el transportista por cualquier posible motivo, y queda prohibida toda compensación de la misma por daños.

Asimismo, el precio acordado es exigible también cuando, a causa de circunstancias ajenas al transportista, la mercancía no haya sido entregada al destinatario.

14.2. El precio del transporte comprende el tiempo en que el vehículo y su conductor están a disposición del remitente desde el momento de llegada al lugar de carga hasta su salida del lugar de descarga. Abarca también el tiempo y los gastos necesarios para las operaciones de aduanas y tránsito de fronteras. Si el tiempo efectivo de ejecución del contrato o las demás prestaciones convenidas es sobrepasado respecto al establecido en el presupuesto, el transportista tiene derecho a la remuneración complementaria del mismo que derive de tal(es) exceso(s).

14.3. Todo cambio de itinerario impuesto por circunstancias ajenas al transportista conllevará un reajuste en el precio del transporte.

14.4. El transportista hará repercutir en el deudor del precio acordado las consecuencias financieras de la variación del precio del carburante desde el día de establecimiento del contrato y el de realización del transporte.

14.5. El transportista hará repercutir en el deudor del precio acordado el importe de las tasas y peajes de carretera que haya tenido que suplir para la ejecución del transporte contratado.

14.6. El precio acordado debe ser pagado en las condiciones siguientes:

- en la moneda en la cual esté expresado;
- en el plazo de treinta días desde la fecha de emisión de la factura, salvo estipulación contraria (pago al contado, a la recepción de la factura, a la entrega, etc.), y
- con los instrumentos de pago indicados en el contrato de transporte o la factura.

14.7. En el caso de no haber sido puesta a disposición, total o parcialmente, la mercancía por el remitente, deberá no obstante pagar este al transportista una indemnización por un importe igual al del precio acordado.

14.8. La compensación unilateral queda prohibida.

15   Garantías de pago al transportista

15.1. El remitente es responsable ante el transportista del pago del precio acordado, incluso en caso de porte debido.

15.2. El transportista puede retener la mercancía si no le es pagado el precio del transporte en el plazo convenido, incluso para cobro de viajes anteriores debidos por el mismo remitente.

16   Rescisión del contrato de transporte y consecuencias pecuniarias

16.1. En caso de rescisión unilateral del contrato de transporte por uno de los contratantes, que no se encuentre prevista en las presentes Condiciones Generales o en la normativa aplicable a ese contrato, quien haya procedido a dicha rescisión correrá con la indemnización de los daños y perjuicios que la misma ocasione, con un importe prefijado del ... % del precio acordado para el transporte.

16.2. El transportista que haya puesto fin al contrato de transporte en las condiciones mencionadas en el apdo. 7.º tiene derecho a ser indemnizado por importe del ... % del precio convenido acordado para el transporte, salvo que el incumplimiento por el remitente resulte de circunstancias ajenas a este.

16.3. El remitente que haya puesto fin al contrato de transporte en alguna de las circunstancias mencionadas en el apdo. 8.º tiene derecho a ser indemnizado por los perjuicios que ello le hubiere ocasionado, salvo que el incumplimiento por el transportista resulte de circunstancias ajenas a este. No obstante, el importe de dicha indemnización no sobrepasará al precio acordado para el transporte.

17   Formulación de reservas por el destinatario

17.1. La formulación de reservas por el destinatario, respecto a los daños aparentes, debe ser hecha de buena fe, bilateralmente con el transportista y por escrito, en el contrato de transporte o en documento distinto.

17.2. Las reservas deben ser generales pero suficientemente precisas. Reservas puestas mediante sello con expresiones como *pendiente de examen* o *según aparezca al desembalar* no son válidas.

17.3. En caso de daños no aparentes, las reservas serán inscritas en las formas y plazos previstos en el art. 30.1 del Convenio CMR.

18   Causas de exoneración de responsabilidad del transportista

El transportista podrá quedar exonerado de su responsabilidad conforme al art. 17.2 del Convenio CMR. Las huelgas y motines podrán ser considerados como causas exoneratorias. A estas causas generales se añadirán las particulares previstas en el art. 17.4 del Convenio.

19   Derecho aplicable

19.1. Lo previsto en las presentes Condiciones Generales del transporte de mercancías se aplica en la medida en que estas sean compatibles con el Convenio CMR, y prevalece sobre las disposiciones facultativas de la legislación nacional aplicable en los ámbitos a que dichas Condiciones Generales se refieren.

19.2. En todos los demás casos, no previstos ni en el Convenio CMR ni en las presentes Condiciones Generales, se aplicará la legislación nacional del transportista.

19.3. El contrato de transporte queda sometido al derecho aplicable mencionado en el apdo. 19.2, incluso cuando por cualquier motivo no haya sido emitida carta de porte.

20 Jurisdicción[3]

Todas las controversias derivadas del contrato de transporte que no puedan ser solucionadas por vía amistosa quedarán sometidas, con exclusión de cualquier otro tribunal:

1.º. A la jurisdicción del país en cuyo territorio:

- el demandado tenga su domicilio habitual, su sede principal o la sucursal o agencia por medio de la cual el contrato de transporte fue establecido, o

- están situados el lugar de la toma en carga de la mercancía o el previsto para su entrega.

2.º. A un tribunal arbitral *ad hoc*. El derecho aplicable por dicho tribunal será el indicado en el apdo. 19 de las presentes Condiciones Generales. El laudo dictado por este pone fin al procedimiento arbitral y las partes se comprometen a cumplirlo voluntariamente.

3.º. A los órganos de arbitraje institucional, allí donde existan. El derecho aplicable por dichos órganos será el indicado en el apdo. 19 de las presentes Condiciones Generales. El laudo dictado por estos pone fin al procedimiento arbitral y las partes se comprometen a cumplirlo voluntariamente.

---

[3] Las partes contratantes pueden –suprimiendo los párrafos 1.º, 2.º o 3.º que no interesen– elegir bien sea la jurisdicción ordinaria, bien sea el arbitraje. Si las partes contratantes omiten suprimir uno de ellos, la competencia corresponderá únicamente a la jurisdicción ordinaria.

A la atención del cliente

Nombre de la empresa:
Encargado:
Dirección:

Ciudad:
Fecha:
Referencia de la solicitud de servicio:
Lugar de origen - Fecha, lugar (dirección/ciudad/país):
Lugar de destino - Fecha, lugar (dirección/ciudad/país):
Fecha y hora previstas para la entrega:
Clase de mercancía:
Cantidad de mercancía:
Peso bruto y peso neto:
Número de bultos:
Valor declarado (en su caso):
Suma asegurada (en su caso):

Precio acordado para el transporte y para las prestaciones accesorias:

El precio del transporte en sentido estricto ha sido calculado teniendo especialmente en cuenta el peso (y, en su caso, volumen, valor, naturaleza y número de bultos) y la distancia del recorrido (y, en su caso, prima del seguro, circunstancias específicas de seguridad y circulación, y prestaciones accesorias acordadas).

Las prestaciones acordadas (en su caso), que están sometidas al régimen del contrato de transporte, son las siguientes (la lista que sigue es únicamente orientativa):

– puesta del vehículo con su conductor a disposición del remitente;
– operación de carga por el conductor;
– operación de estiba y sujeción a bordo por el conductor;
– operación de descarga por el conductor;
– almacenaje y traslado dentro del depósito por el conductor;
– valor del interés especial en la entrega (en su caso);
– valor declarado y prima de seguro (si este último es solicitado);

– tiempo de espera en las operaciones de carga y de descarga (convenidas dos horas);
– trámites aduaneros de exportación o importación (comprendida la caución);
– etc.

Importe del precio sin impuestos (indíquese la moneda):
IVA (en su caso) ... %:
Precio total:
Tasas y peajes (en su caso):
Modalidades de pago aceptadas (fecha y medios de pago):
Presupuesto válido hasta ... días/meses desde su emisión. Toda prestación suplementaria realizada y toda variación en el precio del carburante no previstas en este presupuesto darán lugar a la correspondiente facturación y remuneración complementarias.

Fecha:
Firma del transportista:

Fecha de la aceptación por el cliente:
Firma del cliente, precedida de la expresión *Conforme:*

Traducción al español por
FRANCISCO SÁNCHEZ-GAMBORINO

Capítulo 8

IRU General Conditions
for the international carriage of goods by road

(revised 3 November 2011, in force at present)

1 General Conditions and conclusion of the contract for the international carriage of goods[1] by road

1.1 Every contract for the international carriage of goods by road concluded between the Sender and the Carrier shall be governed by the Convention on the Contract for the International Carriage of Goods by Road of 19 May 1956 (CMR Convention) and by the mandatory provisions of the Carrier's national legislation, even if said contract is in the framework of performing a contract for the international carriage of goods wholly or partly by sea.

Contract of carriage shall be taken to mean the agreement through which the Carrier undertakes to carry goods pursuant to Article 1 of the CMR Convention.

In order to be binding, these General Conditions must be accepted, dated and signed by the Sender; this acceptance may be done electronically.

These General Conditions take precedence over the Sender's commercial terms or others, unless clear contrary provisions are inserted in writing in the contract of carriage which take precedence on these Conditions.

1.2 In accordance with the CMR Convention, the contract for the international carriage of goods by road is of a consensual nature and the Parties shall refrain from contesting this nature.

---

[1] For the purpose of these General Conditions, "goods" shall be deemed to include any container, pallet or similar article of transport or packaging, if supplied by the Sender (explanation: definition based on that of the United Nations Convention on International Multimodal Transport of Goods, Geneva, 24 May 1980, and similar to that of the United Nations Convention on the Carriage of Goods by Sea, Hamburg, 31 March 1978.

1.3 Services ancillary to the performance of the contract of carriage (loading, unloading, warehousing, etc.) shall be listed in an estimate stipulating the offer's validity.

A sample estimate is attached to these General Conditions.

1.4 Every contract shall be deemed to be concluded at the time and place at which the Carrier receives notification of the Sender's acceptance of his estimate within the set deadline.

2   Agents and servants

2.1 It is agreed that the agent(s) and the servant(s) shall act in the name and on behalf of the Carrier requesting their services.

2.2 The agents and servants of the Carrier shall not accept, without the Carrier's agreement, any instruction or declaration committing the Carrier beyond the terms stipulated and accepted in the estimate, in particular in regard to:

(a)   the value of goods, which shall serve as a reference in the event of their total or partial loss or damage (Articles 23 and 25 of the CMR Convention),
(b)   the instructions concerning cash on delivery at the time of delivery of the goods (Article 21 of the CMR Convention),
(c)   the time-limit for delivery (Article 19 of the CMR Convention),
(d)   the declared value of the goods (Article 24 of the CMR Convention) or a special interest in delivery (Article 26 of the CMR Convention),
(e)   insurance of the goods,
(f)   or any other services.

2.3 If the Carrier is an Authorised Economic Operator (AEO) or acts on behalf of an AEO Sender or Consignor, any servant/subcontractor shall have been the subject of commercial checks as foreseen by the AEO status and shall be bound through a written commitment, regularly monitored by the Carrier, describing the safety measures and obligations required to obtain AEO status.

2.4 The Sender or Consignor may refuse the contract of carriage being fully or partly performed by a servant/subcontractor who does not meet his requirements.

3   Use of electronic consignment notes

3.1 The Parties to the contract of carriage grant the possibility to issue and use the CMR consignment note by electronic communication and authenticated by a reliable electronic signature or by any other electronic authentication method permitted by the law of the country in which it was made.

3.2 The electronic consignment note has the same legal and commercial value, including the evidentiary value, and has the same effects as if it were in paper form.

4   Declaration obligations of the Carrier and Sender and electronic data transmission

4.1 Notwithstanding the provisions of the CMR Convention, in particular Articles 6, 7 and 11 of the CMR Convention and the Additional Protocol to the CMR concerning the electronic consignment note if applicable, and whenever applicable customs legislation so requires, the Sender undertakes to provide any data pertaining to security or safety which the Carrier might be obliged to produce or transfer to any other person to whom he has entrusted this task under his responsibility, where applicable electronically, to the customs authorities concerned.

In any interchange or transmission of electronic data pertaining to the establishment of a CMR consignment note or any customs declaration, the Parties shall observe the required rules of commercial confidentiality between themselves, business partners and/ or customs authorities.

Any electronic data interchange or transmission shall be appropriately archived.

The procedure used for supplementing or amending the consignment note or customs declaration shall enable any supplement or amendment to the electronic consignment note or customs declaration to be detected and shall preserve the original particulars.

If the Sender has undertaken to transmit data direct to any customs authorities the number of the relevant customs declaration is to be provided to the Carrier.

4.2 If the goods require a specially equipped vehicle, it shall be the exclusive responsibility of the Sender to inform the Carrier in advance and in writing.

4.3 The Sender must keep the Carrier fully informed and up to date with any circumstances that change the Carrier's ability to successfully carry out the transport.

4.4 The Sender shall be responsible vis-à-vis the Carrier for all expenses, loss and damage (penalties, fines, delay, vehicle immobilisation, etc.) resulting from the inadequacy or inaccuracy of information required.

4.5 The Sender shall be liable to the Carrier for all expenses, loss and damage (penalties, fines, delay, vehicle immobilisation, etc.) resulting from the handing over of falsified or counterfeit goods to the Carrier, regardless of their nature.

5   Insurance

5.1 If the Sender so requires, the Carrier must provide the name of the insurance company and the number of the policy under which his contractual liability is covered.

5.2 If the Sender so requires, the Carrier must insure, at the Sender's expense, the goods entrusted to him for carriage. In that event it is presumed that the Sender himself has not taken out insurance on the same goods.

The insurance value shall correspond to that indicated by the Sender in the contract of carriage. However, this amount may not constitute the declared value of the goods for the purpose of Article 24 of the CMR Convention.

6   Takeover and delivery

6.1 Except as otherwise provided under national legislation, takeover by the Carrier and delivery shall be regarded as delivered to the door or loading bay of an agreed building if no other location has been agreed between the parties.

The route to be followed by the road vehicle in factories, shops, building sites and other places shall be indicated by the persons in charge of those locations, acting on behalf of the Sender and the Sender is responsible for that routing.

The Carrier may object to such routing if local conditions endanger his vehicle and/ or its load.

6.2 When the places designated for the takeover and delivery are situated in a port area, the takeover and delivery shall take place in accordance with the rules or practices in force in that port.

7   Carrier's reservations or refusal to take over the goods

7.1 On taking over the goods, the Carrier may enter reservations regarding the apparent condition of the goods and their packaging, etc., in the CMR consignment note.

If such reservations are not agreed to by the Sender and the CMR consignment note is not signed, the Carrier may refuse the carriage assignment as indicated below.

7.2 If the Carrier is unable to check the condition of the goods, he may mention this on the CMR consignment note – e.g. container or swap-body received sealed, checking impossible due to the given time-limit for delivery, etc.

7.3 The Carrier may refuse to take over the goods:

(a) if the Sender does not hand over the goods when the vehicle(s) is/are made available on the day and/or at the place agreed. Such refusal may be justified by:

– other commitments which prevent him from postponing the takeover,
– an impossibility to meet the time-limit for delivery in the contract of carriage.

(b) where he has no reasonable means of performing the checks foreseen in Article 8 of the CMR Convention with regard to the goods,
(c) where, in the absence of prior specific instructions by the Sender, the vehicle made available by the Carrier does not make it possible to perform carriage under normal conditions of safety.

7.4 The Carrier shall refuse any instruction from the Sender that violates any legal, regulatory social or safety provisions.

8   Sender's refusal to hand over the goods

The Sender may refuse to hand over the goods to the Carrier:

(a) if the vehicle(s) made available to him by the Carrier does (do) not correspond – from the standpoint of tonnage, capacity and/or equipment – to any stipulated vehicle(s) and precludes the performance of the contract of carriage in accordance with the agreed conditions,
(b) if the vehicle(s) is (are) not made available on the agreed date if the resulting delay would prevent the Carrier from meeting agreed delivery schedules specified in the contract of carriage without violating the legally stipulated limitations on the driving time and speed of vehicles,
(c) if the Carrier's agent does not hold the required qualifications/certificates to perform carriage although the Sender has given the Carrier all relevant information,
(d) if performance of the carriage would entail one or several breaches of legal, social and/or safety regulations.

9   Sender's rights (over the goods) during carriage

9.1 The Sender authorises the Carrier – subject to the application of Article 12.1 of the CMR Convention – to return the goods to the place of loading if they are refused by the Consignee. This authorisation is considered to be an instruction as defined in Article 15.1 of the CMR Convention.

9.2 However, if the Carrier's other commitments prevent him from returning the goods to the place of loading, he may act in accordance with the provisions of Articles 16.2 and 16.3 of the CMR Convention.

9.3 The Sender shall bear the resulting additional costs of carriage, unloading and warehousing, as well as any other related expenses substantiated by the Carrier.

10   Packing, handling, loading, stowage, unloading

Unless otherwise stipulated in the contract of carriage, it is agreed that:

- the packing, handling, loading and stowage shall be performed by, or on behalf of, the Sender who shall bear sole responsibility;
- the Sender shall be responsible for the choice of appropriate means of stowage, particularly if part of the journey takes place, without transloading, by a mode other than road transport;
- the unloading shall be carried out by, or on behalf of, the Consignee who shall bear sole responsibility.

If these operations are to be performed by the Carrier, they must be foreseen in the estimate or explicitly agreed to subsequently and appropriately paid for, in accordance with Section 14.2.

11   Pallets[2]

11.1 Unless otherwise stipulated, the Carrier shall have no obligation, after having carried and delivered goods on pallets, to take the latter back from the Consignee with a view to their transport and return to the place of loading or any other place specified by the Sender.

---

[2] For the purpose of these General Conditions, the term "pallet" shall mean "a device on the deck of which a quantity of goods can be assembled to form a unit load for the purpose of transporting it, or of handling or stacking it with the assistance of mechanical appliances. This device is made up of two decks separated by bearers, or of a single deck supported by feet; its overall height is reduced to the minimum compatible with handling by fork lift trucks and pallet trucks; it may or may not have a superstructure" (explanation: this definition is based on that of the European Convention on Customs Treatment of Pallets used in International Transport, Geneva, 9 December 1960).

11.2 If it has been agreed with the Carrier that the pallets shall be taken back from the Consignee with a view to their transport and return to the place of loading or any other place specified by the Sender, the following rules shall apply:

(a)   the recovery, transport and return of the pallets shall be paid for by the Sender,
(b)   the Carrier shall only take back those pallets returned to him by the Consignee,
(c)   if the nature, quality and/or number of pallets returned by the Consignee differs from that of the pallets which should have been handed to the Carrier, the latter's liability shall not be involved. In case the Carrier's remuneration has been set as a function of the quantity of returned pallets, it shall be due for the quantity actually returned,
(d)   if no date for the pallet return by the Carrier to the Sender has been stipulated in the contract of carriage, their return shall take place within a reasonable time-limit, if possible within 4 weeks,
(e)   the Carrier's liability shall not be involved if, for reasons occurring after the conclusion of the contract, he is unable to fulfil his obligation to return or to meet the time-limit for return.

11.3 If the Carrier puts his own pallets or those of third parties at the Sender's disposal, the following rules shall apply:

(a)   both the provision of pallets to the Sender and their transport to the place of loading of the goods onto the pallets shall be paid for by the Sender,
(b)   the Sender shall ensure that the Consignee returns pallets of the same nature, quality and number, either immediately upon the Carrier's vehicle return further to delivery of the goods, or to the Carriers' base within a 14-day time-limit,
(c)   the terms specified in Section 11.2 above shall apply *mutatis mutandis*.

12   Rules applicable to carriage in transit

12.1 The Sender authorises the Carrier, if the latter deems it necessary, to deposit the goods in warehouses of his choice without the need to request special consent from the Sender.

The Sender likewise authorises the Carrier to entrust – for purposes of transport – the goods or the containers loaded on the vehicle to piggyback transport or Ro/Ro companies, or to change the initially planned route, without the need to request specific consent from the Sender so long as the original terms of the contract are met.

12.2 Warehousing, handling in transit and any operation within the framework of carriage shall also be subject to these Conditions and, in particular, to the system of liability as defined in the CMR Convention.

12.3 The same shall apply if the carriage has to be interrupted for reasons of imperative necessity.

12.4 If the Carrier finds, at any time during the journey, that the weight of the goods is greater than that indicated by the Sender or greater than the permitted vehicle carrying limits, he shall have authority to unload the excess weight immediately at the cost and risk of the Sender.

Any excess freight weight not exceeding maximum permissible vehicle loads shall, after discovery of the excess be invoiced at double the initially agreed rate.

The Sender shall reimburse the Carrier for the fines and dues levied for any incorrect description of the goods (i.e. weight).

12.5 If the Sender and/or the Carrier and/or the Consignee act in the framework of AEO status, the above provisions shall be the subject of specific treatment in accordance with applicable safety manuals aiming at maintaining shipment integrity in all circumstances.

13   Specific rules for the carriage of dangerous goods

If the Carrier observes the presence in the vehicle or container of dangerous goods or hazardous wastes (as defined in the United Nations Orange Book, the ADR Convention or the Basel Convention) of which he was not correctly informed by the Sender before taking over the goods, he may unload them immediately and have them warehoused, stockpiled or if so imposed destroyed at the expense of the Sender, who shall bear the cost of all damages caused by the lack of information.

The same shall apply if:

- the Sender has not supplied the Carrier with all the documentation needed for the carriage of dangerous goods including – when a vehicle or container is carried partly by sea – the packing certificate (cf. 5.4.2 – « *Container/vehicle packing certificate* » ADR) required by the shipping companies;
- the classification, packing and/or labelling of dangerous goods is found to be incompatible with the legal provisions governing their carriage.

14   Remuneration of the Carrier and payment methods

14.1 The agreed price in the estimate is payable as soon as the goods are taken over. Interest at the rate of …% *per annum* shall be due, without the need for formal notice, on the agreed price from the time-limit allowed in the invoice until the date of payment, the latter date being included in the calculation of the interest.

The debt corresponding to the agreed price is payable at the Carrier's registered office.

The agreed price is due notwithstanding any claim against the Carrier, for any reason whatsoever, and cannot be offset against damages.

The agreed price is due even if, due to circumstances beyond the Carrier's control, the goods have not been delivered to the Consignee.

14.2 The carriage charges include the time during which the vehicle and driver are at the Sender's disposal, from the vehicle's arrival at the place of loading until its departure from the place of unloading. They also cover the time and expenses required for customs clearance and border crossings.

If the actual time required to perform the contract and/or services exceeds the time and/or services agreed in the estimate, the Carrier shall be entitled to additional payment proportionate to such additional time/services.

14.3 Any change of route necessitated by circumstances beyond the Carrier's control shall entail an adjustment of the carriage charges.

14.4 The Carrier shall pass on to the debtor of the agreed price the financial consequences of fuel price alterations from the date of conclusion of the contract of carriage to the date when the transport operation is performed.

14.5 The Carrier shall pass on to the debtor of the agreed price the amount of road taxes and charges which he is bound to pay to perform the agreed carriage.

14.6 The agreed price must be paid in accordance with the following terms of payment:

- the carriage charges must be paid in the currency in which they are expressed;
- within 30 days from the invoice date, except as otherwise provided (cash payment, on receipt of the invoice, cash on delivery, etc.);
- according to the payment instruments indicated in the contract of carriage and/ or the invoice.

14.7 In the event of the Sender failing to hand over all or part of the goods, compensation to the Carrier shall amount to the initially agreed price.

14.8 Unilateral compensation shall be prohibited.

15   Carrier's security rights

15.1 The Sender shall stand surety for payment of the agreed price to the Carrier, even in the case of "carriage forward".

15.2 The Carrier is entitled to withhold the goods if he has not been paid within the time-limit foreseen for previous carriages entrusted by the same Sender.

16   Cancellation of the contract of carriage and financial consequences

16.1 In the event of a unilateral cancellation of the contract of carriage by one of the Parties in a manner not provided for in these General Conditions or in the law governing the said contract, damages shall be payable by the cancelling Party. The amount of such damages shall be fixed at a flat rate of ....% of the agreed price.

16.2 The Carrier who terminates a contract of carriage under the circumstances mentioned in Section 7 is entitled to compensation at the rate of ....% of the agreed carriage charges if the Sender's default is not due to circumstances beyond his control.

16.3 The Sender who terminates a contract of carriage under the circumstances mentioned in Section 8 is entitled to compensation for the detriment suffered if the default on the part of the Carrier is not due to circumstances beyond his control. However, the total amount of compensation should not exceed the agreed carriage charge.

17   Consignee's reservations

17.1 Any reservations by the Consignee for apparent damage shall be entered in writing, in good faith, by both Parties, in the transport document such as the consignment note or in a separate report.

17.2 Initial reservations may be general but must be accurate. Reservations merely entered with a seal mentioning in particular "pending checking" or "pending unpacking" shall not be enforceable.

17.3 In case of damage which is not apparent, reservations shall be made in the forms and within the time-limits foreseen in Article 30.1 of the CMR Convention.

18   Exemption from Carrier's liability

The Carrier may be relieved of liability in accordance with Article 17.2 of the CMR Convention. Strikes and demonstrations may be considered as grounds for exemption. The special risks foreseen in Article 17.4 of the CMR Convention shall apply in addition to such general causes for exemption.

19   Governing law

19.1 These General Conditions shall apply in so far as they are compatible with the CMR Convention and shall take precedence over the optional provisions of national legislation governing the cases covered in these General Conditions.

19.2 For all other cases not covered by these General Conditions and the CMR Convention, the Carrier's national legislation shall apply.

19.3 The contract of carriage shall remain subject to the governing law referred to in Section 19.2. even if, for any reason, the CMR consignment note has not been drawn up.

20   Jurisdiction[3]

All disputes arising from the contract of carriage and which cannot be settled out of court shall be submitted, to the exclusion of all other courts:

(1*) to the courts of the country on whose territory:

- the defendant is ordinarily resident or has his principal place of business or the branch or agency through which the contract of carriage was concluded, or
- the place where the goods were taken over by the Carrier or the place designated for delivery is situated.

(2*) to an ad hoc court of arbitration:

- The law to be applied by the ad hoc arbitration tribunal shall be that specified in Section 19 above.
- The award made by the ad hoc arbitration tribunal shall conclude the arbitration proceedings and the Parties undertake to put it into effect in good faith.

(3*) to institutional arbitration bodies where available:

- The law to be applied by the institutional arbitration bodies shall be that specified in Section 19 above.
- The award made by the institutional arbitration bodies shall conclude the arbitration proceedings and the Parties undertake to put it into effect in good faith.

---

[3] By deleting subparagraph (1*) or (2*) or (3*), the Contracting Parties may opt either for the ordinary courts or for arbitration. If the Contracting Parties omit to delete one or other of these subparagraphs, the ordinary courts shall have sole jurisdiction.

SAMPLE ESTIMATE

For the attention of the customer

Company name
Contact person
Adress

City, xx/xx/xx [date]
Request/file reference
Date, place (address/city/country) and time of pick-up
Destination: address/city/country
Foreseen delivery date: xx/xx/xx
Cargo:
Type of goods:
Quantity to be carried (number and unit):
Net and gross weight of the goods (number and unit):
Declared value if requested:
Insurance value if requested:

Charges for carriage and ancillary services

Ordinary carriage charges are calculated taking into account in particular the weight, volume, number, value and nature of the consignment, the distance to be covered, the connections to be made, specific security and traffic requirements as well as the agreed ancillary services.

Description of services included subject to the contract of carriage regime (the non-exhaustive list below is for information only – the carrier may draw from it when establishing his estimate)

– Provision of vehicle and driver for the agreed carriage;
– Loading by the driver;
– Load stowing and securing services;
– Unloading by the driver;
– Warehousing by the driver;
– Declaration of a special interest in delivery (if required by the Sender);
– Declared value, insurance premium if insurance requested;

- Idle time during loading and unloading (2 hours included);
- Customs export, import or transit formalities including security safety;
- Etc.

Price excluding tax currency unit xx
If applicable, VAT …% currency unit xx
Price including tax currency unit xx
Plus road taxes and tolls
Terms of payment (date and means of payment)
This estimate is valid for [days/months] from its date of issue. Any additional services performed and any fuel price increase not foreseen in the estimate shall entitle the Carrier to additional invoicing and payment.

Date
Carrier's signature

Date
Customer's acceptance: signature + mention "agreed"

Bibliografía

Actualidad jurídica del transporte por carretera - In Memoriam F. M. Sánchez Gamborino, Madrid: Fundación F. Corell, 2005, 375-489.

«Belgisch-Nederlands CMR-Seminarie» [celebrado en 26 de mayo de 2000], *European Transport Law*, 3 (2000).

BERNARDEAU, L.: «La CMR en tant que règle des transports intérieurs», *European Transport Law*, 6 (1998).

CABRERA CÁNOVAS, A.: *El contrato de transporte por carretera (Ley 15/2009)*, Barcelona: Marge Books, 2010.

— *El transporte internacional por carretera*, Barcelona: Marge Books, 2011.

— *Transporte internacional de mercancías*, Madrid: Instituto Español de Comercio Exterior (ICEX), 2011.

CARMONA PASTOR, F.: *Técnica y práctica de los transportes internacionales*, Madrid: ed. del autor, 1984.

CASTELLANOS RUIZ, E.: *Autonomía de la voluntad y derecho uniforme en el transporte internacional*, Granada: Comares, 1999.

CLARKE, M. A.: *International Carriage of Goods by Road: CMR*, 5.ª ed., Londres: Sweet & Maxwell, 2009.

COSTANZO, E.: *Il contratto di trasporto internazionale nella CMR*, Milán: Pirola, 1971.

CZAPSKI, W.: «Interprétation de la Convention CMR à la lumière du droit international public», *European Transport Law*, 4 (1998).

DE ÁNGEL YÁGÜEZ, R.: «Interrupción y suspensión de la prescripción. Convenio de Ginebra sobre Transportes por Carretera», *La Ley* (1985), 385 y ss.

DE BEULE, D.: «L'article 32,2 de la CMR», *European Transport Law*, 6 (1988).

DE GOTTRAU, M.: «El contrato de transporte internacional de mercancías por carretera; Convenio CMR», Primera Conferencia Sudamericana de Transporte por Carretera, Montevideo, 1982.

DONALD, A.: *The CMR. The Convention on the Contract for the International Carriage of Goods by Road*, Londres: Derek Beattie Publishing, 1981.

DORRESTEIN, Th. H. J.: *Recht van het internationale wegvervoer,* Zwolle: Tjeen Willink, 1977.

DURAND, P.: *Les transports internationaux,* París: Sirey, 1956 [actualizado en 1963].

El transporte terrestre nacional e internacional, Madrid: Consejo General del Poder Judicial, 1997.

EMPARANZA, A.: «La prescripción de las acciones en el Convenio relativo al contrato de transporte internacional de mercancías por carretera (CMR)», *Revista General de Derecho,* 579 (1992), 11713 y ss.

ENRÍQUEZ DE DIOS, J. J.: *Transporte internacional de mercancías,* Madrid: ESIC, 1994.

FIATA: *Proposal for a revised Convention on the contract for the international carriage of goods by road (CMR),* Report by the FIATA ad-hoc Working Group CMR-Revision, Zúrich: FIATA, 1983.

FNTR-AFTRI: *Convention relative au contrat de transport international de marchandises par route (CMR). Commentaires,* París: Société d'Éditions du Transport Routier, 1975.

GIANNINI, A.: «Il contratto di trasporto internazionale automobilístico di merci», *Rivista de Diritto Commerciale* (1956).

GLASS, D.: «The divided heart of CMR», *European Transport Law,* 5 (1979).

GÓMEZ CALERO, J.: *El transporte internacional de mercancías,* Madrid: Civitas, 1984.

GROTH, G.: *Übersicht über die internationale Rechtsprechung zur CMR,* Karlsruhe: Verlag Versicherungswirtschaft e.v., 1981.

HAAK, K.: *The Liability of the Carrier under the CMR,* La Haya: Stichting Vervoeradres, 1986.

— «Jurisdictieperikelen in het internationaal wegvervoer: het einde van het sprookje van de verklaring voor recht?», *European Transport Law,* 2 (2004).

HARDINGHAM, A. C.: «The delay provisions of CMR», *2 Lloyd's Maritime and Commercial Law Quarterly,* 193, 197 (1979).

— «Actions against succesive carriers under CMR», *3 Lloyd's Maritime and Commercial Law Quarterly,* 499 (1979).

HEUER, K.: *Die Haftung des Frachtführers nach der CMR,* Hamburgo: 1975.

HILL, D. J.: «Carriage of Goods by Road to the Continent», *European Transport Law,* 2 (1976).

— y A. D. MESSENT: *CMR: Contracts for the International Carriage of Goods by Road,* Londres: Lloyd's of London Press Ltd, 1984.

HUMPHREYS, G., y S. DE PEUTER: «Highway Robbery in Europe. Theft under CMR», *European Transport Law,* 6 (1992). Traducción de Sánchez-Gamborino, en *Revista General de Derecho,* 596 (1994).

LIBOUTON, J.: «International road transport, CMR. Review of Court Decisions 1965-1971», *European Transport Law,* 1 (1973).

LOEWE, R.: *Commentary on the Convention of 19 May 1956 on the Contract for the International Carriage of Goods by Road (CMR),* Documento ECE/TRANS/14, Génova: Naciones Unidas, 1975. [Existe una versión en francés con el título *Note explicative sur la convention relative au contrat de transport international de marchandises par la route (CMR) du 19 mai 1956.]*

MARCHAND, S.: «La pluralité de transporteurs routiers selon la CMR», *European Transport Law,* 5 (1995).

MARTÍNEZ SANZ, F.: *La responsabilidad del porteador en el transporte internacional de mercancías por carretera –CMR–,* Granada: Comares, 2002.

MERCADAL, B. (dir.): *Guide juridique et pratique du contrat de transport routier de marchandises intérieur et CMR,* Ruan: Institut du Droit International des Transports (IDIT), 1993, 267-324.

MUTH, W.: *Leitfaden zur CMR,* Berlín: Erich Schmidt Verlag, 1963 [4.ª ed.: 1978].

NICKEL-LANZ, M. C.: *La convention relative au contrat de transport international de marchandises par route (CMR),* Hamburgo: 1976.

PESCE, A.: *Il contratto di trasporto internazionale di merci su strada,* Padua: 1984.

PONET, F.: *De overeenkomst van internationaal wegvervoer (CMR),* Amberes: 1980.

PRECHT, G., y K. ENDRIGKEIT: *CMR-Handbuch,* 3.ª ed., Hamburgo: 1972.

PUTZEYS, J.: *Le contrat de transport routier de marchandises,* Bruselas: Bruylant, 1981.

RECALDE CASTELLS, A.: «La firma de las partes del contrato en la carta de porte (firma manual y firma impresa, mecánica o electrónica). El régimen del Código de Comercio y del Convenio Internacional sobre Transporte por Carretera (C.M.R.)», *Revista General de Derecho,* 606 (1995).

RODIÈRE, R.: *Les transports internationaux,* París: Sirey, 1958.

– «La CMR», *Bulletin des Transports* (1974).

– *Droit des transports,* París: Sirey, 1977.

ROGOV, S.: «Paradoxon dualer Haftungsobergrenze des Art. 23, Abs. 23 CMR», *European Transport Law,* 3 (2002).

– «New Interpretation of Art. 1, Para. 5 of the CMR Convention?», *European Transport Law,* 4 (2005).

SÁNCHEZ-GAMBORINO, F.: «New Spanish Law on Contracts for the Land Carriage of Goods: Act 15/2009 dated 11 November 2009, a faithful son of the CMR with some discrepancies», *European Transport Law,* 3 (2010).

SÁNCHEZ-GAMBORINO, F. J.: *El contrato de transporte internacional CMR,* Madrid: Tecnos, 1996.

– *CMR. Manual Práctico,* Madrid: Fundación F. Corell, 2000.

– y J. GAITÁN: *Transporte de mercancías por carretera,* Cizur Menor: Aranzadi, 2003 (Factbook) [2.ª ed.: 2010].

SÁNCHEZ GAMBORINO, F. M.: *Doctrina jurisprudencial sobre el contrato de transporte terrestre,* Madrid: Aguilar, 1977.

– «Reflexiones sobre la "Wilful neglect" y el Derecho español en el ámbito de los transportes», *Revista General de Derecho,* 445-446 (1981).

SARAGOÇA, J. L.: *Convenção relativa ao contrato de transporte internacional de mercadorías por estrada - C.M.R,* Lisboa: ANTRAM (Centro de Estudos Técnicos), 1993.

«Seminar 2001 Rechtsgrundlagen des Fracht-, Speditions- und Transportversicherungs-geschäftes – Risiken und Haftung aus dem Vertrag über grenzüberschreitenden Strassengütertransport» [celebrado en Viena, 26-29 de noviembre de 2001], *European Transport Law*, 5 (2001).

Theunis, J. (coord.): *International Carriage of Goods by Road (CMR)* [Estudios con motivo del 30.º aniversario del Convenio CMR, Amberes, oct. de 1986], Londres: Lloyd's of London Press Ltd, 1987.

Tuma, O. J.: «Art. 29 CMR - Bestandsaufnahme und Ausblick», *European Transport Law*, 5 (1993).

– «Degré de la faute suivant l'art. 29 de la CMR», *European Transport Law*, 2 (2007).

Van Roy, R.: *La responsabilité du transport international terrestre*, Lovaina: Wouters, 1970.

Van Ryn, J.: «Une nouvelle étape dans l'élaboration du droit des transports: la CMR», *European Transport Law*, 5 (1966), especial CMR.

Vergnaud, P.: *Les transports routiers internationaux*, París: Librairie Générale de Droit, 1960.

Verguts, P., y M. Cornette: «CMR en "overige kosten": naar een oplossing?», *European Transport Law*, 1 (2011).

Vrebos, J.: «Convention relative au transport international de marchandises par route (CMR)», *European Transport Law*, 5 (1966), especial CMR.

Wesolowski, K.: «The unclear relations between CMR and European Union law in respect of jurisdiction and enforcement of foreign judgments», *European Transport Law*, 2 (2011).

Wetter, J.: «The time bar regulations in the CMR-Convention», *Lloyd's Maritime and Commercial Law Quarterly*, 4 (1979).

Wijffels, R.: «Legal interpretations of CMR: the continental viewpoint», *European Transport Law*, 2 (1976).

València, 558 – 08026 Barcelona – Tel. +34-931 429 486 – marge@margebooks.com – www.margebooks.com